上海财经大学"负面清单现状与演进研究"项目（2014110341）

区域自由贸易协定中"负面清单"的国际比较研究

▶ 林 珏 主编

北京大学出版社

图书在版编目(CIP)数据

区域自由贸易协定中"负面清单"的国际比较研究/林珏主编—北京：北京大学出版社，2016.6
ISBN 978-7-301-27254-1

I.①区… Ⅱ.①林… Ⅲ.①区域贸易—贸易协定—研究 Ⅳ.①D996.1

中国版本图书馆CIP数据核字(2016)第148611号

书　　　名	区域自由贸易协定中"负面清单"的国际比较研究 QUYU ZIYOU MAOYI XIEDING ZHONG "FUMIAN QINGDAN" DE GUOJI BIJIAO YANJIU
著作责任者	林　珏　主编
策划编辑	杨丽明　姚文海
责任编辑	朱梅全　杨丽明
标准书号	ISBN 978-7-301-27254-1
出版发行	北京大学出版社
地　　　址	北京市海淀区成府路205号　100871
网　　　址	http://www.pup.cn
电子信箱	sdyy_2005@126.com
新浪微博	@北京大学出版社
电　　　话	邮购部 62752015　发行部 62750672　编辑部 021-62071998
印　刷　者	三河市北燕印装有限公司
经　销　者	新华书店
	965毫米×1300毫米　16开本　24.75印张　381千字 2016年6月第1版　2016年6月第1次印刷
定　　　价	59.00元

未经许可，不得以任何方式复制或抄袭本书之部分或全部内容。
版权所有，侵权必究
举报电话：010-62752024　电子信箱：fd@pup.pku.edu.cn
图书如有印装质量问题，请与出版部联系，电话：010-62756370

目录

第一章 区域自由贸易协定中"负面清单"的国际比较研究 / 001

一、基本概念的界定 / 001

二、全球自由贸易协定的概况 / 003

三、全球各区域贸易协定"清单"设置的模式及特点 / 006

四、从《北美自由贸易协定》看"负面清单"概念在美国条款上的灵活运用 / 019

五、"负面清单"国际比较给予的启示 / 032

六、对上海自贸区"负面清单"设定的建议 / 034

第二章 区域贸易协定"负面清单"信息统计 / 040

附录1 部分国家自由贸易协定概况与"负面清单"特征 / 315

一、澳大利亚和新西兰签订的自由贸易协定概况及"负面清单"特征 / 315

二、欧盟签订的自由贸易协定概况及"负面清单"特征 / 320

三、东盟、中国、日本、韩国签订的自由贸易协定的"负面清单"特征 / 328

四、北美自由贸易协定"负面清单"概念的灵活运用 / 337

附录2 各自由贸易协定"负面清单"目录 / 392

后记 / 394

第一章 区域自由贸易协定中"负面清单"的国际比较研究

"负面清单"是国际通行的一种东道国对外商投资领域实施限制或划定投资范围的管理办法,随着贸易自由化进程在全球的进展,这一在投资领域的管理办法也被应用于双边或多边自由贸易协定或经济一体化协定中。在覆盖商品和服务的自由贸易协定或/和经济一体化协定中,"负面清单"以列表的形式将那些与义务不符的特定措施或某些行业列入其中,保留在协议生效后采取不符措施的权利。不过,在一些区域贸易协定中,"负面清单"的概念则以"例外条款""保障条款""措施列表""行业列表"等形式出现,客观上起到行业保护或规避冲击的作用。

本报告考察的是世界贸易组织(WTO)管理的各区域贸易协定的"负面清单",通过比较与分析其特点,研究典型案例,以期获得对中国(上海)自由贸易试验区"负面清单"的设定、对中国在区域贸易协定的谈判中有益的启示。

一、基本概念的界定

在开始对全球区域自由贸易协定"负面清单"进行研究前,首先需要对(本书)涉及的最基本概念作一界定。

1. 负面清单与正面清单

所谓"负面清单"(negative list),又译为"消极清单""否定列表",它是一个国家或地区禁止外资进入或限定外资比例的行业清单,对不允许投资的领域、行业或部门列出一个清单,清单之外的领域、行业或部门充分开放。

"正面清单"(positive list),又译"积极清单""肯定清单",是指一个国家或地区列出允许或鼓励外资进入的行业清单,不在清单内的为禁止准入或不鼓励准入。例如,中国的《外商投资产业指导目录》明确列出鼓励类、限制类和禁止类的外商投资项目,不在清单内的则为不鼓励或限制、禁止准入的。

简而言之,"负面清单"与"正面清单"的主要区别是:前者规定了"不能做什么",法无禁止即可为;后者规定了"只能做什么",法已禁止不可为。

2. 自由贸易协定与经济一体化协定

自由贸易协定(Free Trade Agreement,简称FTA)是指两个或两个以上的经济体,为了扩大彼此间的贸易规模,实现贸易的自由化,在自愿结合的方式下,就有关贸易自由化及其相关问题而达成的条约。

经济一体化协定(Economic Integration Agreement)是指两个或两个以上的经济体,为促进经济的共同发展,通过协商,而达成的内容包括商品、资本和劳务的自由流动,经济贸易政策一体化的条约。

3. 区域贸易协定与优惠的贸易安排

区域贸易协定(Regional Trade Agreements,简称RTAs)是指两个或两个以上经济体为消除彼此间的各种贸易壁垒,规范彼此间的贸易行为,发展相互合作而缔结的互惠性的贸易条约。它包括自由贸易协定和关税同盟。

优惠贸易安排(Preferential Trade Arrangements,简称PTAs))在世界贸易组织(WTO)内是指单方面的贸易优惠,包括发达国家对来自发展中国家的进口给予优惠关税的普遍优惠制度(Generalized System of Preferences,简称GSP),以及WTO总理事会授予的豁免等其他非互惠的优惠方案。WTO将优惠贸易安排放在全球区域贸易协定目录中。

本书中的"区域自由贸易协定"包括自由贸易协定、经济一体化协定、关税同盟和优惠的贸易安排,可以是区域集团内各缔约方之间签订的协定或条约,也可以是与集团外非成员方之间签订的双边或多边协定或条约。

二、全球自由贸易协定的概况

根据WTO数据库RTAs目录,现行全球双边和多边区域贸易协定共有267个,其中覆盖商品的有142个,覆盖商品和服务二者的有125个。这些区域贸易协定包括优惠贸易安排(如发展中国家之间的全球优惠制度)、关税同盟(如东非和南非共同市场)、自由贸易协定(如美俄自由贸易协定)、经济一体化协定(如欧洲经济区在服务上的一体化协定)、关税同盟与经济一体化协定(如欧盟关税同盟与经济一体化协定)、自由贸易协定和经济一体化协定(如北美自由贸易协定和经济一体化协定)六种类型(见表1)。

表1 现行的区域贸易协议类别及数目　　　　　(单位:个)

总计	内容涉及		类别					
	商品	商品和服务	优惠贸易安排	关税同盟	自由贸易协定	经济一体化	关税同盟与经济一体化	自由贸易协定与经济一体化协定
267	142	125	15	17	108	1	9	117

数据来源:根据WTO下列信息统计制表:List of all RTAs, December 19, 2014, http://rtais.wto.org/UI/PublicAllRTAList.aspx.

在267个协定中,最早颁布的协定是《欧洲共同体条约》(EC Treaty),这个有关关税同盟和经济一体化的协定签署于1957年3月25日,生效于1958年1月1日。当初只有法国、德国、意大利、卢森堡、比利时、荷兰六国,现已发展到欧盟28个成员国。最近颁布的协定是2014年5月29日由俄罗斯联邦、白俄罗斯和哈萨克斯坦三国在哈萨克斯坦首都阿斯塔纳签署、2015年1月1日生效的《欧亚经济联盟条约》(Eurasian Economic Union,简称EAEU),这是有关贸易自由化和经济一体化的协定。

表2和图1显示的是,自20世纪50年代以来签署生效的区域贸易协定,从中可见,本世纪初以来签署生效的协定在现行的区域贸易协定中占70.8%,年均12.6个。逐年增多的区域贸易协定的签订和生效反映出

全球各经济体之间加强贸易合作,实现区域内贸易自由化和经济一体化的愿望与趋势。

表2　20世纪50年代以来各时段签署生效的区域贸易协定数目

(单位:个)

时期	1950—1959	1960—1969	1970—1979	1980—1989	1990—1999	2000—2009	2010—2014	总计
合计	1	1	10	8	58	126	63	267
年均	0.1	0.1	1	0.8	5.8	12.6	12.6	4.1

注释:按生效年份统计,其中包括2015年。
数据来源:同表1。

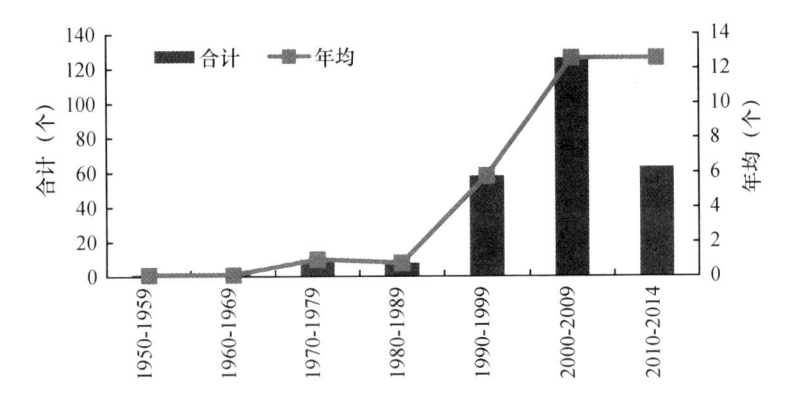

图1　1950—2014年各时段签署生效的区域贸易协定数目和年均数目
数据来源:同表1。

从图2可见,2009年新签订生效的协定达到20个,为历年最多。这表明经济危机期间,各经济体尤其希望通过区域贸易协定,以贸易互惠的方式推进出口,阻止经济下滑,规避其他经济体的贸易保护主义措施。

值得一提的是,WTO中现行的267个协定并非意味着存在267个独立的、彼此不交错的关税同盟或自由贸易区域,实际上某些协定是成员增加后在原协定基础上签订的新协定。比如,欧盟是由欧洲共同体(The European Community,简称EC)发展而来的,在整个发展历程中,每一次规模扩大,欧共体内部都会签订一次新的区域贸易协定,即《欧共体扩大版条约》(EC Enlargement)。从1958年1月由6个国家签署的《欧洲共同体条约》(EC Treaty),到2013年7月克罗地亚加入欧盟签署的《欧共体

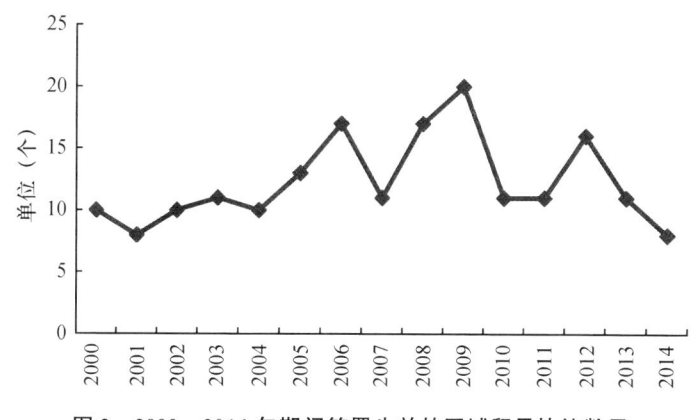

图2　2000—2014年期间签署生效的区域贸易协议数目

数据来源：同表1。

(28国)扩大条约》(EC(28) Enlargement)，其成员国已经达到28个，贸易协定内容从商品覆盖到服务(见表3)。而在这一过程中，欧盟区域内成员国相互也签订一些其他贸易协定与经济一体化协定，如欧洲经济区(EEA)，这些区域贸易协定是欧盟区域内不同国家组合而成的小自由贸易区或者是部分成员国与其他国家签订的自由贸易协定。这一状况的存在，表明成员国在实现区域贸易与经济一体化过程中，有着不同的利益诉求或关切点，这点通过各协定内"负面清单"或"时间表"(schedule)、"过渡性措施"(transitional measures)反映出来。

表3　欧共体的区域贸易协定

区域贸易协定		覆盖范围	生效日期
英文名称	中文翻译		
EC Treaty	欧洲共同体条约(简称欧共体)	商品和服务	1958-01-01
EC(9) Enlargement	欧共体(9国)扩大条约	商品	1973-01-01
EC(10) Enlargement	欧共体(10国)扩大条约	商品	1981-01-01
EC(12) Enlargement	欧共体(12国)扩大条约	商品	1986-01-01
EC(15) Enlargement	欧共体(15国)扩大条约	商品和服务	1995-01-01
EC(25) Enlargement	欧共体(25国)扩大条约	商品和服务	2004-05-01
EC(27) Enlargement	欧共体(27国)扩大条约	商品和服务	2007-01-01
EC(28) Enlargement	欧共体(28国)扩大条约	商品和服务	2013-07-01

(续表)

区域贸易协定		覆盖范围	生效日期
英文名称	中文翻译		
Eurasian Economic Community	欧亚经济共同体	商品	1997-10-08
Eurasian Economic Union	欧亚经济联盟	商品和服务	2015-01-01
European Economic Area	欧洲经济区	服务	1994-01-01
欧盟与非成员国签署的各类区域贸易协定			
英文	EU-Albania; EU-Algeria; EU-Andorra; EU-Bosnia and Herzegovina; EU-Cameroon; EU-CARIFORUM States EPA; EU-Central America; EU-Chile; EU-Colombia and Peru; EU-Cote d'ivoire; EU-Eastern and Southern Africa States Interim EPA; EU-Egypt; EU-Faroe Islands; EU-Former Yugoslav Republic of Macedonia; EU-Georgia; EU-Iceland; EU-Israel; EU-Jordan; EU-Korea, Republic of; EU-Lebanon; EU-Mexico; EU-Montenegro; EU-Morocco; EU-Norway; EU-Overseas Countries and Territories (OCT); EU-Palestinian Authority; EU-Papua New Guinea/Fiji; EU-Rep. of Moldova; EU-San Marino; EU-Serbia; EU-South Africa; EU-Switzerland-Liechtenstein; EU-Syria; EU-Tunisia; EU-Turkey; EU-Ukraine		
中文	欧盟—阿尔巴尼亚;欧盟—阿尔及利亚;欧盟—安道尔;欧盟—波斯尼亚和黑塞哥维那;欧盟—喀麦隆;欧盟—加勒比共同体国家经济伙伴协定;欧盟—中美洲;欧盟—智利;欧盟—哥伦比亚和秘鲁;欧盟—科特迪瓦;欧盟—东部和南部非洲国家临时经济伙伴协定;欧盟—埃及;欧盟—法罗群岛;欧盟—前南斯拉夫马其顿共和国;欧盟—格鲁吉亚;欧盟—冰岛;欧盟—以色列;欧盟—约旦;欧盟—韩国;欧盟—黎巴嫩;欧盟—墨西哥;欧盟—黑山;欧盟—摩洛哥;欧盟—挪威;欧盟—海外国家和领土;欧盟—巴勒斯坦权力机构;欧盟—巴布亚新几内亚/斐济;欧盟—摩尔多瓦共和国;欧盟—圣马力诺;欧盟—塞尔维亚;欧盟—南非;欧盟—瑞士和列支敦士登;欧盟—叙利亚;欧盟—突尼斯;欧盟—土耳其;欧盟—乌克兰		

资料来源:同表1。

当然,欧盟还与更多的非成员国签订贸易或经济伙伴协定,从表2-3可见,这方面的现行协定多达36个。

三、全球各区域贸易协定"清单"设置的模式及特点

世界各国或地区经济发展程度不一,即使人均收入相同的国家,其产业发展状况也有所不同,为此在实现区域贸易自由化和经济一体化的过程中,除了设定开放时间表外,协议中也以"正面清单"的方式划定开放

领域,或以"负面清单"的方式规定不开放领域。

1. 清单设置的模式

纵观世界各区域自由贸易协议,在清单的设置上主要采用以下四种模式:

(1)以"正面清单"为主

比如欧盟,从1957年签署《欧洲共同体条约》(EC Treaty)到欧共体多次吸纳成员国而签署的扩大协定,其中涉及的服务和投资条款基本上都以"正面清单"为主,鼓励成员国消除国别歧视、增加透明度,以促进贸易和投资自由化。

在2002年签署的《欧洲共同体及成员国方与智利共和国方建立交往的协议》第三部分"合作"中,明确双边合作在三个领域进行:第一,经济合作,包括工业、标准和技术规则及合格评估程序、中小型企业、服务、投资促进、能源、运输、农业和农村部门及植物卫生措施、渔业、海关、统计、环境、消费者保护、数据保护、宏观经济对话、知识产权、公共采购、旅游、采矿等方面的合作;第二,科学技术及信息社会合作,包括科学技术、信息社会和信息技术及电信合作;第三,文化、教育、视听,包括教育和培训、视听领域、信息和文化交流的合作。该协议还对各领域的合作重点有所强调,比如在第21条"促进投资"的第2点明确规定:"合作将特别涵盖以下:(a)为信息提供、投资规则和机会的识别和传播建立机制;(b)制定有利于投资缔约方的法律框架,在适当情况下,通过欧共体成员国和智利之间的双边协定,促进和保护投资,避免双重征税;(c)开展技术援助活动,培养缔约方政府机构之间处理问题的能力;(d)制定统一且简化的行政程序。"[①]

(2)设置"负面清单"

比如,2009年签署的《东盟—澳大利亚—新西兰建立自由贸易区协定》第八章"服务贸易"的第4点明确规定:[②]该章不适用于政府采购、补

---

① Agreement Establishing an Association between the European Community and Its Member States, of the one part, and the Republic of Chile, of the other part, PART III Cooperation, 26-Jun-2003, pp. 10,12.
② See Agreement Establishing the ASEAN-Australia-New Zealand Free Trade Area, Chapter 8 Trade in Services, 27-Feb-2009, pp. 79—80.

贴与津贴、在各有关缔约方领域政府机构行使职能的服务、航空运输服务、授予的影响交通权利的措施等。这意味着将政府采购、航空服务等排斥在服务贸易之外。

在2006年签署的《日本—菲律宾共和国经济伙伴关系协定》第七章"服务贸易"的第70条规定,服务贸易的范围与覆盖面不适用于以下部分:[①]第一,航空运输服务,影响交通权利所授予的措施,包括飞机维修和保养服务、航空运输服务的销售和营销、计算机订座系统服务;第二,海运服务中的沿海运输;第三,缔约方或一国企业提供的补贴,包括补助、政府资助贷款、担保和保险;第四,根据移民法律和法规制定的措施;第五,影响自然人寻求进入缔约方就业市场的措施,或者有关国籍、公民或居民或就业在永久身份上的措施。另外,该条也规定:本协议第72条、第73条和第76条不适用于缔约方在政府采购上的任何措施。

表4显示的是日本与他国签署的自由贸易协定中"负面清单"涉及的部分行业,从中可见,日本无论与发达国家还是发展中国家签署自由贸易协定,都主要采用"负面清单"的方式划定不开放领域,而这些不开放领域涉及多个行业,并根据国家不同有所侧重。

表4 日本与他国签署的自由贸易协定"负面清单"中的部分行业

自由贸易协定	清单开设国	负面清单的行业	负面清单行业(产品)内容
日本—印度	印度	农业	所有农业生产活动
	日本	制造业	药物及药品制造——生物制品
日本—菲律宾	菲律宾	信息、通信及网络服务	电信服务等
	日本	农、林、渔业	杂项作物农业
日本—智利	智利	通信业	国内或国际长途或短距离电信服务和中介服务;电讯、电信服务
	日本	汽车维修业	汽车拆卸维修业务
日本—墨西哥	墨西哥	农、牧、林业	农业
	日本	汽车维修业	汽车拆卸维修业务

---

① See Agreement Between Japan and the Republic of the Philippines for an Economic Partnership, Chapter 7 Trade in Services, Article 70 Scope and Coverage, 09-Sep-2006, pp. 58—59.

(续表)

自由贸易协定	清单开设国	负面清单的行业	负面清单行业(产品)内容
日本—秘鲁	秘鲁	土著社区、农民、土著和少数民族事务	
	日本	航天航空工业	航空工业相关的机器维修
日本—瑞士	瑞士	能源业	石油勘探与开采
	日本	金融业	银行
日本—印尼	日本	金融业	银行
日本—马来西亚	日本	运输业	航运、水运、铁路与公路运输及服务
日本—泰国	日本	农、林、渔业	杂项作物农业
日本—文莱	日本	农、林、渔业	杂项作物农业
日本—越南	日本	海运业	海运代理服务
日本—新加坡	日本	金融业	银行

注释：表内各自由贸易协定或双边设定"负面清单"，或单边(即日本)设定"负面清单"。各个协定中"负面清单"涉及多个行业，详细情况见附表。

（3）"负面清单"和"正面清单"同时采用

比如，欧盟与加勒比论坛国家之间的经济合作伙伴协定，采取"正面清单"和"负面清单"相结合的形式，根据服务贸易的各种提供模式，规定各国的开放领域。在欧盟方面的清单中，关于商业存在、跨境提供等，采用"正面清单"的形式，列出了各方的开放承诺与保留条款；而在有关主要人员和毕业实习生、履约服务人员与独立专业人员上，则采用"负面清单"的形式，列出各方的保留条款。

（4）采用一系列具有"负面清单"功能的条款

例如，采用"例外条款""保障条款""国家安全条款"等方式，将一些行业或产品划出开放领域。在这方面，1992年美国、加拿大、墨西哥三国签署的《北美自由贸易协定》最为典型。①

此外，欧盟在实现欧洲经济一体化过程中，劳动力的自由流动是一大难点，尤其是在经济不景气时期，大量的外来劳工可能给所在国的就业市场带来很大的冲击。《欧共体(28)扩大条约》中对此有专门的限制。为

---

① 本书第四部分将以专门的篇幅对此作一分析。

了解决德国和奥地利劳动力市场服务部门特定敏感行业可能受跨国劳动力严重干扰或威胁问题,该条约附件5第2条"人员自由流动"①中要求克罗地亚根据96/71/EC指令第1条的规定,采取国家措施或有关克罗地亚劳工自由流动的双边协议;规定德国和奥地利在通知委员会后,可以违背《欧盟运作条约》(The Treaty on the Functioning of the European Union,简称TFEU)第56条第1款,在克罗地亚公司提供服务的情况下限制流动,那些在德国和奥地利承担工作工人的临时流动权利受到国家措施的影响。该协定将可能会受减损(derogation,即违背)的服务行业列出:德国是建筑及相关分支部门,工业清洗,其他服务;奥地利是园艺服务活动,石头的切割、成型和整理,金属和部件的制造,建筑包括相关分支行业,安全活动,工业清洗,家庭护理,不提供食宿的社会工作和活动。

2. "清单"设置的特点

世界自由贸易协定中"清单"的设置有如下特点:
(1) 发达国家之间的协定一般采用"负面清单"的模式

比如,在2004年签署的《澳大利亚—美国自由贸易协定》第三章"农业"的附件3-A"农业保障措施"中,列出"美国附表"。在该附表的A节"以价格为基础的园艺保障"中规定"美国可以适用农业保障措施":如果单位进口商品的价格表现以本国货币计算,进口价格和商品上市的触发价格之间的差值小于或等于触发价格的10%,就不开征额外关税;如果进口价格和触发价格之间的差额超过10%,但低于或等于40%的触发价格,那么附加关税就应等于第3.4.1条描述的最惠国税率与附件2-B美国附表适用的关税税率之间差额的30%,等等。表5显示的是该协定美国附表中"美国园艺保障"的清单。

---

① Official Journal of the European Union, Annex V, List referred to in Article 18 of the Act of Accession: Transitional Measures, 2. Free Movement of Persons, 12. , 24-April-2012, pp. L 112/69.

表5　美国园艺保障一览(美元/公斤或美元/升)

HS分类	描述	触发价	HS分类	描述	触发价
0712202000	洋葱粉或面粉	0.77	2008929030	桃或梨水果,混装,容量不足1.4公斤	0.83
0712204000	洋葱,晒干,除粉或面粉外	1.26	2008929035	桃或梨水果,液体混装,容量超过1.4公斤	0.75
0712904020	大蒜粉或面粉	0.53	2008929040	桔子、葡萄、柚子、混合水果,液体密闭包装	1.21
0712904040	大蒜,干,除粉或面粉外	0.48	2008929050	混合水果,其他制品,液体密闭包装	0.80
2002100020	完好、整条或切块箱装西红柿,容量不足1.4公斤	0.41	2009110020	橙子、橘子,未发酵,冷冻箱装0.946升以下	0.23
2002100080	箱装西红柿,其他制品,容量超过1.4公斤	0.43	2009110040	橙子、橘子,未发酵,冷冻箱装0.946—3.785升	0.23
2002908010	罐装番茄酱,容量不足1.4公斤	0.64	2009110060	橙子、橘子,未发酵,冷冻箱装3.785升以上	0.20
2002908020	罐装番茄酱,容量超过1.4公斤	0.56	2009124500	橙汁,未发酵,不冻结,及其他制品,小于20白利糖度(升)	0.49
2002908030	罐装番茄酱,容量不足1.4公斤	0.46	2009190000	橙汁,未发酵,其他制品(升)	0.49
2002908040	罐装番茄酱,容量超过1.4公斤	0.31	2009610020	葡萄汁与未发酵,浓(升)	0.56
2002908050	番茄,其他罐装制品	0.69	2009610040	葡萄汁,未发酵,小于20白利糖度,浓,冷冻(升)	0.34
2005600000	芦笋,制作或保藏、不冰冻,其他制品	1.59	2009610060	葡萄汁,未发酵,小于20白利糖度,浓,不冻结(升)	0.27

(续表)

HS 分类	描述	触发价	HS 分类	描述	触发价
2008400020	罐装梨,其他制品,容量不足1.4公斤	0.65	2009690040	葡萄汁,未发酵,其他制品,冷冻(升)	0.32
2008400040	罐装梨,其他制品,容量超过1.4公斤	0.58	2009690060	葡萄汁,未发酵,其他制品,未冷冻(升)	0.25
2008504000	杏子,制作或保藏的其他制品	0.90	2103204020	西红柿酱,其他制品,容量小于1.4公斤	0.84
2008702020	桃,其他制品,容量小于1.4公斤	0.32	2103204040	西红柿酱,其他制品,容量1.4公斤以上	0.94
2008702040	桃,其他制品,容量超过1.4公斤	0.54			

注释:(1)"触发价"是指事先规定的,当达到该价格时投资者作出贸易的价格,即当价格达到触发价位时,投资者作出具体的贸易。(2)白利糖度是测量糖度的单位,代表在20°C情况下,每100克水溶液中溶解的蔗糖克数。

资料来源:根据下列信息统计制表:Australia-United States Free Trade Agreement, Annex 3-A Agricultural Safeguard Measures, Section A: Price-Based Safeguard for Horticulture, 18-May-2004.

又如,澳大利亚和新西兰都是发达国家,在两国签署的双边自由贸易协定中除了部分服务项目外,基本上都采用"负面清单"的模式。

(2)发展中国家之间的协定往往采用"正面清单"的模式

比如,2009年签署的《印度共和国—东盟全面经济合作框架下货物贸易协定》(简称AIFTA)第2条规定,这个协议适用在协议框架下的商品贸易及其所有相关的其他事宜;第4条规定,除本协定另有规定外,每一缔约方应逐步放开,在适用情况下,按照附件1的关税承诺时间表对其他缔约方的原产地货物应用最惠国税率。该协议没有列出"负面清单",而是在附件1"关税承诺表"中列出关税削减承诺的时间表,将产品划分为一般产品、敏感产品、特殊产品和高度敏感产品四类,规定关税税率削

减的时间表：①

第一，"正常轨道"。即一般产品轨道,其税目税率为最惠国关税税率,税率削减时间分为"正常轨道1"和"正常轨道2",给出各成员税率削减时间表。规定凡最惠国关税税率为0的,应保持为0;已削减到0的,也应保持为0;任何一方都不得增加任何关税细目上的税率,除本协议另有规定外。

第二,敏感轨道。规定凡在敏感类产品税目上最惠国关税税率高于5%的国家,都应按照以下的关税削减时间表将税率降低到5%。适用最惠国关税税率在5%水平上的可维持50多个税号。要求其余税目适用最惠国关税税率应降低到4.5%,先在东盟6国协议生效,柬埔寨、老挝、缅甸和越南进入协议5年生效。要求根据最终日期(见表3-3)将协议税目上的特惠税率进一步降低到4%。允许各成员国自行确定敏感轨道上适用最惠国关税税率4%的税目,与其他缔约方相交换,最终消除关税的时间是:2019年12月31日,文莱、印度尼西亚、马来西亚、新加坡、泰国、及印度;2022年12月31日,菲律宾和印度;2024年12月31日,柬埔寨、老挝、缅甸和越南。

第三,特殊产品。即指印度的原油和成品棕榈油(分别为原棕油和精致棕榈油)、咖啡、红茶和胡椒。规定这些特殊产品的最惠国关税税率削减时间表(见表6)。要求印度对其他竞争性油/脂肪无更好的报价时,应及时提供手中的产品;如果原棕油和精致棕榈油的最惠国关税税率比本协议优惠关税低,则实施较低税率。

第四,高敏感列表。明确高度敏感产品税率削减时间表清单不适用文莱、老挝、缅甸和新加坡四国。高度敏感清单在税目中分为3类:第1类,最惠国关税税率降低50%;第2类,占50%的产品的最惠国关税税率降低;第3类,占25%的产品的最惠国关税税率降低。要求降税时间为:2019年12月31日,印尼、马来西亚和泰国应实现该目标,2022年12月31日,菲律宾应实现,2024年12月31日,柬埔寨和越南应实现。

---

① See Agreement on Trade in Goods under the Framework Agreement on Comprehensive Economic Cooperation between the Republic of India and the Association of Southeast Asian Nations, Article 2 Scope, p.4; Annex 1 Schedules of Tariff Commitments, pp.21—25, 13-Aug-2009.

表6 特殊产品最惠国关税税率下降时间表

税目	基本利率	AIFTA 优惠关税率									
		不迟于1月1日										2019.12.31
		2010	2011	2012	2013	2014	2015	2016	2017	2018	2019	
原棕油	80	76	72	68	64	60	56	52	48	44	40	37.5
精致棕榈油	90	86	82	78	74	70	66	62	58	54	50	45
咖啡	100	95	90	85	80	75	70	65	60	55	50	45
红茶	100	95	90	85	80	75	70	65	60	55	50	45
胡椒	70	68	66	64	62	60	58	56	54	52	51	50

资料来源:Agreement on Trade in Goods under the Framework Agreement on Comprehensive Economic Cooperation between the Republic of India and the Association of Southeast Asian Nations,p.24.

第五,排除列表。规定对各年关税税率应进行审查,以期改善市场准入状况。

本书将该协定中各缔约国承诺的关税削减时间汇集成一览表(见表7),随着关税的降低、至零,市场准入限制减少、取消,区域内自由贸易实现。时间表让各缔约国了解到彼此市场开放的进度,起到了"正面清单"的作用。

表7 印度—东盟货物贸易框架协议关税削减承诺时间表一览

产品分类	最惠国关税税率削减目标	说明	时间表	涉及国家
正常产品	税目关税为最惠国关税税率,削减至0	轨道1	2010.1.1—2013.12.31	文莱、印度尼西亚、马来西亚、新加坡、泰国和印度
			2010.1.1—2018.12.31	菲律宾和印度
			2010.1.1—2013.12.31	印度
			2010.1.1—2018.12.31	柬埔寨、老挝、缅甸和越南
		轨道2	2010.1.1—2016.12.31	文莱、印度尼西亚、马来西亚、新加坡、泰国和印度
			2010.1.1—2019.12.31	菲律宾和印度
			2010.1.1—2016.12.31	印度
			2010.1.1—2021.12.31	柬埔寨、老挝、缅甸和越南

(续表)

产品分类	最惠国关税税率削减目标	说明	时间表	涉及国家
敏感产品	凡高于最惠国关税税率5%的,应降低到5%	最终消除关税的时间表	2010.1.1—2016.12.31	文莱、印度尼西亚、马来西亚、新加坡、泰国和印度
			2010.1.1—2019.12.31	菲律宾和印度
			2010.1.1—2016.12.31	印度
			2010.1.1—2021.12.31	柬埔寨、老挝、缅甸和越南
特殊产品	最惠国关税税率降至37.5%—50%	实现时间表	2010.1.1—2019.12.31	印度(原油、成品棕榈油、咖啡、红茶、胡椒)
高敏感产品	第1类:最惠国关税税率降低50%;第2类,50%产品税率降低;第3类,25%产品税率降低	不适用文莱、老挝、缅甸和新加坡	2019.12.31实现	印尼、马来西亚和泰国
			2022.12.31实现	菲律宾
			2024.12.31实现	柬埔寨和越南
排除列表	督促完成进度	审查关税率	每年	各国市场准入状况

资料来源:根据下列信息统计制表:Agreement on Trade in Goods under the Framework Agreement on Comprehensive Economic Cooperation between the Republic of India and the Association of Southeast Asian Nations, Annex 1 Schedules of Tariff Commitments, pp. 21—25, 13-Aug-2009.

(3) 发达国家与发展中国家之间的协定一般采取"负面清单"的做法

比如,美国与哥伦比亚 2006 年签署、2012 年生效的《美国—哥伦比亚贸易协定》第 2 章"国民待遇和商品的市场准入"的附件 2.2"国民待遇和进出口限制"分别规定了两节:A. 哥伦比亚措施;B. 美国措施。[①] 规定该协定中的第 2.2 条"国民待遇"和 2.8 条"进口与出口限制"条款不适合下面情况——对哥伦比亚不适合部分有:根据 1991 年 1 月 17 日 9 号法律对咖啡的出口控制;依据 2002 年 12 月 27 日 223 号法律和 1995 年

---

① See U. S.—Colombia Trade Agreement, Chapter Two National Treatment and Market Access for Goods, Annex 2.2 National Treatment and Import and Export Restrictions, 22-Nov-2006, pp. 2—16,2—17.

12月22日788号法律对有关酒精饮料开征消费税的税收措施,直至进入本协定生效之日起4年;根据1995年1月2日第001号决议对使用和不完善的货物、残留物、废料、废物和残留物的进口管制;按照1995年1月2日第001号决议对机动车辆的进口,包括二手车和其生产日期超过两年的新车进口的控制;WTO争端解决机构授权的行动。

对美国不适合部分有:对所有物种的原木出口管制;根据《1920年商船法》(Merchant Marine Act)附录46《美国法典》(U.S.C.)第883条和《客运船舶法》(the Passenger Vessel Act)附录46《美国法典》第289条中现有的规定措施;①WTO争端解决机构授权的行动。

又如,该协定第12章"金融服务"第1条明确规定,"本章不适用于缔约一方有关采取或维持的措施":公共退休计划或社会保险法定系统的部分活动或服务;或缔约一方担保账户或使用财务资源包括它的公共实体的活动或服务。除非缔约一方允许它的金融机构参与公共实体或金融机构竞争,开展有关上述的任何活动或服务。②

(4)新兴经济体与发达国家之间的协定趋向使用"负面清单"的模式,并将该模式带入其与其他发展中国家签订的协定中

部分新兴经济体与发达国家签订的协定中的"负面清单"主要涉及主权或敏感领域开放问题。比如,前面列举的2006年菲律宾与日本签署的《日本—菲律宾共和国经济伙伴关系协定》,在"服务贸易范围与覆盖面"上,明确指出不适用该章的部分,这与之前2005年马来西亚与日本签署的《日本政府—马来西亚政府经济伙伴关系协定》第8章"服务贸易"第94条相同。③ 2007年,马来西亚与巴基斯坦签署《巴基斯坦—马来西

---

① 该款强调,在某种程度上,这样的措施在美国进入《1947年关税与贸易总协定》(General Agreement on Tariffs and Trade 1947)时就已作为强制性的法律纳入,虽然减弱《1947年关税与贸易总协定》第二部分的一致性,但至今没被修改。因此,该条款在延续或及时更新不符合规定的任何法规中都需提及,而某种程度上在修正不符合规定的任何章程中提及这点,修正案并没有减弱与第2.2和第2.8条的一致性。
② 同上协定,Chapter Twelve Financial Services, Article 12.1: Scope and Coverage, pp.12-1.
③ See Agreement Between the Government of Japan and the Government of Malaysia for an Economic Partnership, Chapter 8 Trade in Services, Article 94 Scope and Coverage, 13-Dec-2005, p.74.

亚贸易协定》,在第8章"服务贸易"的第68条中重申了上述不适用内容:①缔约方针对政府采购的任何措施;缔约方提供的补贴和补助;有关航空运输服务、航空权,除影响措施外,直接关系到行使交通权的授予或服务,包括飞机维修和保养服务、航空运输服务的销售和营销;计算机订座系统服务;海运服务的沿海运输;影响自然人寻求进入缔约方就业市场的措施等,均排除在协议外。此外,该协定还加了一条(a条):"中央、地区或地方政府部门所提供的服务"也排除在外。

显然,新兴经济体正在接受西方发达国家的做法,以"负面清单"的方式规避开放可能带来的风险。同时,在服务贸易"不适用"领域上各协议的雷同表述,也反映出各国在对外开放的同时,强调本国主权的独立、领空和领海的安全,以及国内就业市场的保护,很明显,这些领域被排斥在国民待遇原则之外。

3."负面清单"涉及的领域

观察世界各贸易协定的"负面清单",涉及的领域主要有四类:

(1)关系到国家安全的产业、产品或技术

比如,在《美国—哥伦比亚贸易协定》附件Ⅰ中,在有关美国时间表原子能部门的国民待遇中规定,根据美国核管理委员会要求,在美任何人出于商业需要或工业用途,传送或接收州际贸易、制造、生产、转让、使用、进口或出口任何核子"利用或生产设施",必须获得该委员会颁发的许可证;这种许可证不会发给知道核子用途,或拥有、控制或支配核子的外国人、外国企业或者外国政府。声称尽管美国核管理委员会要求核子"综合利用和生产设施"在医学治疗中使用,或用于研究和开发活动,但也禁止将这样的许可证给予那些知道核子用途,或拥有、控制或支配核子的外国人、外国企业或者外国政府任何实体。②

从中可见,对美国而言,国内法至高无上,签署的任何协议都不能违

---

① See Agreement Between the Government of the Islamic Republic of Pakistan and the Government of Malaysia for a Closer Economic Partnership, Chapter 8 Trade in Services, Article 68 Scope and Coverage, 08-Nov-2007, pp.36—37.

② Ibid., ANNEX I Schedule of the United States, p.I-US-1.

背国内制定的法律法规或管理条例,尤其是涉及国家安全问题的条例。但不管怎么说,涉及核燃料的资源,各国一般都比较谨慎,比如智利对铀和钍矿石出口加以限制。

(2) 关系到国家金融安全或具有公共服务性质的部门

比如,韩国贸易协定中"负面清单"的金融部分,主要针对银行设立、外汇买卖进行限制,而在保险和投资领域的限制较少,但要求公司高管必须居住在韩国。对于有关国家安全稳定的交通运输、通信、文化娱乐和法律服务,制定较多的限制或提出较为严格的监管要求。

澳大利亚对外签署的贸易协定中,服务贸易的"负面清单"涉及的内容有:专业服务中的律师服务、移民咨询服务、会计审计服务、医疗服务与海关清关服务;通信服务中的邮政服务、电信;批发零售服务中的医疗产品、化学品、酒精饮料和香烟产品贸易;金融服务中的吸收存款业务、人寿保险服务、非人寿保险服务、金融市场服务、托管投资服务;健康服务;传媒、娱乐、文化及体育服务(包括报纸、广播、商业电视等视听服务、博彩业);运输服务中的内河运输、海运运输、航空运输;教育服务中的初等教育、其他教育,可谓范围之广。

投资与贸易的自由化也带来了人员的流动,尤其是那些旨在建立区域大市场,实现经济一体化的协议(如欧盟协议)中处处可见成员国对外来从业人员的限制规定。比如,在服务行业,特别是金融等高技术、高附加值服务业的准入上,强调本国从业资格标准,对本国居民就业实施保护。具体体现在:第一,某些行业从业的国籍限制和居留条件的规定。比如,意大利要求出版商、波兰要求报纸和杂志的主编必须有本国国籍;奥地利规定法人或分支机构内部负责人必须在奥地利有永久居住地;瑞典规定法人或分支机构的总经理应该是瑞典居民;芬兰规定作为私人企业家从事贸易的外国人需要获得贸易许可证;罗马尼亚要求商业企业审计师中的大多数人及他们的副手应该是罗马尼亚居民;法国规定从事工业、商业和手工艺的总经理,如果没有居住许可,需要经过特定审批。第二,规定从业许可或经验。比如,丹麦规定律师要进行法律咨询的市场推广,必须持有丹麦许可证;保加利亚规定在建筑设计和工程服务领域的外国专业人员必须至少有两年在该领域的从业经验;奥地利要求专业实习的助产士必须有至少三年的经验。此外,各国在信息行业及文化宣传媒体方面也体现出防止外国人控制的局面。

(3) 影响国家基础的行业或具有战略意义的产业或战略物质

与传统认识不一样,"负面清单"上的产业、产品并非都是幼稚产业、产品,有时还可能是具有竞争优势的产业、产品。比如,新西兰的畜牧业;韩国的航运业;日本的生物医药;越南的钛矿;中国的稀土等。出于知识产权保护或战略储备安全之考虑,这些具有较强竞争力的产业或属于世界稀缺资源被放入"负面清单",或被作为例外加以保护。值得注意的是,在发达国家的贸易协定中研究开发等类别都不被包括在协定之内。比如,加拿大的医疗研究、航空航天研究,美国的研究开发全部类别都被作为服务例外。

(4) 有关环境保护的产品

比如,美国的原木。历史上,美国曾以自然资源的耗费来节约劳动和资本,过度的开发导致东部沿海成片的原始森林遭到破坏,全国森林面积急剧减少。随着人们对生态环境日益重视,美国加大了对生态环境的保护力度,出台法律禁止乱砍乱伐,对所有原木实行出口管制政策,森林覆盖面积达到国土面积的 33%。对原木管制措施也成为美国签署对外贸易协定的一个例外。几乎在与他国签署的所有协定中,美方都要引经据典追溯到《1947 年关税与贸易总协定》时有关原木产品国际协定给予美国的特殊照顾。下面在《北美自由贸易协定》中,我们还会再次提及这项条款。

四、从《北美自由贸易协定》看"负面清单"概念在美国条款上的灵活运用[①]

在所有对外贸易协定中,美国参与签署的协定最具有特色,在一些既有发达国家参与、又有发展中国家参与的协定中,我们看不到"负面清

---

① See Jue Lin, Flexible Use of the "Negative List" Concept in the United States Schedule of NAFTA, Journal of WTO and CHINA, English Quarterly, Beijing, June, Volume 4, Number 2, 2014, pp.58—71.

单"的明确列表,但却处处感受到"负面清单"概念在条款中的运用。本节以《北美自由贸易协定》(North American Free Trade Agreement,简称 NAFTA)为案例,分析"负面清单"概念是如何在美国条款上灵活运用的。

1. 美国对外贸易协定简况及特点

根据 WTO 网站信息,目前美国与他国签订并生效的自由贸易协定或/与经济一体化协定有 14 个,进行谈判的有一个,即《欧盟—美国跨大西洋贸易与投资伙伴关系协定》(EU-US TTIP)。(见表8)

表8 美国与他国签订的自由贸易协定或/与经济一体化协定

协议名称		目前签署的国家或地区	签署日期	生效日期	覆盖面	类型及实施期结束
中文	英文简称					
北美自由贸易协定	North American Free Trade Agreement (NAFTA)	美国、加拿大、墨西哥	1992-12-17	1994-01-01	商品与服务	自由贸易协定与经济一体化协定,2008 年实施期结束
多明尼加共和国—中美洲—美国自由贸易协定	Dominican Republic-Central America-US FTA (CAFTA-DR)	哥斯达黎加、多明尼加、萨尔瓦多、危地马拉、洪都拉斯、尼加拉瓜、美国	2004-08-05	2009-01-01 哥斯达黎加;2007-03-01 多明尼加;2006-07-01 危地马拉;2006-04-01 洪都拉斯和尼加拉瓜;2006-03-01 萨尔瓦多和美国	商品与服务	自由贸易协定与经济一体化协定,2025 年实施期结束
韩国—美国自由贸易协定	Korea, Republic of-US FTA	韩国、美国	2007-06-30	2012-03-15	商品与服务	自由贸易协定与经济一体化协定,2031 年实施期结束

(续表)

协议名称		目前签署的国家或地区	签署日期	生效日期	覆盖面	类型及实施期结束
中文	英文简称					
美国—澳大利亚自由贸易协定	US-Australia FTA	美国、澳大利亚	2004-05-18	2005-01-01	商品与服务	自由贸易协定与经济一体化协定，2023年实施期结束
美国—巴林自由贸易协定	US-Bahrain FTA	美国、巴林	2005-09-14	2006-08-01	商品与服务	自由贸易协定与经济一体化协定，2015年实施期结束
美国—智利自由贸易协定	US-Chile FTA	美国、智利	2003-06-06	2004-01-01	商品与服务	自由贸易协定与经济一体化协定，2016年实施期结束
美国—哥伦比亚自由贸易协定	US-Colombia FTA	美国、哥伦比亚	2006-11-22	2012-05-15	商品与服务	自由贸易协定与经济一体化协定，2030年实施期结束
美国—以色列自由贸易协定	US-Israel FTA	美国、以色列	1985-04-22	1985-08-19	商品与服务	自由贸易协定，1995年实施期结束
美国—约旦自由贸易协定	US-Jordan FTA	美国、约旦	2000-10-24	2001-12-17	商品与服务	自由贸易协定与经济一体化协定，2010年实施期结束
美国—摩洛哥自由贸易协定	US-Morocco FTA	美国、摩洛哥	2004-06-15	2006-01-01	商品与服务	自由贸易协定与经济一体化协定，2030年实施期结束
美国—阿曼自由贸易协定	US-Oman FTA	美国、阿曼	2006-01-19	2009-01-01	商品与服务	自由贸易协定与经济一体化协定，2018年实施期结束

(续表)

协议名称		目前签署的国家或地区	签署日期	生效日期	覆盖面	类型及实施期结束
中文	英文简称					
美国—巴拿马贸易促进协定	US-Panama TPA	美国、巴拿马	2007-06-28	2012-10-31	商品与服务	自由贸易协定与经济一体化协定，2031年实施期结束
美国—秘鲁贸易促进协定	US-Peru TPA	美国、秘鲁	2006-04-12	2009-02-01	商品与服务	自由贸易协定与经济一体化协定，2025年实施期结束
美国—新加坡自由贸易协定	US-Singapore FTA	美国、新加坡	2003-05-06	2004-01-01	商品与服务	自由贸易协定与经济一体化协定，2014年实施期结束
欧盟—美国跨大西洋贸易与投资伙伴关系协定	EU-US Transatlantic Trade and Investment Partnership（EU-US TTIP）	欧盟、美国	正在谈判中		商品与服务	自由贸易协定

资料来源：根据下列信息统计制表：World Trade Organization, trade topics, regional trade agreements, NAFTA Secretariat, http://rtais.wto.org/UI/PublicSearchByMemberResult.aspx?MemberCode=840&lang=1&redirect=1.

观察已签订和正在谈判的15个协定，可以发现这样三个特点：

（1）时效性

到期结束，根据实施状况调整，或延续或再签署新的协议或补充条款。如此便于对实施效果进行评估，以便纠错、修正、与时俱进或终止。

（2）战略性

表现为：第一，通过双边协议的签订来推进区域贸易自由化与经济一体化，如协定中美国与中南美洲国家签署的较多，通过双边或多边协定推动未来美洲自由贸易区的形成；第二，通过与处于战略性地理位置的国家贸易与经济一体化来推进全球战略的实施，如美国与位于巴拿马运河的巴拿马、马六甲海峡的新加坡、阿拉伯半岛的约旦(北与叙利亚、东北与伊拉克、东南和南部与沙特阿拉伯、西与巴勒斯坦接壤)、波斯湾的巴林、大洋洲的澳大利亚,以及世界最发达地区欧盟签订或正在谈判拟定协定。

(3) 灵活性

对于那些不设立负面清单的协议,通过一系列的例外等条款,起到"负面清单"的作用。例如,从《北美自由贸易协定》看,该协定共分八个部分、二十二章、七个附件。翻阅整个协定,虽未发现有专门列表或列单的"负面清单",但"负面清单"的概念却在多个条款或附件中以不同的形式表现出来。

2. "负面清单"概念灵活运用的体现

这里主要列举美国条款,从中可见"负面清单"的基本概念:

(1) 措施例外

比如,对"国民待遇条款"(301条款)和非关税措施中的"进出口限制条款"(309条)规定例外。在第二章"货物贸易"的附件301.3的C部分"美国措施"中规定:这两个条款"不适用于美国各种原木出口实行的管制",也"不适用于含有蒸馏酒的进口香水税收",以及"根据《1920年商船法》(Merchant Marine Act of 1920)和《客运船舶法》(Passenger Vessel Act)现有规定的措施"。又如,在第七章"农业、环境卫生与植物检疫措施"的附录703.2.A.4中列举了"不属于附件703.2.A.4的货物"税目,有"冷冻橙汁""不高于1.5(单浓度橙汁)的一等浓度的橙汁"。由此将原木出口、含有蒸馏酒的进口香水税收、冷冻橙汁检疫措施等分离到协定之外。

(2) 国内法或已签署的法律优先

强调区域签订的自由贸易协定不能影响到已出台的国内法的实施。比如,在附录300-A.3"美国—企业平均燃料节约"中规定,根据美国《1975年能源政策和保护法》(Energy Policy and Conservation Act of 1975)和《企业平均燃料节约法》对企业节约燃料的规定,美国需要认定哪些车是属美国制造的。凡汽车75%或以上生产成本来自美国的生产厂家,其"生产的并在美国销售的所有汽车,无论是否生产,不管是小汽车生产线或卡车生产线",都要按照注明的时间表,在1997年1月1日至2004年1

月1日之间选择一个日期开始遵守燃料节约要求。该附录规定："美国应确保它采用的任何措施,有关在《企业平均燃料节约法》中的国内生产定义,或实施的条例同样适用于在加拿大或墨西哥中的附加值。""本附录任何规定不得作为要求美国在汽车燃料节约上作出任何变化的理由,或阻止美国在汽车燃油节约上作出与本附录其他一致的任何变化。"上述的"待遇上的差别不应被认为是与第1103条(投资—最惠国待遇—国民待遇)不一致"。

观察NAFTA可以看到,与加拿大、墨西哥相比,美国在有关国民待遇与进出口限制条款的措施例外上,似乎更关心该协议可能与本国法律或已签署的法律的冲突,若发生冲突则强调按美国国内法处理,或作为例外处理。比如,在强调301条款和309条款例外时,其理由是：既然美国加入GATT时,这类措施已被国内强制性立法,并没有为了与GATT条款相一致而进行修改,因此美国国内法的这些措施在这里依然通行。① 附录4"最惠国待遇例外"中的"美国附表"(Schedule of the United States)规定："对于1103条美国有个例外,因为在所有现行的或签署的双边或多边国际协议,早于本协议实施之日。在本协定生效之日后,对于现行的或签署的国际协定,美国对第1103条采取例外,那些协定下给予的待遇涉及：(a) 航空；(b) 渔业；(c) 航运方面,包括打捞；或者(d) 电信传输网络和电信传输服务(这个例外不适用第十三章所覆盖的措施(电信))或者对生产、销售或无线电或电视节目的许可。对于尚未载列于附件I的第1108条第2款的"国家措施的解释是,美国对第1103条有个例外,因为该协定生效之日前两年内美国签署了国际协定。为进一步明确,第1103条不适用于任何当前或未来的促进经济发展的对外援助计划,如那些由《与中美洲和加勒比地区的能源经济合作计划》和《经济合作组织信贷出口协议》管辖的计划。"②

(3) 特别保障条款

以特别保障条款的方式为一些农产品设置保护屏障。比如,在第七

---

① See Annex 301.3: Exceptions to Articles 301 and 309, Section C—U.S. Measures, 2.b.
② See Annex IV: Exceptions from Most-Favored-Nation Treatment, Schedule of the United States.

章"农业、环境卫生与植物检疫措施"的"市场准入条款"(703条)的附件703.3中列举了美国需要进行特别保障的农产品:(见表9)

表9 附件703.3:特别保障的货物,C节——美国

美国税目	农产品	美国税目	农产品
0702.00.06	西红柿(除了樱桃番茄),鲜或冷藏,如果在11月15日至次年2月最后一天期间进入(含当天)	0709.60.00	"辣椒"的胡椒,如果从10月1日到7月31日期间进入(含当天)(当前0709.60.00.20)
0702.00.20	西红柿(除了樱桃番茄),鲜或冷藏,如果在自3月1日到7月14日期间进入(含当天)	0709.90.20	南瓜,新鲜或冷藏,如果从10月1日到6月30日期间进入(含当天)
0703.10.40	洋葱和青葱,新鲜或冰鲜(不包括洋葱系列,不包括不超过16毫米直径的珍珠洋葱),如果1月1日至4月30日进入(含当天)	0807.10.40	西瓜,新鲜,如果从5月1日到9月30日期间进入(含当天)
0709.30.20	茄子,新鲜或冷藏,如果在4月1日到6月30日期间进入(含当天)		

资料来源:See North American Free Trade Agreement, Chapter Seven: Agriculture and Sanitary and Phytosanitary Measures, Article 703, Annex 703.3 Special Safeguard Goods, Section C—United States.

(4) 严格定义

通过严格定义,将不在定义之内的货物、服务或投资剔除在"国民待遇"或最惠国待遇之外。比如,附件300-A"汽车行业贸易和投资"的第1款规定:"每一缔约方应给予车辆在其境内的待遇不得低于其给予境内任何新车辆生产商根据本附件内提到的在这些措施之下的待遇。除此之外,该义务不得被解释为适用于本附件规定的附录中所提供的差别待遇。"第4款对"现有车辆生产商""新车辆生产商""二手车"以及"车辆"的概念以协议签订前后时间进行严格的定义:"除非在附录另有规定。其中,现有车辆生产商(existing producer of vehicles)是指在有关缔约方领土

上生产 1992 年前车型的车辆制造商。新车辆生产商(new producer of vehicles)是指在有关缔约方领土上生产 1991 年后车型的车辆制造商。二手车(used vehicle)是指下列车:(a)已经出售、出租或出借的;(b)已经开过(i)载重不足五公吨、多于 1000 公里的车辆,或(ii)载重五吨或以上、多于 5000 公里的车辆;或(c)本年度之前制造,自生产之日起至少已经过去了 90 天。车辆(vehicle)是指汽车、卡车、公共汽车或特殊用途的机动车辆,但不包括摩托车。"由此,该定义将汽车的"国民待遇"局限在一定的范围内。

(5)"例外条款"

此为过渡期时的关税削减及最后取消设定税目和税率削减的时间表。比如,在附表 2.1.B 对"附录 2.1 中所指定的关税淘汰方案的例外"中,对羊毛机织物和装饰家具布、化纤长丝混纺毛制提花家具布、动物粗毛或马毛的机织物,未漂白或漂白、或染色、或色织的其他混纺合成纤维布或混纺平布、混纺合成纤维布,未漂白或漂白、或印花的人纤长丝机织物、聚酯短纤与精梳毛混纺布、腈纶短纤与精梳毛混纺布、人纤短纤与粗梳毛混纺布、色织人纤短纤与精梳毛混纺机织物等 23 个税目规定了从 1994 年的 25% 税率到 1998 年的 6% 或 6.7% 逐步下降的税率,直至 1999 年及此后的零关税。由此,为国内生产相关产品的企业提供一个迎接或适应进口品竞争挑战的时间。

(6)最惠国税率列表

表 308.1.1、表 308.1.2 是免税商品目录,除了发光二极管商品外,那些商品都是 NAFTA 一生效便开始实施。除此之外,某些自动数据处理商品及零件的最惠国税率放到附件 308.1 中。在表 308.1.1 中,涉及美国的商品 14 项,包括自动数据处理设备、数字处理元件、输入或输出元件、显示元件、其他输入或输出元件(光学扫描仪和磁性墨水识别设备)等,税率被确定在 3.7%—3.9%,从 1994 年 1 月 1 日至 1999 年 1 月 1 日,在 5 年的时间里等额分期实施。由此,通过对某类商品的最惠国税率的列表,将那些既不在免税商品目录中,又不在最惠国税率目录中,与国内竞争的进口品排除在优惠之外,从而保护了国内相关产业。

(7)国家安全

以维护"国家安全"的理由将一些措施排除在外。NAFTA 第六章"能源和基础石化"中的第 607 条是有关国家安全的条款,实施该条款不承担任何义务。此外,第二十一章"例外"中的第 2102 条有关国家安全条款规定:"本协定的任何规定都不得解释:(a) 要求任何一方提供或允许访问任何信息披露,这被视为是违背其基本安全利益的;(b) 为阻止任何缔约方采取其认为必要的行动,以保护其基本安全利益,(i) 有关武器,弹药和战争工具方面的运输,以及这种运输和其他货物、材料、服务和技术,为军事或其他安全机构的目的提供的直接的或间接的运输,(ii) 在战争或其他紧急情况下,在国际关系中采取,或(iii) 有关国家政策或国际协定,尊重不扩散核武器或其他核爆炸装置的执行情况;或(c) 在《联合国宪章》下依据义务,为维护国际和平与安全,阻止任何缔约方所采取的行动。"第 2105 条有关信息披露也规定:"本协议的任何规定不得解释为要求一缔约方提供或允许获取信息的披露,而这将会妨碍执法或将违背缔约方依法保护个人隐私或财务事务和金融机构的个人客户账户。"

显然,国家安全条款不仅可以防控某些产品、服务、投资的准入可能带来的国家安全问题,而且也使缔约方具有了一定的灵活性。比如,像电信、电子、通信、军工等产业的产品贸易、服务贸易,以及对这些领域的投资、并购等,可以根据本国需要给予准入或许可,也可以国家安全为由,不给予准入或许可,而列出"负面清单"则难以面面俱到。

(8) 政府层次措施

首先,在联邦政府或中央政府这一级通过明示的方式将一些商品排除在措施外。比如,在 NAFTA 第十章"政府采购"的附件 1001.1b-1 中规定了政府采购的覆盖范围,但同时也明示了"不适用于美国国防部的采购"。(见表 10)

表 10 不适用于美国国防部门采购的商品

美国联邦供应分类(FSC)	内容	其中不适用国防部采购的商品	备注
83	纺织品、皮革、毛皮、服装和鞋擦、帐篷和旗帜	别针、针、针线包、旗杆和卡车杆子以外的所有元素	
84	服装、个人装备和徽章	8460:箱包	
89	生活费	8975:烟草制品以外的所有元素	

(续表)

美国联邦供应分类(FSC)	内容	其中不适用国防部采购的商品	备注
23	地面动产车辆、汽车、拖车、轮转	2310：公交车	
	特种金属	(1) 锰，1.65%；硅，0.60%；铜，0.06%；或其中包含下列任何元素 0.25% 以上：铝、铬、钴、铌、钼、镍、钛、钨或钒。(2) 由镍、铁—镍和钴基合金组成的金属合金总共含有其他合金金属(铁除外)超过 10%。(3) 钛和钛合金。(4) 锆基合金	
19	船舶、小型船舶、浮桥及浮船坞	舰艇或船体或上层建筑物的主要部件	
20	船舶及船用设备		
51	手工具		
10；12；13；14；15；16；17；19；20；28；31；58；59；95	武器；消防控制设备；弹药和爆炸物；导弹；飞机机身结构零组件；飞机零部件及配件；飞机起飞、着陆和地面处理设备；船舶、小型船舶、浮桥及浮船坞；船舶及船用设备；发动机、涡轮机和组件；轴承；通信、检测和相干辐射设备；电器和电子设备元件；金属棒材、板材和型材		一般不适用 1018 条款

资料来源：根据下列信息统计制表：North American Free Trade Agreement, Chapter Ten: Government Procurement, Annex 1001.1b-1 Goods, Section A—General Provisions, Section B—List of Certain Goods.

其次，将多边或双边的一些谈判项目下放到州或省一级政府。比如，NAFTA 在第 1024 条第 4 款，要求"各缔约方应：(a) 立即开始与他们的州和省政府进行协商，以期获得承诺，在自愿和互惠的基础上，由州和省级政府授权采购和企业采购；并且(b) 增加的义务以及本章的覆盖面至少与'守则'的水平相当"。将政府采购放到州级和省级协商，如此不仅避免了因个别问题的纠缠或讨价还价僵持而影响协定的签订，而且还可以通过州或省一级具体协商，将一国中央政府可能不了解的产业冲击缩小到最小的范围，同时也可使在这一基础上签订的协定获得实实在在的承诺，以保证协定的实施。

最后，通过规定例外条款，为政府可能面临缔约国的知识产权问题、不公平竞争行为、人权问题、外交争端等状况并采取相应行动提供法律依据。比如，在第十章"政府采购"的"D 部分—总则"中，第 1018 条"例外"这么规定："1. 本章的任何规定不得解释：为了阻止一缔约方采取任何行动或不披露其认为有必要保护的有关武器、弹药或战争物资采购的基本安全利益方面的任何信息,或为了国家安全或国防目的采购不可或缺的物品。2. 本章所提供的此类措施不适用于这样一种方式:贸易双方可能构成任意的或不合理的歧视手段;贸易双方条件相同,或变相限制缔约方之间的贸易;本章任何规定不得用于解释为阻止任何缔约方采取或维持这些措施:(a) 有必要去保护公共道德、秩序或安全;(b) 有必要去保护人类、动物或植物的生命或健康;(c) 有必要去保护知识产权;或(d) 有关残疾或慈善机构或监狱犯人的商品或服务。"由此,为一国保护本国市场或因政治因素采取某些贸易行动提供了法律依据。比如,可以以"人权"为由,阻止他国劳改产品的出口;可以以"保护知识产权"为由,不允许外国对本国某些高科技领域的投资,或阻止本国高科技产品的出口,等等。

(9) 服务众多领域除外

为了保护知识产权、国家安全及竞争力需要,该协定附件 1001.1b-2 "服务"按主要服务类别将所有类别的研究和发展,部分特殊研究和分析,机场、通信和导弹设施的建筑工程服务,信息处理和相关电信服务等排除在服务合同之外。加拿大排除在外的服务合同涉及很多领域,墨西哥将全部运输业、公用事业、邮政电信、金融服务、研发服务都排除在外,美国服务例外项目在数量上似乎要少了许多,主要涉及研究开发、公用事业、政府部门设备操作、军事部门保修维修等服务。出自国家安全的考虑,有些服务部门不开放,见表 11:

表 11 美国附件——按主要服务类别的服务例外

项目	描述	所属产业或部门 (按 SIC 划分)
A. 研究与开发		服务
	全部类别	服务
D. 信息处理及相关电信服务		通信、电力、煤气和卫生服务
D304	ADP 电信和传输服务,除了归类到第 1310 条"增强或增值服务"那些被明确排除在外,且载列于附件二"美国附表",II-C-3 的服务。这一规定的目的是为了说明:"ADP 通信传输服务"的采购不包括所有权,或为语音或数据业务传输进行经营设施的装修	通信
D305	ADP 远程信息处理和分时服务	同上

(续表)

项目		描述	所属产业或部门（按 SIC 划分）
D316		电信网络管理服务	同上
D317		自动化新闻服务、数据服务或其他信息服务	同上
D399		其他 ADP 和电信服务	同上
J. 保养、维修、改装、改造和设备安装			服务/工程、会计、研究/管理及相关服务
	J019	相关船舶的保养、维修、改装、改造和设备安装	同上
	J998	无核船舶维修	服务/其他维修服务
M. 政府所有的设备操作			公共管理
		由国防部、能源部以及美国国家航空和航天局署辖下的所有设施，以及对所有实体设备的操作：	行政、立法和政府机构，除金融
	M180	研究和开发	经济计划管理
S. 公用事业			通信、电力、煤气和卫生服务
		所有类型	同上
V. 交通运输、旅游和搬迁服务			服务/商业服务
		除了 V503 旅行社服务外的所有类型	同上

资料来源：See North American Free Trade Agreement, Chapter Ten: Government Procurement, Annex 1001.1b-2, Schedule of the United States, Service Exclusions by Major Service Category.

(10) 金融服务限制

第十四章"金融服务"第 1410 条"例外"中规定："1. 本部分的任何规定不得解释出于谨慎原因阻止缔约方采取或维持合理的措施"，如：(a) 由金融机构或跨境金融服务对投资者、存款者、金融市场参与者、保单、政策索赔或受托责任者提供保护；(b) 维护金融机构或跨境金融服务提供者安全、稳健、完整的财务责任；(c) 确保缔约方金融体系的完整性和稳定性。"2. 本部分不适用于追求货币和相关信贷政策或汇率政策所采取的任何公共实体的非歧视性措施。""3. 1405 条不适用于缔约方参照 1401 条 (3)(a) 对提供金融服务的金融机构授予的专有权"。此外，在 2104 条"收支平衡"中，还对"金融服务跨境贸易的限制"和"除金融服务跨境贸易外的转让征收限制"作出规定。由此，通过这些条款将一国政府为防止本国金融因对外开放可能带来动荡而采取的措施合法化。

（11）覆盖领域的界定

比如,在投资范围与覆盖领域上,第十一章"投资"第1101条"范围和覆盖领域"中明确规定:"1. 本章适用于有关缔约方采取或维持的措施:（a）另一缔约方投资者;（b）另一缔约方在缔约方境内投资者的投资,以及（c）有关1106条和1114条在该缔约方境内的所有投资。2. 缔约方有权只执行载列于附件3的经济活动,以及拒绝允许在这类活动上建设投资。3. 本章不适用于缔约方采取或维持的措施覆盖到第十四章（金融服务）范围。4. 本章的任何规定不得解释为阻止缔约方提供服务或执行诸如执法、惩教服务、收入保障或保险、社会保障或保险、社会福利、公共教育、公共培训、健康和儿童护理的活动,是与本章规定不相一致的。"

（12）保留措施

在附件Ⅱ"未来措施的保留"中规定:"1. 缔约方附表的列出,根据1108（3）条（投资）和1206（3）条（跨境服务贸易）,缔约方在有关具体部门、行业或活动方面可以维持现有的或采用新的或更严格的,不与规定的义务相符的措施:（a）1102条或1202条（国民待遇）;（b）1103条或1203条（最惠国待遇）;（c）1205条（地方存在）（local presence）;（d）1106条（性能要求）;或（e）1107条（高级管理人员及董事会）。"该协定为三个国家提供了在某些领域采取措施的权利。

在美国保留措施中,有关"投资保留"强调的是国民待遇和最惠国待遇,涉及海滨土地投资的所有权、广播电视有线服务和报刊出版与印刷的同等待遇等,美国保留采取或维持任何措施的权利。此外,在"跨境服务与投资保留"上,还有"地方存在"（local presence）、"高级管理人员及董事会"（senior management and boards of directors）或/和"履行要求"（Performance Requirements）等类型的保留措施,涉及的部门有通信（电信服务、连接服务、电信传输网络和服务）、社会服务、少数民族事务、专业服务（法律服务）。比如在通信方面,"美国保留采取或维持有关投资或提供电信传输网、电信传输服务或无线电通信任何措施的权利"。在社会服务上,"美国保留采取或维持有关提供公共执法和惩教服务的任何措施,以及为公共目的建立或维持的社会服务的权利,这些社会服务限于:收入保障或保险、社会保障或保险、社会福利、公共教育、公共培训、健康和儿童护理"。在运输服务上,"美国保留采取或维持与提供海上运输服务和悬挂美国旗帜船只运营的任何措施的权利",等等。

可见,即使不在协定中拟定"负面清单",缔约国依然可以通过各类"例外""定义""保留"等条款的方式将一些敏感行业或产品排除在开放的领域之外,或至少给予这些部门或产品一个缓冲的时间。

五、"负面清单"国际比较给予的启示

本书考察了全球现行区域贸易协定的基本状况,研究了各经济体签署协定设置"清单"的偏好和特点,分析了各区域贸易协定"负面清单"主要涉及的领域,剖析了《北美自由贸易协定》灵活使用"负面清单"概念的案例,通过研究得到如下启示:

1. "负面清单"涉及的领域

"负面清单"涉及的领域应该是国防安全和经济安全的部门。除此之外的其他部门,可以从清单上拿掉,或放入逐步开放的"时间表"内。

对外开放是一把双刃剑,"负面清单"是对规避开放可能给本国经济带来冲击等负面效应采取的必要的保护措施。本书第二章对世界39个自由贸易协定的"负面清单"(包括保障条款、国民待遇例外等可起到"负面清单"作用的措施)作了统计,从中可见,这些协定的"负面清单"有长有短,既有将整个行业纳入清单的,也有仅局限在某个行业某类产品上的。究其原因,在于各国经济实力、产业结构、产品优势、社会文化存在差异,关注的领域有所不同。不过,大部分国家都将服务业中的金融服务、交通运输服务(海运、航空、铁路)、建筑与工程服务、邮政电信服务、法律服务、教育服务等排除在协定之外。这是因为服务领域涉及范围之广,不仅关系到就业岗位的提供,其中一些行业还关系到军事安全和经济安全。此外,对于渔业、公共事业、土地交易、环境保护、战略性稀缺资源,也通过列表将其排除在协定措施之外。

另外,在不少协定中,临时性保护的产业或产品不是以"负面清单"

列表的方式,而是以时间表(schedule)或措施(measure)条款的方式呈现,它们被确定关税削减至零的过渡期限,到达指定时间,限制取消,实现贸易自由化。

这样的设计体现了对外开放与风险规避之间关系的权衡,给予的启示是:在设计"负面清单"时,既应甄别各行业的竞争力,更应关注国家的安全点,包括经济安全、国防安全和社会稳定。将关系到国家安全和经济安全的行业放入"负面清单"中,而对那些暂时缺乏竞争力,但最终会开放市场的行业(如为生活需要提供的商业、餐饮服务、保险部门)可以采用"时间表"的方式给予一定期限的保护。如此,既可大大缩短"负面清单"的长度,也可提高保护的透明度,使国外投资者拥有投资这些领域的预期和信心。

2. 投资、贸易的便利化与国家经济安全的维护之间的平衡

投资、贸易的便利化与国家经济安全的维护之间的平衡可以通过完善国内相关法规来解决。

无论是区域自由贸易协定的签订,还是一国自贸区的建立,强调的都是对外开放,投资和贸易的便利化,在这一理念下为了增加国外投资者的信心,"负面清单"的设置一般趋向于尽可能地短,由此可能会产生这样的问题:如果那些给予一定时间实施保护措施的行业,到期后依然无竞争力,出现外国产品大量冲击国内市场,给国内同类产业或产品造成损害怎么办?为了防止这种现象的出现,区域贸易协定的缔约方往往设置协定内各类"安全点""保障条款""免责条款"等。此外,一旦发生因贸易自由化、进口产品给国内同类产业带来严重损害现象,还可动用WTO所允许的反倾销反补贴措施,对国内企业实行救济。对于自贸区而言,当面临"外资投资给国内企业造成损害"这类问题时,可以通过《反垄断法》《外国公司投资法》以及《反不公平竞争法》等相关条款,对国内企业进行救济,对外资垄断行为加以制止。为此,"负面清单"的简化需要国内相关法规的完善和条款的配套。

3. "负面清单"的概念与形式

应善用"负面清单"的概念,而不是仅仅追求其形式。

在对外贸易协定签署中,为了平衡投资和贸易自由化目标与国家经济安全之间的矛盾,可以灵活运用"负面清单"概念或理念。这就是通过多边协议中的各种例外、保障条款、国家安全以及严格定义等途径,将国家所担心的一些敏感产业、产品等排除在开放目录外,从而起到"负面清单"的目的。在这方面,《北美自由贸易协定》(NAFTA)给予我们一定的启示。

4. 对外开放的原则

对外开放应采取对等原则,尤其是与发达国家和新经济体国家签订协议,应该遵行"对等开放"的原则。比较日本—墨西哥自由贸易协定,双方都不对对方开放农林牧渔业、通信、建筑、能源、教育服务、交通等行业。在《北美自由贸易协定》中,美、加、墨在"国民待遇例外"上,无一不将航空、渔业、航运、电信传输网络和电信传输服务排除在外。

六、对上海自贸区"负面清单"设定的建议

上海自贸试验区的"负面清单"是有关外商投资准入的特别管理措施。2013年9月,上海市政府推出"负面清单",按小类进行限制,涉及16个门类、62个大类、154个中类、190条特别管理措施,占国民经济行业1069个小类的17.77%。2014年6月,市政府对自贸区原有的"负面清单"管理措施作了修正,将190条措施减少到139条。

1. 上海自贸区的2014年负面清单

比较2013年和2014年自贸区负面清单,(见表12)管理措施减少了51条,由于一些管理措施规定在大类上,所以中类数量也大大减少。

表 12　中国(上海)自由贸易试验区 2013 年和 2014 年"负面清单"的数目

门类(代码及名称)	2013 年			2014 年		
	大类	中类	特别管理措施	领域(大类)	中类	特别管理措施
A. 农、林、牧、渔业	5		7	5		6
B. 采矿业	6		16	6	1	14
C. 制造业	18	50	63	16	37	46
D. 电力、热力、燃气及水生产和供应业	2		5	1	3	2
E. 建筑业	1	1	4	1	1	4
F. 批发和零售业	2	10	13	2	11	9
G. 交通运输、仓储和邮政业	6	13	21	6	11	15
I. 信息传输、软件和信息技术服务	3	8	8	3	3	8
J. 金融业	4	21	5	4	4	4
K. 房地产业	1	2	4	1	2	3
L. 租赁和商务服务业	2	8	13	1	7	9
M. 科学研究和技术服务业	3	6	12	1	4	4
N. 水利、环境和公共设施管理业	2	3	3	2	3	3
P. 教育	1	6	3	1	1	3
Q. 卫生和社会工作	1	5	1	1	1	1
R. 文化体育和娱乐业	5	21	12	4	4	8
总计	62	154	190	56	93	139

注释:表内 2014 年数据中类中未把在大类上设定措施的代码计算进来。

资料来源:上海市人民政府公布的《中国(上海)自由贸易试验区外商投资准入特别管理措施(负面清单)(2013 年)》(2013 年 9 月 29 日公告)和《中国(上海)自由贸易试验区外商投资准入特别管理措施(负面清单)(2014 年修订)》(2014 年 6 月 30 日公告)。

　　观察 2014 年"负面清单",涉及国家经济安全、国土资源保护、财政收入保证、传统工艺保护、社会稳定、国际条约承诺,可分为五类行业或领域:一是因竞争因素纳入"负面清单"的行业,比如汽车制造、船舶制造;电气机械、电池制造、通用设备制造等,这些领域或禁止进入,或要求外资通过合资或合作的方式进入。二是为保护民族文化、社会稳定、国家安全而限制或禁止外资进入的领域,比如教育、新闻出版、文化影视;测绘活动;金融保险服务;信息传输、互联网。三是传统工艺、高新技术研究禁止外资进入或以中方控股方式进入的领域,如中药制造;植物品种研究、稀有和特有优良品种研究、农作物新品种育种;新能源开发;卫星设计与制造。四是关系到国计民生的行业,比如粮、油、烟加工;医疗卫生;交通运输;专业服务;供电、供气等公共事业等,这些领域外资需通过合资、合作或中方控股的方式进入。五是涉及国家主权和对国际社会的承诺限制或禁止进入领域,比如矿产资源开发;房地产开发,机场建设;内河领海捕捞;核能利用、武器弹药制造;麻醉药品、人体干细胞技术开发;环境保护等。

毫无疑问,在上述五类行业或领域中,第二类、第三类和第五类可继续保留在"负面清单"中,可削减的是第一类和第四类行业或领域。换言之,凡在现有"负面清单"中明示"禁止进入"或"限制进入"或要求"中方控股"才能进入的行业,可以继续保留在"负面清单"中;而凡是允许外资以合资或合作方式进入的行业,可进一步分析考量其竞争力和影响力,将影响力最小的行业剔出"负面清单"。被剔除后可能面临的风险可以通过适用《外国公司投资法》中有关"保障条款"(safeguard clause)、"免责条款"(disclaimer clause)、"国家安全条款"(national security clause)、危险点条款(danger point clause)以及《反垄断法》等法律法规的途径实施救济。

不管怎么说,自 2013 年 9 月自贸区建立以来,通过采用"负面清单"的形式,以及投资与贸易便利化措施,自贸区内新设企业中,外资企业比重不断增加,2013 年 11 月为 2.6%,2014 年 9 月达到 13.7%。(见图 3)自贸区"负面清单"长度的缩短,限制的减少,似乎使外资企业投资的信

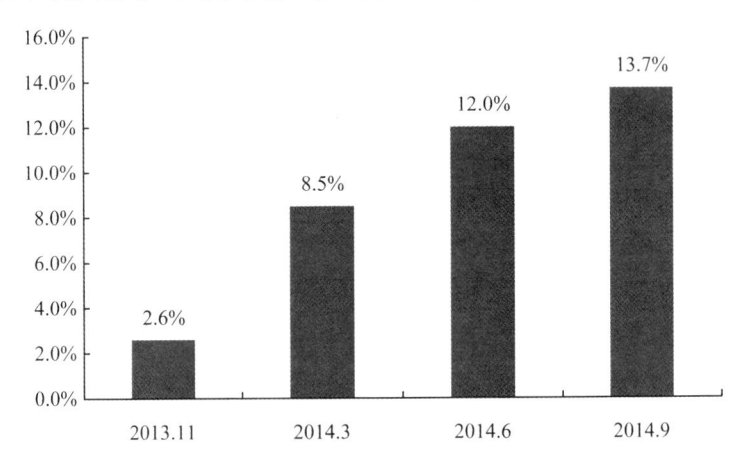

图 3 中国(上海)自由贸易试验区新设企业中外资企业比重变化

数据来源:参见宋薇萍:《上海自贸区破题"外企的顾虑" 2015 版负面清单将继续瘦身》,载中国证券网:http://news.cnstock.com/news/sns_yw/201410/3221240.htm,2014-10-28。

心有所增长。为此,可以确信进一步瘦身的 2015 年"负面清单"将推动这一比重的再度增加。

2. 对上海自贸区 2015 年负面清单制定的思考或建议

各国区域贸易协定尤其是《北美自由贸易协定》的范例,为中国(上海)自由贸易试验区乃至中国在双边和多边自由贸易协定的拟定提供了很好的思路,协定体现出来的策略不仅有助于规避贸易、金融、投资、服务等部门不断加大的对外开放度可能给国内经济和社会带来的冲击风险,也有助于打破在双边或多边谈判中因关注原则性问题而导致协定难以达成的僵局。针对目前所谓"上海自贸区负面清单过长"的指责,本书认为:

(1) "负面清单"的"瘦身"不能牺牲国家利益、企业利益和社会稳定,但可以对清单进行新的设计或归纳

查阅区域自由贸易协定,一些协定可以说是不厌其烦地为各类产品列出长长的税率表或例外或保障条款。上海自贸区在对"负面清单"瘦身之前,首先需要了解已列出的行业对外竞争力状况和技术需求,以及国家真正关注的安全点。建议将那些肯定需要限制和禁止的领域纳入"负面清单";而对那些允许以合资或合作的方式进入的领域逐一评估,列出开放时间表。同时,采用保障条款等措施。区域贸易协定中通常采取的做法是:当缔约方的关税降低到最大幅度时,由此造成进口增加威胁或损失国内生产和市场,缔约方有权取消或减少原有的关税减让,恢复和提高进口限制。这一概念也可以应用到投资领域。为此,如果现行的法律法规中还未订立这样的条款,就应补充。

另外,可采用"负面清单"和"正面清单"结合的方式。比如,新加坡在自由贸易协定中采用"正面清单"和"负面清单"相结合的形式对特殊行业进行限制。

如果坚持按目前"负面清单"的模式减少措施的话,则可将那些违反国内法的、明显不允许投资的领域剔出,纳入"负面清单"最后增加的"说明"中。比如,"说明:禁止外资投资的领域肯定还包括中国法律明文禁令的领域,比如将濒临灭绝的野生动物制作成任何制品或出口,毒品生产

与交易,私人的麻醉品生产",云云。这种属于"公德"性质的禁止既容易获得外企投资者认可,也不会将其视为市场准入壁垒。在采矿业门类中,可通过一条覆盖整个采矿业:"根据国土资源保护法,除稀有金属或稀有矿产(列举)禁止开采外,外资可以投资的领域必须以合资或合作的方式进行,但是投资开采生产过程必须符合中国环境保护法的要求。"言下之意,不符合环保要求可以取缔。这种列举国内法作为协定的例外是区域贸易协定的惯常做法,比如在《北美自由贸易协定》中涉及加拿大(或美国)的例外条款中都有"原木的301条款和309条款不适用于加拿大(或美国)各种原木的出口实行管制"这样的表述。

(2) 通过对"最惠国待遇""国民待遇""政府采购"等概念的严格定义,将一些禁止投资领域、服务贸易排除在开放之外

从发达国家参与的区域贸易协定看,严格的定义起到了保护敏感行业以及特殊行业或维护国家主权独立的作用。几乎所有的协定中都有专门的章节定义"最惠国待遇"(Most Favored Nation Treatment,简称MFNT)和"国民待遇"(National Treatment)。比如,根据国民待遇原则,缔约国之间相互保证给予另一方公民、企业(法人)和船舶在本国境内享有与本国公民、企业和船舶同等的待遇。但是,各区域贸易协定往往规定"沿海贸易权、领海捕鱼权、农业区域土地购置权、零售贸易权及证券经纪等不包括在内"。目前,上海自贸区出台的"负面清单"是一个缺乏定义、相关说明的"单子",因为简单,所以想"瘦身",就可能会以牺牲一些保护措施为代价。为防止这种现象出现,建议出台《中国(上海)自由贸易试验区投资指南》,其中应包括"负面清单""国民待遇""例外条款""保障条款""补充说明"等内容,可通过对"国民待遇"的严格定义纳入"负面清单"中的某些内容。

(3) 纳入"对等开放"的原则

"以开放对开放,以优惠对优惠"的"对等开放"公平贸易原则是20世纪80年代以来美国不断强调的对外贸易政策,上海自贸区的市场准入可以借鉴这项原则。在"负面清单"的设计中应该加入这一条,即"该服务行业的市场准入依据对等开放的原则",尤其是对发达国家和新兴经济体国家更应该如此。

（4）测试与评估金融服务开放的风险

金融开放是上海自贸试验区的重头戏，目前"负面清单"在货币金融服务、资本市场服务、保险业以及其他金融业领域，主要规定了外资参股比例和投资最少资金额。比如，投资银行金融机构须符合现行规定；限制投资保险公司或证券公司，外国投资公司参股比例不超过50%或49%；投资融资租赁公司外资资产不得低于500万美元，公司注册资本不得低于1000万美元，高级管理人员具有相应专业资质和不少于3年从业经验。可以说，上述规定在股权比重和资金上的限制，理论上一定程度控制了风险，但实际效果如何，需要进行测试和评估。此外，为防止金融风险，国外一些领域要求公司高管必须是本国人或必须居住在本国。一些国家禁止外资银行在本国设立分支机构，比如澳大利亚。当然，如此规定不仅在于澳大利亚政府对金融安全的考量，也在于该国人口稀少、业务量有限。这些是否应纳入"负面清单"？

作为正在迈向世界金融大国的中国，不仅面临着金融开放的压力，也面临着法律法规需不断完善的紧迫性。在法律法规不健全、市场不完善的情况下开放金融市场，每项措施的推出，都可能因市场扭曲带来风险。为此，需要及时进行评估，及时纠错，完善市场和法规体系。此外，还可通过对"金融服务跨境贸易的限制"或"除金融服务跨境贸易外的转让征收限制"的划分，来测试与评估金融服务开放的风险。

（5）为"负面清单"设定有效期间

目前，因为"负面清单"过长，所以不断出台新版，由于不是增加新限制，所以对此异议很少。不过，国际上的区域贸易协定都是到期后根据实际情况进行修订、补充或终止。为此，"负面清单"的设定也应该有一个期限，而不是随意修改、调动。任何修改和调动都必须建立在实践的基础上，根据企业、行业的反馈，风险的评估，进行纠错，而不是根据少数人的研究或臆想去改变。由此，保证法规的权威性和政策的连续性。

参考资料：

World Trade Organization, List of all RTAs, http://rtais.wto.org/UI/PublicAllRTAList.aspx.

第二章 区域贸易协定"负面清单"信息统计

（下面统计的"负面清单"也包括以国民待遇、最惠国待遇、市场准入等形式设定的行业或产品）

韩国的"负面清单"

是否包括投资开放	投资开放产业是否采用负面清单	负面清单采用的行业分类代码分类	负面清单行业（产品）内容	保障条款内容
是	是	\multicolumn{3}{l}{韩国—印度自由贸易协定}	
			法律服务	只能以办事处的形式，雇用本地具有韩国律师资格的律师是不允许的
		CPC 862	会计、审计和簿记服务	根据注册会计师相关法律，只有由注册会计师和会计公司（有限责任公司）授权的独资会计工作组是允许的。只有注册会计师和会计公司（有限责任公司）可以提供审计服务
		CPC 863	税务服务	只有独资企业税收和解工作组以及税务代理企业（有限责任公司）下许可的商品交易顾问基金注册的税务会计法律咨询是允许的。只有商品交易顾问可以进入税收协调工作组，税务代理公司（有限责任公司）可以提供税务协调服务
		CPC 8671	建筑服务	根据当地的需要进行跨境供应
		CPC 8672	工程服务	同上
		CPC 8673	综合工程服务	同上
		CPC 8674	城市规划、景观建筑服务	同上

(续表)

韩国—印度自由贸易协定

是否包括投资开放	投资开放产业是否采用负面清单	负面清单采用的行业分类代码分类	负面清单行业(产品)内容	保障条款内容
是	是	韩国的"负面清单"		
		CPC 932	兽医服务	
		CPC 841, 842, 843, 844, 845, 849	关于计算机硬件安装的咨询服务	
		CPC 842	软件实现服务	
		CPC 843	数据处理服务	
		CPC 844	数据库服务	
		CPC 851	自然科学的研究和发展服务	
		CPC 852	社会科学和人文科学的研究和发展服务	
		CPC 853	跨学科研究和发展服务	
		CPC 82203*, 82204*, 82205*, 82206*	不动产佣金服务	
		CPC 82201*, 82202*	不动产评估服务	
		CPC 83103	船舶租赁	
		CPC 83104	飞机租赁	
		CPC 83101, 83105*	运输设备租赁	
		CPC 83106—83109	其他设备和机械租赁	
		CPC 832	有关个人或家庭用品租赁或租赁服务	

(续表)

韩国—印度自由贸易协定

是否包括投资开放	投资开放产业是否采用负面清单	负面清单采用的行业分类代码分类	负面清单行业（产品）内容	保障条款内容
是	是	韩国的"负面清单"		
		CPC 871	广告服务	
		CPC 864	市场调研和民意调查服务	
		CPC 865	管理咨询服务	
		CPC 86601	项目管理服务	
		CPC 86761*	成分与纯度检测和分析服务	
		CPC 86762	物理属性的测试和分析服务	
		CPC 86764	技术检验服务	
		CPC 86763**, 86769**	综合机电系统的测试和分析服务	
		CPC 8811*, 8812*	农业和畜牧业相关的咨询服务	
		CPC 8814*	不包括空中消防和消毒的林业服务	
		CPC 882*	与钓鱼有关的咨询服务	
		CPC 883	挖掘服务	
		CPC 884*, 885*, 不包括 88411, 88450, 88442, 88493	附带制造的服务；只有新产品制造技术的咨询服务	
		CPC 87201, 87202	人员的位置服务	在只有一个公司形式下的商业活动，外国服务供应商可以提供服务

(续表)

是否包括投资开放	投资开放产业是否采用负面清单	韩国—印度自由贸易协定		保障条款内容
		负面清单采用的行业分类代码分类	负面清单行业（产品）内容	
是	是	**韩国的"负面清单"**		
		CPC 86751 CPC 86752*	地质、地球物理和其他科学勘探服务相关的科学和技术咨询服务，井下测量服务	
		CPC 86753*	表面测量服务	
		CPC 86754*	绘制地图服务	
		CPC 633,8861,8862, 8863,8864,8865,8866	设备的保养和维修	
		CPC 874**，不包括 87409	构建清洁服务	
		CPC 875*	摄影服务	
		CPC 876	包装服务	
		CPC 88442*	印刷和出版	
		CPC 87909*	协商机构服务	
		CPC 87909*	速记服务	
		CPC 87905	笔译和口译服务	
		CPC 87907	专业设计服务	
			电信服务	提供的所有服务应受到韩国服务供应商的商业安排和授权

(续表)

韩国—印度自由贸易协定

是否包括投资开放	投资开放产业是否采用负面清单	负面清单采用的行业分类代码分类	负面清单行业（产品）内容	保障条款内容
是	是	韩国的"负面清单"		
			增值服务	
		CPC 96112*、96113*	电影和录像生产和分销服务	
		CPC 511-518	唱片生产和分销服务	只有CPC 5111未放开。强制分包体系适用于承包商注册为总承包商
		CPC 621，不包括62111、62112	佣金代理商服务	
		CPC 622，不包括62211、62223	批发贸易服务	
		CPC 6111、61130、61210、613*	零售业服务	
		CPC 8929*	特许经营权	
		CPC 923**	高等教育服务	只有非营利性学校法人被允许，教育部长批准的科技类公司可以建立高等学校设立学人。公司（公司内建的大学不需要设立学人）。只有教育机构是允许的。任何教育机构的成立，扩展或转让以外的其他高等教育机构的公司内部大学可能被限制在首尔市区。地方高等教育机构设定的课程只有高等教育机构组织韩国法律或外国政府或机构授权的认证机构获得了外国政府可能会限制每个科技公司设立机构的教育机构的学生数量

(续表)

韩国—印度自由贸易协定

是否包括投资开放	投资开放产业是否采用负面清单	负面清单采用的行业分类代码分类	负面清单行业(产品)内容	保障条款内容
是	是	韩国的"负面清单"		
		CPC 924**	成人教育	只有附件2列出的类型的教育机构是允许的。在首尔市区,任何新机构的成立,教育机构的扩展或转让可能受到限制
		CPC 9401* CPC 9402*	污水处理服务	
		CPC 9404*,9405	废气和噪声控制的清洁服务	
		CPC 9406*,9409*	环境测试和评估服务	
			包括事故和医疗保险的人寿保险服务	只允许外国寿险公司的商业活动。招聘和就业保险专业人员,包括销售人员,都受到限制。高管人员必须居住在韩国
			非寿险保险服务	只允许外国非寿险保险公司的商业活动。招聘和就业保险专业人员,包括销售人员必须居住在韩国。高管人员受到限制
			再保险和返还服务	只允许外国保险公司再保险和返还的商业活动。招聘和就业保险专业人士,包括销售人员,都受到限制
			保险经纪和保险代理服务中间人业务	只允许外国保险经纪公司的商业活动。高管人员必须住在韩国
			保险经纪和保险代理服务的代理业务	每个机构的高管人员必须居住在韩国

(续表)

韩国—印度自由贸易协定

是否包括投资开放	投资开放产业是否采用负面清单	负面清单采用的行业分类代码分类	负面清单行业（产品）内容	保障条款内容
是	是	韩国的"负面清单"		
		辅助保险服务：只适用于索赔调整部门和精算服务		只允许外国索赔调整公司和保险精算公司（金融租赁除外）在原产地处理相同的商业活动。高管人员必须居住在韩国
		银行和其他金融服务，只适用于下面列出的附属部门：（1）存款；（2）贷款；（3）金融租赁；（4）支付和资金的支出		只允许外国金融机构（金融租赁除外）在原产地处理相同的商业活动。因为一个人可能拥有多达10%的银行15%的省级银行股票（4%的非金融服务业务授权）。外汇交易的有关部门是监管。即期外汇交易的卖出上限是500万美元，或者3%的资本（按较大者）。存款为特定目的，如住房储蓄和信贷只能在指定的机构进行。证券认购和信贷发放受上限的限制，信用卡发通过信用卡等方法贷款受到限制。对于信用卡服务，最大限度的大小根据费用等决定。规定外币信贷款增速的使用和利率等费用。强制性贷款发放和安全储备公司决定。要求高管人员必须居留在韩国。韩国对印度的银行在韩设立分支机构的申请给予充分考虑，满足其合理的要求

（续表）

韩国—印度自由贸易协定

是否包括投资开放	投资开放产业是否采用负面清单	负面清单采用的行业分类代码的分类	负面清单（产品）内容	保障条款内容
是	是	韩国的"负面清单"		
			银行或其他金融服务。交易账户或客户账户能否在交易所、柜台、柜台市场或其他方式设定，只适用于如下列出的条件：(a) 货币市场工具（包括支票、票据、定期存单）；(b) 外汇；(c) 金融衍生产品（包括期货和期权）；(d) 汇率和利率工具（包括互换和远期利率协议）；(e) 其他可转让证券；(f) 其他票据和金融资产（包括黄金）	关于商业活动，只允许外国金融机构处理相同原产国的仪器，高管人员必须居住在韩国
			参与发行的各种证券：(a) 证券发行；(b) 承销；(c) 人员配置；(d) 与证券相关的其他服务	关于商业活动，只允许外国金融机构应对各种证券的发行。可以设立代表处、高管人员必须居住在韩国
			资产管理，只适用于下面列出的各项：(a) 现金或证券投资组合；(b) 各种形式的集体投资管理；(c) 保管；(d) 信用	只允许外国资产管理公司的商业活动。除了主要处理信托业务的房地产信托公司外，审批和从事信托业务的银行代表处、审批和经济专家参与。高管人员（两种类型）须财政部和经济专家参与。高管人员必须居住在韩国
			信用信息服务	参股现有金融信息公司应少于50%

第二章　区域贸易协定"负面清单"信息统计

（续表）

韩国—印度自由贸易协定

是否包括投资开放	投资开放产业是否采用负面清单	负面清单采用的行业分类代码分类	负面清单行业（产品）内容	保障条款内容
是	是	韩国的"负面清单"		
			咨询、中介和其他辅助金融服务，服务只适用于下列出项：(a) 投资建议 (b) 信用评级和分析	只允许外国投资咨询公司的商业活动。可以设立代表处，高管人员必须居住在韩国 信用评级公司应由有关部门指定的评估公司做出信用评级，希望发行无担保公司债券和商业票据
		CPC 641, 642, 6431*, 不包括 6431	酒店和餐饮，不包括铁路和航空运输相关设施	
		CPC 7471	旅行社和旅行社服务	
		CPC 7472	导游服务	
		CPC 96191, 96192	娱乐业	
		CPC 964	体育和其他娱乐服务	
		CPC 7211*, 7212*	海上运输服务——国际运输，不包括国内航空运输	建立注册公司操作船队在韩国旗下：(1) 国际海上旅客运输；(2) 只有股份有限公司（证券公司）的商业活动，海上货物运输行为是允许的
		CPC 741*	辅助海运服务，海上装卸服务	
		CPC 742*	在港口的仓库存储和服务	
			清关服务	

（续表）

韩国—印度自由贸易协定

是否包括投资开放	投资开放产业是否采用负面清单	负面清单采用的行业分类代码分类	负面清单（行业/产品）内容	保障条款内容
是	是	韩国的"负面清单"		
		CPC 748*	代理海运服务	
		CPC 741*	集装箱站服务	
		CPC 748*	海上货运代理服务	按照《商业法》，只有股份有限公司是允许的
		CPC 748*,749*	航运经纪服务	同上
			维护和修理的船	同上
		CPC 7213	租赁的船只和船员	
		CPC 7214	牵引和拖船服务	
		CPC 745*	统计、测量和调查服务	
			航空运输服务的电脑预订系统（CRS）服务、销售和营销、维修飞机的航空运输服务	
		CPC 7111 CPC 7112	铁路运输服务、客运和货运	建立新的业务需通过经济需求测试。主要标准：建立铁路行业秩序和纪律
		CPC 71233*	道路运输服务的运输集装箱运费不包括国内航空运输	必须具有授予国际航运公司的许可证
		CPC 7131*	管道运输	
		CPC 742*	所有运输模式的辅助服务，在港口的仓库存储和服务	
		其他运输服务		

（续表）

韩国—东盟自由贸易协定

是否包括投资开放	投资开放产业是否采用负面清单	负面清单采用的行业分类代码分类	负面清单行业（产品）内容	保障条款内容
是	是	韩国的"负面清单"		
		CPC 862	法律服务	只有通过办事处的形式。雇用具有韩国律师资格的本地律师是不允许的
		CPC 863	会计、审计和簿记服务	根据注册会计师相关法律，只有由注册会计师和会计任务小组（有限责任公司）授权的独资企业、审计任务小组和会计公司（有限责任公司）可以提供审计服务
		CPC 8671	税务服务	根据相关税务代理法律，只有独资企业税收任务工作组、税务代理企业（有限责任公司）许可的商品交易顾问基金会是允许的。只有税收任务工作组、税务代理企业（有限责任公司）可以提供税务协调服务
		CPC 8672	建筑服务	商业活动是必需的。除了提供的服务是国外建筑师与本国建筑师根据韩国法律许可的情况下
		CPC 8673	工程服务	
		CPC 8674	综合工程服务	
			城市规划、景观建筑服务	

(续表)

韩国—东盟自由贸易协定

是否包括投资开放	投资开放产业是否采用负面清单	负面清单采用的行业分类代码分类	负面清单行业（产品）内容	保障条款内容
是	是	韩国的"负面清单"		
		CPC 932	兽医服务	
		CPC 841,842,843,844,845,849	计算机及相关服务	
		CPC 851	自然科学的研究和发展服务	
		CPC 852	社会科学和人文学科的研究和发展服务	
		CPC 853	跨学科科研究和发展服务	
		CPC 82203*,82204*,82205*,82206*	经纪服务	
		CPC 82201*,82202*	评估服务	
		CPC 83103	船舶租赁服务	
		CPC 83104	飞机运输设备租赁服务	外资参股的合资企业的股份少于50%是允许的
		CPC 83101,83105*	其他运输设备租赁服务	
		CPC 83106-83109	其他机器设备租赁服务	
		CPC 832	其他有关个人或家庭用品租赁或租赁服务	

（续表）

韩国—东盟自由贸易协定

是否包括投资开放	投资开放产业是否采用负面清单	负面清单采用的行业分类代码的分类	负面清单行业（产品）内容	保障条款内容
是	是	韩国的"负面清单"		
		CPC 871	广告服务	
		CPC 864	市场调研和民意调查服务	
		CPC 865	管理咨询服务	
		CPC 86601,86609	项目管理服务和其他管理服务	
		CPC 86761*	成分和纯度检测和分析服务	建立商业活动需求的测试。主要标准：对现有国内供应商数量的影响，对公共卫生、安全和环境保护的影响
		CPC 86762	测试和分析服务的物理属性	
		CPC 86764	技术检验服务	
		CPC 86763**,86769**	综合机电系统的测试和分析服务	
		CPC 8811*,8812**	农业和畜牧业相关的咨询服务	
		CPC 8811**,8812**	家禽差异化服务	
		CPC 8814*	不包括空中消防和消毒的林业服务	
		CPC 882*	与钓鱼有关的咨询服务	
		CPC 883	挖掘服务	

（续表）

韩国—东盟自由贸易协定

是否包括投资开放	投资开放产业是否采用负面清单	负面清单采用的行业分类代码分类	负面清单行业（产品）内容	保障条款内容
是	是	韩国的"负面清单"		
		CPC 884*,885*,不包括 88411,88450,88442,88493	制造服务本身,只包括咨询服务与制造技术的新产品	
		CPC 87201,87202	人员位置服务	只在一个公司的形式下外国服务供应商可以提供服务的商业行为
		CPC 86751 CPC 86752	地质,地球物理和其他科学勘探服务及井下测量	
		CPC 86753*	表面测量服务	
		CPC 86754*	绘制地图服务	
		CPC 633,8861,8862,8863,8864,8865,8866	设备的保养和维修	
		CPC 874**,不包括 87409	建筑清洗服务	
		CPC 875	摄影服务	
		CPC 876	包装服务	
		CPC 88442*	印刷服务	
		CPC 88442*	出版业	

（续表）

韩国—东盟自由贸易协定

是否包括投资开放	投资开放产业是否采用负面清单	负面清单采用的行业分类代码分类	负面清单行业（产品）内容	保障条款内容
是	是	**韩国的"负面清单"**		
		CPC 87909*	公约机构服务	
		CPC 87909*	速记服务	
		CPC 87905	笔译和口译服务	
		CPC 87907	专业设计服务	
		CPC 75121**	国际快递服务	提供的服务仅限于空中和海上运输模式
			电信服务	提供的所有服务需要受到韩国法律。有设备的公共电信服务供应商的商业授权安排。根据韩国法律，有设备的公共电信服务仪授予法人组织。外国政府或其代表或外国人不能获得或持有电信执照。根据韩国法律，基于公共电信设施的服务的许可证不得授予外国政府或法人组织，外国人或被视为外国人即持有总投票权49%以上的外国人
			增值服务	电子邮件，语音邮件，在线信息和数据库检索，电子数据交换，增强/增值传真服务，包括存储和转发，存储和检索，代码和协议转换，在线信息和/或数据处理（包括事务处理），在线数据库和远程计算服务

(续表)

韩国—东盟自由贸易协定

是否包括投资开放	投资开放产业是否采用负面清单	负面清单采用的行业分类代码分类	负面清单行业（产品）内容	保障条款内容
是	是	**韩国的"负面清单"**		
		CPC 96112*,96113*	电影,录像生产和分销服务	唱片生产和分销服务
		CPC 511-518	建筑服务	(a) 只能通过包括马来西亚人的合资公司或马来西亚控股两者兼而有之,或通过收购现有通信公司股份,且外资股份不超过49%。本地注册的外国建筑公司可提供补助项目贷款,根据贷款的条款,由中国际招标获得；建设项目资项目等于或超过50%,当地专业不可用；100%马来西亚建设项目贷助,当地专业知识不可用
		CPC 621,不包括62111、62112	佣金代理商的服务,不包括未来合同的佣金代理商的服务	
		CPC 622	批发贸易服务	以下服务需要经济测试：二手车批发贸易；气体燃料及相关产品的批发贸易。主要标准：合理的价格的形成,对现有供应商的数量以及有序的贸易发展的行业的影响,建立有序的贸易平衡,还包括人口密度、交通、环境污染,当地条件和其他地方特色以及公共利益

（续表）

韩国—东盟自由贸易协定

是否包括投资开放	投资开放产业是否采用负面清单	负面清单采用的行业分类代码分类	负面清单行业（产品）内容	保障条款内容
是	是	**韩国的"负面清单"**		
		CPC 6111,61130,61210,613*	零售服务业	二手车零售服务和气态燃料的经济需求测试。主要标准：对现有的国内供应商的数量和人口密度、交通、环境污染，当地条件和其他地方特色以及公共利益的影响
		CPC 8929**	特许经营	
		CPC 923**	高等教育服务	部长批准下成立的教育机构和部长授权人力资源开发部门设立的大学需要建立学校法人（公司内部设立的大学不需要设立学校法人）。只有附件1中列出类型的教育机构是允许的。不允许在首尔市区或附近成立新技术大学和公司大学以外的教育机构。联合教育项目的初级学院、大学认证机构和人力资源开发部门来韩。会获得认可的教育机构或外国公司推荐。其政府教育机构和人力资源部开发项目的外国公司大学，大学认证机构，或外国公司来韩。会限制每个教育机构的学生人数
		CPC 924**	成人教育	只有附件2列出的教育机构是允许的。在首尔市区，任何新建立、扩展或转让的成人培训设施，等于或超过3000平方米的总楼面积可能会受到限制

056 ｜ 区域自由贸易协定中"负面清单"的国际比较研究

(续表)

韩国—东盟自由贸易协定

是否包括投资开放	投资开放产业是否采用负面清单	负面清单采用的行业分类代码分类	负面清单行业(产品)内容	保障条款内容
是	是	韩国的"负面清单"		
		CPC 9401*	垃圾水处理服务	
		CPC 9402*	工业废物处理服务	
		CPC 9404, 9405	废气的清洁服务和噪声控制服务	
		CPC 9406*, 9409*	环境测试和评估服务	
		CPC 9404*	土壤修复和地下水净化	
		CPC 9409*	环境咨询服务	
			人寿保险服务	只允许外国寿险公司的商业活动。建立与韩国合资人寿保险公司是不允许的。招聘和就业保险专业人士,包括销售人员,都受到限制。高管人员必须居住在韩国
			非寿险保险服务	只允许外国非寿险保险公司的商业活动。与韩国建立合资企业非人寿保险公司是不允许的。保险专业人士,包括销售人员招聘和就业,都受到限制。高管人员必须居住在韩国
			再保险和交还服务	只允许外国保险公司再保险和交还的商业活动。保险专业人士,包括建立再保险人员招聘和撤回合资保险公司是不允许的。高管人员必须居住在韩国

（续表）

韩国—东盟自由贸易协定

是否包括投资开放	投资开放产业是否采用负面清单	负面清单采用的行业分类代码的分类	负面清单行业（产品）内容	保障条款内容
是	是	韩国的"负面清单"		
		保险经纪和代理服务—经纪	只允许外国保险经纪公司的商业活动。高管人员必须居住在韩国	只允许外国保险经纪公司的商业活动。高管人员必须居住在韩国
		保险经纪和代理服务—机构	高管人员必须居住在韩国	
		服务辅助保险	只适用于下面列出业务的分部门：(1) 索赔和价格调整服务；(2) 精算服务。只允许外国索赔和调整公司，保险精算公司的商业活动。高管人员必须居住在韩国	
		银行和其他金融服务	只适用于从事下面列出业务的附属部门：(1) 存款。(2) 贷款。(3) 金融租赁。(4) 支付和资金的传播业务。(5) 保证和承诺。(6) 外汇服务。(7) 结算和清算业务。只允许外国金融机构（金融租赁除外），处理10%与他们原产地相同的15%的省级银行服务—个人可能拥有多达10%的空头股票（4%的非金融服务业实体）和（无特别是监管，可能只成员门的银行服务为特定目的，如在房产认购贷款发放可能受到处理。证券储蓄通过信用卡增速业务方法发放可给予事业上限和操作限制。信用掉期期限应当适用于大小根据公司决务到限制。只有指定的机构进行交易。强制性贷款增速适用于大小根据公司决算免的远期交易。强制性贷款和使用限制、金融租赁、信贷发放定。外币贷款有上限和高管的高管人员必须居住在韩国和安全储蓄公司的高管人员必须居住在韩国	

（续表）

韩国—东盟自由贸易协定

是否包括投资开放	投资开放产业是否采用负面清单	负面清单采用的行业分类代码分类	负面清单行业（产品）内容	保障条款内容
是	是	韩国的"负面清单"		
			交易账户或账户的客户，是否在交易所、在场外交易市场或以其他方式	只适用于如下列出的情况：（1）货币市场工具（包括支票、票据、定期存单）；（2）外汇；（3）金融衍生产品（包括互换和远期利率协议）；（4）汇率和利率工具（包括远期利率协议）；（5）可转让证券；（6）其他票据和金融资产（包括黄金）商业活动。只允许外国金融机构处理原产国相同的业务。可以设立代表处，高管人员必须居住在韩国
			参与发行的各种证券具体包括：（1）证券发行；（2）承销；（3）放置；（4）与证券相关的其他服务	允许外国金融机构应对各种证券的发行业务活动。可以设立代表处，高管人员必须居住在韩国
			资产管理	只适用于下面列出的情况：（1）现金或投资组合管理；（2）各种形式的集体投资管理；（3）监护权；（4）信托投资（包括自由咨询服务）。允许外国资产管理公司从事的商业活动。除了主要的银行业务和从事信托业务处理房地产信托业务的房地产信托业务外，可以设立代表处从事财政部和企业经济参与审批业务（两种类型）需要从财政部和企业经济参与角度考虑。高管人员必须居住在韩国
			信用信息服务	参股现有金融信息公司应少于50%

第二章　区域贸易协定"负面清单"信息统计

（续表）

韩国—东盟自由贸易协定

是否包括投资开放	投资开放产业是否采用负面清单	负面清单采用的行业分类代码的分类	负面清单行业（产品）内容	保障条款内容
是	是	韩国的"负面清单"		
		CPC 641,642,6431*	咨询、中介和其他辅助金融服务	服务只适用于下面列出的情况：(1) 投资建议。(2) 信用评级的评估和分析。信用评级公司应由有关部门指定的评估公司进行评级，希望发行无担保公司债券和商业票据
		CPC 6432	酒店和餐馆	
		CPC 7471	饮料服务和娱乐服务	
		CPC 7472	旅行社服务	
			导游服务	不包括铁路和航空运输相关设施
		CPC 96191,96192	娱乐服务	个别艺术家或组织提供的服务，比如音乐、戏剧、现场乐队、歌剧等
		CPC 7211*,7212*	海运服务——国际运输，不包括国内航空运输	在韩国名下注册的公司，其船队的经营包括国际海上旅客运输。只有股份有限公司是允许的
		CPC 741*	海上货物装卸服务	
		CPC 742*	在港口仓库存储和服务	
		CPC 748*	通关服务海事机构服务	所有公司按照商业法案的规定都是允许的
		CPC 741*	集装箱站服务	
		CPC 748*	海上货运代理服务	按照《商业法》，只有股份有限公司是允许的

(续表)

韩国—东盟自由贸易协定

是否包括投资开放	投资开放产业是否采用负面清单	负面清单采用的行业分类代码分类	负面清单行业(产品)内容	保障条款内容
是	是	韩国的"负面清单"		
		CPC 748*,749*	航运经纪服务	按照《商业法》,只有股份有限公司是允许的
		CPC 7213	维护和修理的船只	同上
		CPC 7214	租赁的船只和船员	
		CPC 745*	推动和拖带船舶服务	
			统计、测量和调查服务	
			计算机预订系统(CRS)服务	
			航空运输服务的销售和市场营销	
			飞机的维护和修理	
		CPC 7111,7112	铁路运输服务:客运、货运	现有业务、建立新的业务需接受经济需求测试。主要标准:铁路行业秩序和纪律规范:许可证授予国际航运公司
		CPC 71233*	道路运输服务的运输集装箱运输费,不包括国内航空运输	
			管道运输:只有石油产品的运输,不包括液化石油气的运输	
		CPC 742*	服务辅助运输模式:仓库存储和服务以外的其他港口,不包括农业、渔业和牲畜产品	
			联合运输服务,铁路运输货运代理	
		CPC 9702	其他服务,不包括美发等美容服务	

（续表）

是否包括投资开放	投资开放产业是否采用负面清单	负面清单采用的行业	负面清单采用的分类代码分类	保障条款内容
韩国—秘鲁自由贸易协定					
是	否			
韩国—美国自由贸易协定					
是	否			
		韩国的"负面清单"		
是		所有行业		依据《招商引资法案》(2007)第4条的规定，韩方为了保护公共秩序存有发起或者并购资产采取任何措施
		所有行业		韩方有权对任何国有私人购买土地的行为采取任何措施。除非违反《外国人购买土地法》：(1)不违反普通商业经营。(2)(a)用于居住。(b)用于继续获得土地的行为。(c)根据相关法律需要
		购置土地		
		枪支、炸药、刀具以及相关		对其出口、进口、储存、使用、购买保留采取任何措施的权利

（续表）

韩国—美国自由贸易协定

是否包括投资开放	投资开放产业是否采用负面清单	负面清单采用的行业分类代码分类	负面清单行业（产品）内容	保障条款内容
是	否	**韩国的"负面清单"**		
		服务业	社会服务	为了保障公共利益，如社会安全、保险、社会福利、公共培训、健康以及儿童关怀，韩国对提供劳动保障以及相关服务可以保留权利或采取任何措施
		传媒服务	广播服务	韩国有权根据与不同国家的协定而对不同国家采取区别对待
		运输服务	铁路运输	
		环境服务		可携带水的处理和提供，城市垃圾处理、城市交通、环境卫生以及相关服务，自然和景观保护服务
		原子能	核能发电，制造和提供核能能源，核能原料，放射性垃圾处理和清理，辐射管理服务，放射性同位素和放射性发电设备，修复服务，清洁能源，计划，保养服务	韩国可以保留权利以及采取任何措施
		能源	天然气	同上
		分销服务	批发、零售	同上
		交通运输服务	巴士和出租车服务，国内水路运输服务和空间运输服务，储存和仓储服务	同上

第二章 区域贸易协定"负面清单"信息统计 | 063

(续表)

韩国—美国自由贸易协定

是否包括投资开放	投资开放产业是否采用负面清单	负面清单采用的行业分类代码分类	负面清单行业(产品)内容	保障条款内容
否				
是	**韩国的"负面清单"**			
	交通运输服务	货物道路运输	韩国可以保留权利以及采取任何措施,不包括国际运输和快速服务
		海上旅行运输和海上运输	(1)韩国对提供国际海上旅客运输服务、海上运输,韩国船只操作保留权利以及采取任何措施;(2)提供此项服务的人必须获得许可
	邮政服务	自然垄断性邮政服务	
	通信服务	广播服务	韩国可以保留领域的交叉持股;(1)限制国外法人持有股份进行限制;(2)对国外法人持有股份或者韩国居民;(3)董事会成员必须有足够多比例是韩国居民;(4)动画片必须有足够多比例的时间是韩国动画片;(5)对节目的一定比例进行保留;(6)根据规定限制或者禁止国外转播节目
	通信服务	广播和视听服务	韩国可以保留权利以及采取任何措施。韩国对修改电视和电影节目
	商业服务	房地产服务(除经纪和评估服务之外),破产和破产管理服务,地籍测量和地籍地图制作服务,农业、狩猎、林业和渔业	韩国可以保留权利以及采取任何措施,管制商品、软件和技术的出口和再出口可以保留权利以及采取任何措施

（续表）

韩国—美国自由贸易协定

是否包括投资开放	投资开放产业是否采用负面清单	负面清单采用的行业分类代码分类	负面清单行业（产品）内容	保障条款内容
是	否	**韩国的"负面清单"**		
		数字音频或者视频服务		韩国可以保留权利以及采取任何措施未取消不适用于韩国消费者的节目
		商业和环境服务	检查、认证、农业原材料和活体动物和分类	韩国可以保留权利以及采取任何措施
		渔业		对本国水域经济区，韩国可以保留权利以及采取任何措施
		新闻出版		韩国可以保留权利以及采取任何措施
		教育服务	学前、小学、中学、高中以及其他教育	同上
		社会服务	人类健康服务	同上
		娱乐、文化和体育服务	电影促销，广告或者后期制作服务以及其他文化服务	同上
		其他娱乐服务		同上
		法律服务	其他法律服务	同上
		专业服务	国外注册会计师，国外税务咨询师	同上

(续表)

韩国—欧盟自由贸易协定

是否包括投资开放	投资开放产业是否采用负面清单	负面清单采用的行业分类代码分类	负面清单行业（产品）内容	保障条款内容
是	是	**韩国的"负面清单"**		
			法律服务	只能以办事处的形式，雇用本地具有韩国律师资格的律师是不允许的
			会计、审计和簿记服务	根据有关注册会计师和会计工作的法律，只有注册会计师和会计工作组（有限责任公司）授权的独资企业，审计会计工作组是允许的。只有注册会计师审计工作组和会计公司（有限责任公司）可以提供审计服务
			税务服务	只有独资企业税收和解工作组和税务会计代理企业（有限责任公司）许可的，按税务会计法律注册的商品交易顾问可以进入税收协调工作组，税务代理服务顾问（有限责任公司）可以提供税务协调服务
			建筑服务	除协定特殊规定之外不受限制
			工程服务	
			综合工程服务	
			城市规划、景观建筑服务	
			兽医服务	
			关于计算机硬件安装的咨询服务	

（续表）

韩国—欧盟自由贸易协定

是否包括投资开放	投资开放产业是否采用负面清单	负面清单采用的行业分类代码的分类	负面清单行业（产品）内容	保障条款内容
是	是	韩国的"负面清单"		
			软件实现服务	除协定特殊规定之外不受限制
			数据处理服务	
			数据库服务	
			自然科学的研究和发展服务	
			社会科学和人文科学的研究和发展服务	
			各学科间的研究和发展服务	
			不动产佣金服务	
			不动产评估服务	
			船舶租赁	（1）除协定特殊规定之外不受限制；（2）使用韩国国旗并且用于经营活动而注册公司不受限制
			飞机租赁	
			运输设备和机械租赁	
			其他设备和机械租赁	
			有关个人或家庭用品租赁或租赁服务	
		CPC 871	广告服务	除协定特殊规定之外不受限制
		CPC 864	市场调研和民意调查服务	

(续表)

韩国—欧盟自由贸易协定

是否包括投资开放	投资开放产业是否采用负面清单	负面清单采用的行业分类代码分类	负面清单行业(产品)内容	保障条款内容
是	是	韩国的"负面清单"		
		CPC 865	管理咨询服务	除协定特殊规定之外不受限制
		CPC 86601	项目管理服务	
		CPC 86761*	成分与纯度检测和分析服务	
		CPC 86762	物理属性的测试和分析服务	
		CPC 86764	技术检验服务	同上
		CPC 86763**,86769**	综合机电系统的测试和分析服务	
		CPC 8811*,8812*	农业和畜牧业相关的咨询服务	
		CPC 8814*	不包括空中消防和消毒的林业服务	
		CPC 882*	与钓鱼有关的服务	
		CPC 883	挖掘服务	
		CPC 884*,885*,不包括88411,88450,88442,88493	附带制造的服务:只有新产品制造技术的咨询服务	
		CPC 87201,87202	就业服务	(1)除协定特殊规定之外不受限制;(2)国外供应商必须在商业法的规定下以公司形式进行就业咨询服务
		CPC 86751 CPC 86752	地质,地球物理和其他科学勘察服务相关的科学和技术咨询服务,并下测量服务	除协定特殊规定之外不受限制

（续表）

韩国—欧盟自由贸易协定

是否包括投资开放	投资开放产业是否采用负面清单	负面清单采用的行业分类代码的分类	负面清单行业（产品）内容	保障条款内容
是	是	**韩国的"负面清单"**		
		CPC 86753*	地面测量服务	（1）除协定特殊规定之外不受限制；（2）"商业存在"是必须有的
		CPC 86754*	绘制地图服务	除协定特殊规定之外不受限制
		CPC 633,8861,8862,8863,8864,8865,8866	设备的保养和维修	
		CPC 874**，不包括87409	建筑清洁服务	
		CPC 875*	摄影服务	
		CPC 876	包装服务	
		CPC 88442*	印刷和出版	
		CPC 87909*	会议服务	
		CPC 87909*	速记服务	
		CPC 87905	笔译和口译服务	
		CPC 87907	专业设计服务	
			电信服务	提供的所有服务应受到韩国服务供应商的商业安排和授权
			增值服务：电子邮件；语音邮件；在线信息数据检索；电子信息交换等	除协定特殊规定之外不受限制
		CPC 96112*,96113*	电影和录像生产和分销服务	

(续表)

韩国—欧盟自由贸易协定

是否包括投资开放	投资开放产业是否采用负面清单	负面清单采用的行业分类代码分类	负面清单行业（产品）内容	保障条款内容
是	是	**韩国的"负面清单"**		
		CPC 511-518	记录生产和分销服务	只有 CPC 5111 未放开。强制分包体系适用于承包商注册总承包商
		CPC 621，不包括 62111，62112	佣金代理商服务	除协定特殊规定之外不受限制
		CPC 622，不包括 62211，62223	批发贸易服务	(1) 除协定特殊规定之外不受限制；(2) 对药品，功能保健食物的限制以模式 3 为标准
		CPC 6111，61130，61210，613*	零售业服务	除协定特殊规定之外不受限制
		CPC 8929*	特许经营权	
		CPC 923**	高等教育服务	只有非营利性的、经过教育部长批准的科技类部门可以建立高等教育机构（公司内部大学不需要设立学校法人）。只有附件 1 列出类型的教育机构是允许的。任何教育机构和公司内部大学在首尔市区可能被限制。根据韩国法律，地方高等教育机构与共同开设的课程只有被教育部或外国政府或授权的认证机构获得了外国教育机构的认证方可。教育科技部长可以限定总留学生人数

(续表)

韩国—欧盟自由贸易协定

是否包括投资开放	投资开放产业是否采用负面清单	负面清单采用的行业分类代码分类	负面清单行业(产品)内容	保障条款内容
是	是	韩国的"负面清单"		
		CPC 924**	成人教育	只有附件2列出的教育机构是允许的。在首尔市区,任何教育机构的成立、扩展或转让都可能受到限制
		CPC 9401* CPC 9402*	污水处理服务	
		CPC 9404,9405	废气和噪声控制的清洁服务	
		CPC 9406*,9409*	环境测试和评估服务	
			包括事故和医疗保险的人寿保险服务	只允许外国人寿保险公司的商业活动。保险专业人士,包括销售人员招聘和就业,保险专业人员必须居住在韩国
			非寿险保险服务	只允许外资非寿险保险公司招聘和就业。保险专业人士,包括销售人员招聘和就业,保险专业人员必须居住在韩国。高管人员必须居住在韩国
			再保险和交还服务	只允许外国保险公司再保险和后退的商业活动。保险专业人士,包括销售人员招聘和就业,都受到限制
			保险经纪和代理服务的中间人业务	只允许外国保险经纪公司的商业活动。高管人员必须居住在韩国

（续表）

韩国—欧盟自由贸易协定

是否包括投资开放	投资开放产业是否采用负面清单	负面清单采用的行业分类代码分类	负面清单行业（产品）内容	保障条款内容
是	是	韩国的"负面清单"		
			保险经纪和代理服务，只适用于辅助保险服务的代理业务	机构的高管人员必须居住在韩国
			辅助保险服务，只适用于从事索赔和精算调整部门和精算服务	只允许外国索赔和调整公司、保险精算公司从事的商业活动。高管人员必须居住在韩国
			银行和其他金融服务：只适用于以下面列出业务的附属部门：（1）存款；（2）贷款；（3）金融租赁；（4）支付和资金的支出	其在原产地相同的商业活动。一个人可能拥有多达10%的银行股票（4%的非金融服务实体）和特别授权的15%的省级银行股票。即期外汇立场监管（按较大者）存款为特定目的，如住房认购存款，可能只有由指定的机构进行处理。证券储蓄和信贷发放受方上限和操作限制。信用卡成员通过的信用卡合等方式贷款受到限制。信用卡业务的处理和信材料准备需要的时间，该规定适用于外汇交易。强制性贷款增速的大小根据立法决定。信贷发放和安全储备公司的限制。金融租赁、高管人员必须居住在韩国。韩国对印度银行在韩设立支机构的申请给予充分考虑，满足其合理的要求

（续表）

韩国—欧盟自由贸易协定

是否包括投资开放	投资开放产业是否采用负面清单	负面清单采用的行业分类代码分类	负面清单行业（产品）内容	保障条款内容
是	是	韩国的"负面清单"		
			银行服务或其他金融服务。交易账户或客户账户是否在交易所、一个柜台、柜台市场或以其他方式设立，只适用于市场如下列出的条件：（a）货币市场工具（包括支票据、定期存单）；（b）外汇；（c）金融衍生产品（包括期货和期权）；（d）汇率和利率工具（包括互换和远期利率协议）；（e）可转让证券；（f）其他票据和金融资产（包括黄金）	只允许外国金融机构处理与原产国相同业务的商业活动。可以设立代表处，高管人员必须居住在韩国
			参与发行各种证券：（a）证券发行；（b）承销；（c）人员配置；（d）与证券相关的其他服务	只允许外国金融机构应对各种证券的发行的商业活动。可以设立代表处，高管人员必须居住在韩国
			资产管理，只适用于下面列出的各项：（a）现金或证券投资组合；（b）各种形式的集合投资管理；（c）保管；（d）信用	只允许外国资产管理公司的商业活动。可以设立代表处和财政部和企业经济参与从事信托业务的银行业务和企业经济参与从事信托业务的房地产信托业务外。高管人员必须居住在韩国
			信用信息服务	参股现有金融信息公司应少于50%

(续表)

韩国—欧盟自由贸易协定

是否包括投资开放	投资开放产业是否采用负面清单	负面清单采用的行业分类代码分类	负面清单行业（产品）内容	保障条款内容
是	是	**韩国的"负面清单"**		
			咨询、中介和其他辅助金融服务；服务只适用于以下出项：（a）投资建议；（b）信用评级和分析	只允许外国投资咨询公司的商业活动。可以设立代表处，高管人员必须居住在韩国。信用评级公司应由有关部门指定的评估公司作出信用评级，希望发行无担保公司债券商业票据
		欧盟的"负面清单"		
		CPC 8671, 8674, 852, 不包括心理服务	（1）不动产；（2）城市规划、景观建筑服务；（3）研发和人文服务；（4）通信服务；（5）金融服务；（6）银行和其他金融服务（不含保险）	（1）所有成员，除丁奥地利、比利时、捷克、丹麦、爱沙尼亚、芬兰、匈牙利、意大利、卢森堡、马耳他、波兰、罗马尼亚、斯洛文尼亚、斯洛伐克。（2）所有服务费用的国家来自国外。（3）欧盟：对于政府资助的研发服务，专有权利只授予成员国的国民、以及欧盟联盟和具有总部设在欧盟的欧盟法人。（4）欧盟：对服务供应商有限制，以保障传送利益（包括海上运输、商业风险和航天发射货运）或不承诺。（5）对海上运输、商业航空和保险业务不作承诺。（6）不允许航空运输保险只能由欧盟公司或分支机构、空中和海上运输保险只能由欧盟或公司作为分支机构强制航空运输保险只能转让欧盟公司或分子公司包销、空中介机构和相关保险商的网络。（7）提供使用公共电信网络或金融数据处理授权的公司可以作为其他办事处的运营商要求、要求使用金融网络或欧盟注册办事处的公司只有在欧盟履行投资基金的资产托管的专门管理公司

（续表）

韩国—欧盟自由贸易协定

是否包括投资开放	投资开放产业是否采用负面清单	负面清单采用的行业分类代码的分类	负面清单行业（产品）内容	保障条款内容
是	是	欧盟的"负面清单" CPC 8671,8674,852, 不包括心理服务	（1）不动产；（2）城市规划、景观建筑服务；（3）研发和人文服务；（4）通信服务；（5）金融服务；（6）银行和其他金融服务（不含保险）	斯洛文尼亚：证券交易所的会员必须在斯洛文尼亚注册成立外商投资公司或银行的分支。罗马尼亚：对融资租赁、货币市场工具等资产管理以及金融资产结算和清算服务不作承诺，支付和汇划服务只通过建立在罗马尼亚的银行操作

韩国—东盟（缅甸）自由贸易协定

是否包括投资开放	投资开放产业是否采用负面清单	负面清单采用的行业分类代码的分类	负面清单行业（产品）内容	保障条款内容
是	是	缅甸的"负面清单"	飞机维修和保养	全资外资公司和本地人持股超过35%的合资公司可以进入，外资最低注册资本300000美元，遵守缅甸专门部门的法律
			航空运输服务的销售和市场营销	同上
			电脑订票系统	服务提供者必须使用公共电信网络，按照国家电信主管部门规定的规章制度运行，商业活动需许可运营

（续表）

韩国—东盟（缅甸）自由贸易协定

是否包括投资开放	投资开放产业是否采用负面清单	负面清单采用的行业分类代码分类	负面清单行业（产品）内容	保障条款内容
是	是	缅甸的"负面清单"		
		CPC 871	广告	
		CPC 89	印刷和出版	
		CPC 96121	电影和录像生产	需和本地影视公司合作，建立本地人股份超过35%的合资公司，外国人不允许拥有土地，遵守缅甸法律。外国管理者、专家技术人员等可以在缅甸呆一年，超过一年需要申请
		CPC 9615	电影剧院和电影放映服务	
		CPC 862	会计审计	鼓励本土注册的会计人员在合资企业按照外国法律工作。国外会计工作者需是职业会计师，遵守缅甸法律相关法律
		CPC 8672	工程	全资外资公司和本地人持股超过35%的合资公司可以进入，外国人不允许拥有土地，专家技术人员等可以在缅甸呆一年，外国管理者、专家技术人员需要申请，非技术人员不允许呆在缅甸
		CPC 87905	翻译	
			国际旅客运输（不含国内）	

（续表）

韩国—东盟（缅甸）自由贸易协定

是否包括投资开放	投资开放产业是否采用负面清单	负面清单采用的行业分类代码分类	负面清单行业（产品）内容	保障条款内容
是	是	缅甸的"负面清单"		
		CPC 8143	国际货物运输（不含国内）	全资外资公司和本地人持股超过35%的合资公司可以进入，外资最低注册资本30万美元，遵守缅甸专门行业的法律。外国人不允许拥有土地，遵守缅甸相关法律。外国管理者、专家技术人员等可以在缅甸呆一年，超过一年需要申请
			海上货物装卸服务	同上
			仓库及货仓服务	同上
			平均损失调整服务	遵守缅甸相关法律
			保险服务	
			外国银行代表处	遵守缅甸相关法律

（续表）

是否包括投资开放	投资开放产业是否采用负面清单	负面清单采用的行业分类代码分类	韩国—东盟（缅甸）自由贸易协定 负面清单行业（产品）内容	保障条款内容
		缅甸的"负面清单"		
是	是	CPC 513	民事建筑工程	全资外资公司和本地人持股超过35%的合资公司可以进入，外国人不允许拥有土地，遵守缅甸法律。外国管理者、专家技术人员等可以在缅甸呆一年，超过一年需要申请，非技术人员不允许呆在缅甸
		CPC7 523	电传电报业务、电子邮件系统、语音邮件服务、电子数据交换、网上信息检索和数据基础、代码和协议转换、在线信息数据处理	只能使用国家网关和邮政，只有技术和管理人员可以进入，且这些人员不允许从事其他商业活动

是否包括投资开放	投资开放产业是否采用负面清单	负面清单采用的行业分类代码分类	韩国—东盟（马来西亚）自由贸易协定 负面清单行业（产品）内容	保障条款内容
		马来西亚的"负面清单"		
是	是	CPC 8619	法律服务	只有通过注册在纳闽岛联邦领土的公司实施，法律服务须提供给成立于纳闽岛联邦领土的海外公司
		CPC 862	会计审计	只有和拥有马来西亚会计师的本地企业或马来西亚会计公司合作，且外资利益不得超过49%

（续表）

韩国—东盟（马来西亚）自由贸易协定

是否包括投资开放	投资开放产业是否采用负面清单	负面清单采用的行业分类代码分类	负面清单行业（产品）内容	保障条款内容
是	是	马来西亚的"负面清单"		
		CPC 863/8630	税收服务	只有和被授权的马来西亚从事税收代理的本地注册企业或私人有限公司合作，且外资利益不得超过30%
		CPC 8671	建筑	可以由自然人提供；合资企业中外国股份最高10%，由专业人士在原产地注册。外国管理者是不允许的
		CPC 8672，包括86721-7，867219	工程	同上
		CPC 8673，包括86731-3，86739	综合工程	只能通过办事处、地区办公室或包括马来西亚的合资公司或马来西亚控股公司或两者兼而有之，且外资股份不超过30%
		CPC 86742*	园林绿化	只能通过包括马来西亚人的合资公司或马来西亚控股公司或两者兼而有之，且外资股份不超过30%
		CPC 93122	专业医疗服务	只能由自然人提供

（续表）

韩国—东盟（马来西亚）自由贸易协定

是否包括投资开放	投资开放产业是否采用负面清单	负面清单采用的行业分类代码分类	负面清单行业（产品）内容	保障条款内容
是	是	马来西亚的"负面清单"		
		CPC 841,842,843,844/84400	相关计算机硬件安装的咨询服务、软件实现、数据库处理、数据库	不作限制，除了如协定中 1a) 和 b)，2a) 和 c) 水平承诺所示
		CPC 8520,除了 85203 和 85204	社会科学和人文学科研究与实验发展服务	只能通过包括马来西亚人的合资公司或马来西亚控股公司或两者兼而有之，且外资股份不超过 30%。不作限制，除了如协定中 1a) 和 b)，2a) 和 c) 水平承诺所示
		CPC 85202	经济学科的研究与发展	只能通过包括马来西亚人的合资公司或马来西亚控股公司或两者兼而有之，且外资股份不超过 35%。不作限制，除了如协定中 1a) 和 b)，2a) 和 c) 水平承诺所示
		CPC 83103	与船舶相关（排除国内航空运输和离岸交易）	只能通过办事处或地区办事处作为代理商。不作限制，除了如协定中水平承诺所示
		CPC 83104	与飞机相关	
		CPC 83107*	与建筑、采矿、工厂和设备相关的服务	
		CPC 8711,8712,8719	广告服务	只能通过包括马来西亚人的合资公司或马来西亚控股公司或两者兼而有之，且外资股份不超过 30%，且 80% 在马来西亚本土制作。广告需通过电子媒体，不限制，除了如协定中 1a) 和 b)，2a) 和 c) 水平承诺所示

(续表)

韩国—东盟（马来西亚）自由贸易协定

是否包括投资开放	投资开放产业是否采用负面清单	负面清单采用的行业分类代码分类	负面清单行业（产品）内容	保障条款内容
是	是	马来西亚的"负面清单"		
		CPC 864	市场调查和民意调查	只能通过包括马来西亚两者兼而有之，且外资股份公司或马来西亚控股公司的合资公司，且外资股份不超过30%。不作限制，除丁如协定中 1a）和 b），2a）和 c）水平承诺所示
		CPC 8650*	管理咨询服务	只能通过包括马来西亚两者兼而有之，且外资股份公司或马来西亚控股公司的合资公司，且外资股份不超过30%。制药、国际增值咨询和电信发展、人力资源开发领域的咨询和指导公司中本地人所占股份必须超过30%。不作限制，除丁如协定中 1a）和 b），2a）和 c）水平承诺所示
		CPC 8676,除丁86764	技术测试和分析	只能通过包括马来西亚两者兼而有之，且外资股份公司或马来西亚控股公司的合资公司，且马来西亚股份不少于30%。不作限制，除丁如协定中 1a）和 b），2a）和 c）水平承诺所示
		CPC 881*,882*	农业和渔业管理咨询服务	同上
		CPC 884、885，除丁88442	制造业咨询服务	

(续表)

韩国—东盟（马来西亚）自由贸易协定

是否包括投资开放	投资开放产业是否采用负面清单	负面清单采用的行业分类代表的分类	负面清单行业（产品）内容		保障条款内容
是	是	**马来西亚的"负面清单"**			
		CPC 87905	翻译		翻译只能由自然人提供
		CPC 87909	学生就业服务		不作限制，除了如水平承诺所示
		CPC 87909	运营总部		只能由本地注册、除了如水平承诺所示少有3种总部的服务公司在马来西亚，包括母公司或其他的网络公司在马来西亚，包括母公司或其他的外资公司；（3）有一个完善的外资公司；（4）有大量合格的高管、专业人士、技术和其他支持人员；（5）能够不与总部磋商独立作决定或母公司位于马来西亚；（6）能为马来西亚经济做贡献
		CPC 7521, 7523, 7523**, 7521**, 7529**, 7522**, 7523**	通信服务		只能通过收购现有通信公司股份，且外资股份可以达到49%
		CPC 75291	通信服务（寻呼业务）		只能通过包括马来西亚人的合资公司或马来西亚控股公司或两者兼而有之，或通过收购现有通信公司股份，且外资股份可以达到49%
			其他通信服务		只能通过收购现有通信公司股份，且外资股份可以达到49%

(续表)

韩国—东盟（马来西亚）自由贸易协定

是否包括投资开放	投资开放产业是否采用负面清单	负面清单采用的行业分类代码分类	负面清单行业（产品）内容	保障条款内容
是	是	马来西亚的"负面清单"		
		CPC 7523	数据和信息传送服务	只能通过包括马来西亚人的合资公司或马来西亚控股公司或两者兼而有之，或通过收购现有通信公司股份，且外资股份可以达到49%
		CPC 7521	语音电话	
		CPC 75213	移动电话	
		CPC 7522	电报	
		CPC 7523	电传服务	
		CPC 96113	视听服务	只能通过包括马来西亚人的合资公司或马来西亚控股公司或两者兼而有之，且外国股份不超过30%
		CPC 511、512、513、514、515、516、517	建筑和相关工程服务	（1）只能通过包括马来西亚人的合资公司或马来西亚控股公司或两者兼而有之，或通过收购现有通信公司股份，且外资股份不超过49%。（2）没有本地注册的外商建筑公司完全由外国投资和/或提供补助金；项目中外商投资根据贷款的条款由国际招标；建设项目贷款等于或超过50%，不可用当地专业知识；100%来自马来西亚资助，不可用项目建设当地专业知识

(续表)

韩国—东盟（马来西亚）自由贸易协定

是否包括投资开放	投资开放产业是否采用负面清单	负面清单采用的行业分类代码分类	负面清单行业（产品）内容	保障条款内容
是	是	马来西亚的"负面清单"		
		CPC 6111, 6113, 6121, 6221, 6222, 6223, 6224, 6225, 6226, 6227, 6228, 631, 632, 除了 613	批发零售，除了石油	人口是受限的:(1) 法律实体，批发和零售业务的外国公司必须成立本地公司;(2) 股权结构下本国股票不得超过30%,而当地合资结构本地人必须占70%股权;(3) 最低投资本投资的公司的股权基金应该是:大型超市5000万林吉特（RM），部门商店2000万RM,超市及连锁店2500万RM,其他最低100万RM。对从业人员有严格要求
		CPC 93122	医疗专业服务	
		CPC 93110*	私立医院	只能通过包括马来西亚人的合资公司或马来西亚控股公司两者兼而有之,且外资股份不能超过49%,合资公司经营医院床位不能达到100强
		CPC 92390 CPC 924	高等教育,成人教育	建立合资企业且外资不超过49%,必要时需通过测试。在一个教育机构至少10%的讲师或20%的专家拥有必要的资历、知识,凭证和或经验,2 个专业人员具备必要的专业资格
		CPC 641, 642, 643	酒店导游餐厅	只能通过包括马来西亚人的合资公司或马来西亚控股公司两者兼而有之,且外资股份外资不超过30%,四星级和五星级酒店外资不超过35%

(续表)

韩国—东盟（马来西亚）自由贸易协定

是否包括投资开放	投资开放产业是否采用负面清单	负面清单采用的行业分类代码分类	负面清单行业（产品）内容	保障条款内容
是	是	马来西亚的"负面清单"		
		CPC 7471	旅行社	只能通过包括马来西亚人的合资公司或马来西亚控股公司或马来西亚两者兼而有之，且外资股份不超过30%，仅经营入境旅游外资股份不超过35%
		CPC 87909	会议中心	只能通过包括马来西亚人的合资公司或马来西亚控股公司或马来西亚两者兼而有之，且外资股份不超过30%；超过3000个座位的会议中心只能通过包括马来西亚人的合资公司或马来西亚控股公司或马来西亚两者兼而有之，且外国股份不超过35%
		CPC 96191、96192、96194	其他娱乐服务	娱乐服务只能由自然人提供。主题公园只能通过包括马来西亚人的合资公司或马来西亚控股公司或马来西亚两者兼而有之，且外资股份不超过35%
		CPC 96411、96412	体育赛事管理服务	只有由马来西亚控股公司作为当地的赞助商
		CPC 7211、7212	国际海上运输	只能通过办事处、地区办公室或包括马来西亚人的合资公司或马来西亚控股公司或马来西亚两者兼而有之，且外资股份不超过49%。公司的所有者只能是马来西亚人或公司在马来西亚成立，股权所有者和董事会大部分是马来西亚人；主要经营的业务在马来西亚。

（续表）

韩国—东盟（马来西亚）自由贸易协定

是否包括投资开放	投资开放产业是否采用负面清单	负面清单采用的行业分类代码分类	负面清单行业（产品）内容	保障条款内容
是	是	**马来西亚的"负面清单"**		
		CPC 7213,83103	有运营商的国际船只租赁服务或只租船只	只能通过办事处、地区办公室或包括马来西亚人的合资公司或马来西亚控股公司或两者兼而有之，且外资股份不超过49%
		CPC 74540	船只打捞	
		CPC 7454*	海运服务	
		CPC 8868**	船只维修和护理	
			辅助运输	
			航空运输、电脑预定系统、飞机的维修和护理	
		CPC 97090	技术培训	只能通过办事处、地区办公室或包括马来西亚人的合资公司或马来西亚控股公司或两者兼而有之，且外资股份不超过30%；分支机构需要额外的许可证明
			离岸银行、离岸投资银行、离岸再保险公司、离岸直接保险公司、离岸保险经纪、离岸保险承保管理和离岸保险经理人	进入仅限于纳闽；进入仅限于注册成立分公司或成为合资子公司

（续表）

韩国—东盟（马来西亚）自由贸易协定

是否包括投资开放	投资开放产业是否采用负面清单	负面清单采用的行业分类代码分类	负面清单行业（产品）内容	保障条款内容
是	是	马来西亚的"负面清单"		
			商业银行和商人银行	13家外商独资商业银行可获准拥有全资的股东。持有马来西亚拥有或控制的商业/商人银行的股权受到限制，且外资股权比例总比不得超过30%。个人单独或联合持股比例被限制为最多20%。商业银行不得收购其他商业银行的任何股份，可以收购商人银行5%以上股权。商业银行不得收购商业银行或商人银行5%以上股权。如果自然人已持有另一金融机构5%以上股权，该人员不得获取商业银行或商人银行的任何股份。可以设立代表处，但只能从事研究、信息交流和联络服务。银行高级管理者数目、位置受限；银行进入最大期限为5年
			直接保险公司	（1）除本承诺表特别指出外，不作承诺。（2）根据1996年保险法，外国保险公司分支机构必须在马来西亚当地注册成立，且外资股份最高限为51%。如果现有外资股东是马来西亚当地保险公司的原始股东，则可以拥有最多51%的股份，但外资总股份不能超过51%。仅限于按照外资参股马来西亚当地保险公司的形式进入马来西亚市场；且新许可证不作承诺。外资保险公司参股马来西亚当地保险公司不允许超过5%的股份；累计不能超过30%，对新许可证不作承诺。外资保险公司收购马来西亚当地保险公司不允许超过5%的股份：(a) 不能拥有另一家从事相同业务的保险公司超

（续表）

韩国—东盟（马来西亚）自由贸易协定

是否包括投资开放	投资开放产业是否采用负面清单	负面清单采用的行业分类代码分类	负面清单行业（产品）内容	保障条款内容
是	是	马来西亚的"负面清单"		
			直接保险公司	过5%的股份；(b)不能在保险经纪公司拥有超过5%的股份；已拥有一家保险公司超过5%股份的个人，不能拥有以下公司超过5%的股份：(a)另一家从事相同业务的保险公司；(b)保险经纪公司。银行业进入高级管理者数目，位置受限；公司进入最大期限为5年
			银行和其他金融服务（不包括保险）接受存款，商人银行或马来西亚离岸银行在纳闽岛境外银行获准只接受外币存款	宣传、广告及接受马来西亚存款是不允许的，只能通过商业银行、商人银行、境外银行获准接受存款。境外投资银行在纳闽岛不得接受存款
			所有类型的贷款，包括消费信贷、抵押信贷，商业交易的融资	(1)贷款业务，若超过2500万林吉特等值的任何货币值，必须与马来西亚的商业银行共同经营。(2)从事非银行业务的机构仅限于：(a)通过建立本地注册成立的合资公司，并在该公司总外资持股获准是外国金融机构的合资公司超过30%；或(b)代表处，只能从事研究和联络服务。对商业银行独立实体的股权不应超过30%。商业银行不得提供独立消费信贷和住房抵押贷款。仅商业银行获准提供透支额度。境外银行和境外投资银行获准仅能以外币放贷。银行业高级管理者数目，位置受限；公司进入最大期限为5年

088 区域自由贸易协定中"负面清单"的国际比较研究

(续表)

韩国—东盟（马来西亚）自由贸易协定

是否包括投资开放	投资开放产业是否采用负面清单	负面清单采用的行业分类代码分类	负面清单（产品）内容	保障条款内容
是	是		**马来西亚的"负面清单"**	
		金融租赁	（1）、（2）以任何货币形式向居民租赁，必须与马来西亚的商业银行或商人银行共同进行。（3）租赁服务的提供要求是外国控股商业银行独资实体的股权不应超过49%	非银行业进入仅限于：(a)通过本地注册成立合资公司，外国金融机构总外资持股不得超过49%；或(b)代表外国金融机构从事研究和联络服务，任纳良好的外国租赁公司的许可。这样处只能从事研究和联络服务，得到信誉良好的外国租赁公司的许可。境外银行和境外投资银行的离岸实体只能办理外币。金融企业高级管理者数目，位置受限；公司进入最大期限为5年
			所有支付和汇划服务，即信用卡和借记卡，旅行支票和银行汇票。	(1) 电子资金转账系统需要审批。(2) 不作限制。(3) 离岸商业银行获准仅向非居民提供支付和汇划服务。只有商业银行获准发行信用卡，借记卡或提供支票账户服务，出售或购买外汇和购买旅行支票等需提供货币兑换商的执照。进入仅限外资持股不得超过30%。合资公司并且外资持股不得超过30%。金融机构高级管理者数目，位置受限；公司进入最大期限为5年
			充值卡	进入仅限于马来西亚注册成立的公司。中央银行批准是必需的。金融机构高级管理者数目，位置受限；公司进入最大期限为5年

(续表)

韩国—东盟(马来西亚)自由贸易协定

是否包括投资开放	投资开放产业是否采用负面清单	负面清单采用的行业分类代码的分类	负面清单(产品)内容	保障条款内容
是	是	**马来西亚的"负面清单"**		
			担保和承诺	不作限制,除了在马来西亚成立的银行可给予优先取舍权
			货币及外汇经纪服务	(1)经纪服务,包括马来西亚林吉特在马来西亚发行的金融工具,必须通过在马来西亚注册成立的授权经销商和货币及外汇经纪商进行。(2)进入仅限于:(a)现有机构和这些机构参股外资持股合计不得超过30%;或(b)由货币及外汇经纪商设立的分公司或子公司,注册或在纳闽合资成立。离岸实体提供的货币及外汇经纪服务只限于外币。离岸货币及外币经纪服务不能以自然人形式提供商业服务
			以自己的账户或客户的账户交易:货币市场工具、外汇、可转让证券、汇率期货和利率工具,衍生产品(包括期货及期权)、其他可转让票据(包括金条)	(1)交易仅限于指定的国外交易所交易的合约。(2)不作限制。(3)境外银行和境外投资银行在纳闽的交易必须以外币进行。境外银行和境外投资银行在纳闽银行销售或购买的货币。境外银行仅限于纳闽外国公司创造发行的工具。通过境外银行在纳闽的客户公司的账户在纳闽交易仅限于非居民客户和离岸公司的股份。离岸投资银行在纳闽的离岸银行,离岸投资银行在纳闽公司买卖马来西亚公司的股份。仅限于不是登记在纳闽岛注册成立的离岸公司的非居民客户

(续表)

韩国—东盟（马来西亚）自由贸易协定

是否包括投资开放	投资开放产业是否采用负面清单	负面清单采用的行业分类代码分类	负面清单行业（产品）内容	保障条款内容
是	是	马来西亚的"负面清单"		
			涉及为各种证券和安置作代理的服务（不论是公开或私下）（不包括发行和房屋评级）	（1）参与事务和有关此类事务的服务需要授权。（2）在纳闽和参与境外银行发行证券、只有商业银行仅限于非居民客户和马来西亚境外投资银行获准只有银行机构的参与高证券监督委员会的新发行许可。非银行机构的参与承诺。只有在本地注册的合资公司，并且目主要经销商不作承诺要建立一个本地注册的合资公司，并且目主要经销商不作承诺超过30%。
			承销	（1）商业银行是必需的。（2）授权是必需的。（3）对于非银行，只有持牌交易商被允许承销。进入仅限于本地注册的合资公司，并且外资持股不得超过30%。商业银行仅限于获准承销境外证券。境外银行和境外投资银行仅限于创建外币计价的证券，并通过纳闽离岸公司和外国公司发行
			资产管理：现金或投资组合管理，所有形式的集体投资管理，托管及存管服务	（1）商业存在是必需的。（2）不作限制。（3）托管和存管业务只限于以股代股的基础证券。离岸银行、离岸投资银行和离岸资产管理仅限于离岸公司的资产。离岸投资银行的资产管理仅限于马来西亚非居民客户和离岸挂牌股票或股权证券管理的离岸客户，而不是在本地注册成立的非外国基金管理公司（其中居民公司和离岸公司被限制在设立本地注册的合资公司。非外国基金管理公司进入，并且目持股不得超过30%，需要设立外商控股商业银行业银行提供资产管理服务，商业银行提供资产管理服务，

(续表)

韩国—东盟(马来西亚)自由贸易协定

是否包括投资开放	投资开放产业是否采用负面清单	负面清单采用的行业分类代码分类	负面清单行业(产品)内容	保障条款内容
是	是	马来西亚的"负面清单"		
			资产管理:现金或投资组合管理,所有形式的集体投资管理,托管及存管服务	独立实体,股权不得超过30%。FFMC进入仅限于建立一家外资持股50%以上、在本地注册的公司。该公司的建立要得到证券委员会的批准。至少价值1000万林吉特的资金管理的资金来源于至少70%的FFMC。该公司资金来源于管理或承诺持股量仅限于1亿美元来源于马来西亚或以外。本地资金集体投资计划有限的机构资金和单位信托基金持股70%的FFMCs可以管理本只有10个最大的外资信托受证委员会批准的基金。金融机构高级本地资金信托受证委员会批准的基金。金融机构高级管理者数目,位置受限,公司进入最大期限为5年
			咨询,中介和其他附属金融服务,包括信用调查和分析,收购,重组和战略投资建议。	(1)投资和有价证券咨询服务必须通过商业存在模式提供。(2)向马来西亚居民提供投资和有价证券咨询之外的服务只能通过与马来西亚商业银行/商人银行合作的形式。以非银行身份提供此类业务,仅限于通过以下方式:(a)建立当地合资公司提供此类业务,但外资股份累计不能超过30%;或(b)通过证券公司代表处(包括商业银行、商人银行和证券公司的代表处)只能提供研究、信息交流和联络服务。代表处与(a)不同,可许可在马来西亚注册成立合资公司从事财务规划活动的委员会,外资总持股量不超供服务。代表处)只能提供研究,信息交流和联络报告。与(a)不同,可许可在本地注册成立合资公司从事财务规划活动的委员会,外资总持股量不超

092 区域自由贸易协定中"负面清单"的国际比较研究

（续表）

韩国—东盟（马来西亚）自由贸易协定

是否包括投资开放	投资开放产业是否采用负面清单	负面清单采用的行业分类代码分类	负面清单行业（产品）内容	保障条款内容
是	是	马来西亚的"负面清单"		
			咨询、中介和其他附属金融服务，包括信用调查和分析、收购、企业重组和战略投资建议。	过49%，将获准在马来西亚提供财务策划服务。离岸银行投资银行和离岸公司只能向非居民客户提供此类服务。金融机构高级管理者数目，位置受限，公司进入最大期限为5年
			金融部门营运总部（其办事处在马来西亚和马来西亚的商业银行公司提供服务，属于一般管理及行政、业务规划、技术支持、市场营销、培训和人事管理，推广销售，提供财务及基金管理服务和研发的部门）	(1)不作承诺；(2)只能通过在当地组建全资外资公司的方式提供此类服务，外资控股公司及外资控股公司的地区代表处或将其营运总部移到马来西亚，在马来西亚新建外资控股公司都被认为相当于提供了此类服务，以及在马来西亚营运总部必须从事马来西亚运作，并满足下列标准：(a)至少执行了3项营运总部的服务活动，包括公司；(b)在马来西亚境外拥有一定规模的公司网络，包括母公司，该公司在资产相关公司；(c)拥有完整的公司网络，包括母公司；(d)拥有公司在网络，该网络包括大量的合格的行政主管、专家、技术人员及其他辅助人员；(e)能够独立制定决策，而不需咨询马来西亚境外的总部或母公司；(f)能够通过下列方式对马来西亚经济做出贡献：(i)使用马来西亚人创造就业机会；(ii)为马来西亚人创造就业机会；(iii)能够吸引更多的外资流入。为马来西亚人创造就业机会；(iii)能够吸引更多的外资流入。金融机构高级管理者数目，位置受限；公司进入最大期限为5年

(续表)

韩国—东盟（马来西亚）自由贸易协定

是否包括投资开放	投资开放产业是否采用负面清单	负面清单采用的行业分类代码分类	负面清单行业（产品）内容	保障条款内容
是	是	\multicolumn{3}{l}{马来西亚的"负面清单"}	
			证券经纪服务，包括经纪服务、资信调查和分析、投资组合管理和咨询和市场调研	（1）在马来西亚证券交易所交易必须通过本交易所的参与机构在马来西亚注册成立的公司进行。（2）在马来西亚推广马来西亚股票要需审批。提供居民投资顾问服务及信贷资料服务经要求商业存在。（3）进入仅限于认可的外国股票经纪公司：（a）参股现有的证券经纪公司；或（b）与一家马来西亚股票经纪公司成立本地注册的合资公司，且外资持股不得超过49%。外国证券经纪公司获准拥有一个股票经纪公司股权。代表处经纪公司可的外国证券经纪公司还通过了代表处获准。代表机构不得在马来西亚从事经纪服务、信息和联络服务。许可证受条件限制，包括地理位置、数值配额目、位置受管理者数限；公司确定条件；金融机构高级管理人员；公司进入最大期限为5年

094 ｜ 区域自由贸易协定中"负面清单"的国际比较研究

（续表）

韩国—东盟（马来西亚）自由贸易协定

是否包括投资开放	投资开放产业是否采用负面清单	负面清单采用的行业分类代码分类	负面清单行业（产品）内容	保障条款内容
是	是	马来西亚的"负面清单"		
			商品期货经纪服务	1)、2) 在马来西亚的任何商品期货交易所交易必须通过在马来西亚注册成立的公司且为本交易所注册的合资与者进行。3) 进入外资持股比例仅限于30%，更高的百分比由公司，并非主管部门决定；或（a）代表处仅限于：（b）代表处处获准进行有关主管部门决定；或（b）代表处所的参与将根据经济研究，信息和联络服务。本交易所高级管理者参与限于发展的需要。金融机构高级管理者与位置受限于市场的测试
			B. 保险服务：直接保险（非人寿）	(1) 宣传和广告在马来西亚是不允许的。(2) 国外保险的直接销售：(a) 位于马来西亚的动产或不动产，包括在马来西亚注册的船只或飞机；和(b) 居民对第三方的赔偿责任只需要审批。如果这种保险公司不能提供，那么可以获准。(3) 只准通过直接保险公司在直接保险公司境外直接保险公司不得纳闽不得接受马来西亚的风险直接保险

(续表)

韩国—东盟(马来西亚)自由贸易协定

是否包括投资开放	投资开放产业是否采用负面清单	负面清单采用的行业分类代码分类	负面清单行业(产品)内容	保障条款内容
是	是	马来西亚的"负面清单"		
			直接保险(人寿)	(1)不作承诺。(2)只允许通过直接保险公司。直接保险公司提供的投连险业务和新寿险产品需要审批。境外直接保险公司在纳闽不得承保居民的人身保险。此限制并不适用于高净值的居民的普通寿险。
			再保险和转分保(非寿险)	(1)再保险分出业务仅在当地能力不可用的情况下允许。(2)除境外直接保险和离岸再保险业务分出以外,所有保险公司均有义务在再保险能力优化之前优化国家再保险能力。新牌照不作承诺。在马来西亚再保险公司有限公司。外资持股合计不得超过30%。离岸再保险公司进入仅限于纳闽。金融机构高级管理者数目位置受限;公司进入人最大期限为5年
			再保险和转分保(寿险)	(1)再保险分出业务只在当地能力不可用的情况允许。(2)国家保险能力需要在任何再保险分出业务之前得到优化;(a)在马来西亚不作承诺。在马来西亚人寿再保险集团及新牌照人寿再保险 Berhad 公司以外资持股不得超过30%。金融机构高级管理者数目,位置受限;公司进入外资持股不得超过30%。金融机构高级管理者数目,位置受限;公司进入人最长期限为5年

（续表）

韩国—东盟（马来西亚）自由贸易协定

是否包括投资开放	投资开放产业是否采用负面清单	负面清单采用的行业分类代码分类	负面清单行业（产品）内容	保障条款内容
是	是	马来西亚的"负面清单"		
			保险中介：保险经纪（中介除外）	（1）直接保险及再保险经纪服务只能提供给在纳闽的境外保险公司、再保险公司。不允许境外保险公司直接经营马来西亚风险保险业务。此限制并不适用于马来西亚的再保险风险保险经纪业务
			保险中介：保险及保险管理	（1）保险承保及保险管理是不作承诺。海上保险及保险管理不允许。（2）对陆上保险承保及保险管理被允许向在纳闽的境外保险公司以外的任何人提供服务。海上保险经理被允许向居民以外的其他人提供服务。离岸保险认购经纪人能给除了本地人外的其他人提供服务。离岸保险经纪人能给除了本地人外的其他人提供服务；金融机构高级管理者数目、位置受限
			保险辅助服务：顾问（保险业不包括保险代理服务）、精算风险评估、风险管理服务、海上损失理算	（1）精算服务只能提供给在纳闽的境外保险公司和离岸再保险公司。（2）不作限制。（3）限于建立分支或合伙人。离岸公司不得为马来西亚居民提供服务

(续表)

东盟（泰国）—韩国全面经济合作框架协定

是否包括投资开放	投资开放产业是否采用负面清单	负面清单采用的行业分类代码分类	负面清单行业（产品）内容	保障条款内容
是	是	**东盟（泰国）的"负面清单"**		
		计算机及相关服务	1. 与计算机硬件安装相关的咨询服务；2. 软件应用服务（编程、系统维护服务除外）；3. 数据加工及基础数据服务	1—3. 入境服务承包商应满足一定数量限制，同时符合国家信息通信技术相关资格要求
		通信服务	4. 地方、国内及国际通信服务（包括语音电话、电传、电报及传真服务）；5. 基础数据接入服务；6. 在线信息及数据加工服务；7. 视讯文本；8. 远程会议；9. 国内电缆租赁	4—10. 服务提供商应为注册地为泰国的外资公司，注册资本及持股中的外资比例不超过40%；服务提供商必须在国家通信部门许可下使用公共通信网络
		教育服务	10. 国际、国内学校教育（成人及其他教育除外）；11. 技术及职业教育；12. 高等教育；13. 短期专业培训	10—13.（有关外国自然人的规定）自然人应受到在泰国境内合法成立教育机构的邀请或雇佣；自然人应具备特定教育机构所要求的经验与资格，并满足教育部的其他要求

（续表）

韩国—东盟（马来西亚）自由贸易协定

是否包括投资开放	投资开放产业是否采用负面清单	负面清单采用的行业分类代码分类	负面清单行业（产品）内容	保障条款内容
是	是	马来西亚的"负面清单"		
		环境服务	14. 环境咨询（内容涉及污水处理系统，垃圾处理，有害废物管理，空气污染，噪声管理及其他环境管理服务）；15. 垃圾处理（包括有害废物管理及垃圾处理场）；16. 下水道设施管理服务（包括废气清洁，自然及陆地保护，噪声消除）	14—17. 入境服务承包商应满足国家自然资源环境部的相关资格要求
		金融服务	18. 保险，再保险及分保（包含寿险，非寿险，保险经纪和代理，保险咨询（个人咨询除外），平均与损失调整服务，附属金融服务）；19. 银行及其他金融服务（存贷款，金融租赁，交易担保，货币转账账户，资产支付，承诺咨询及其他金融数据管理，咨询中介提供及转移，金融信息提供及相关软件服务加工）	18. 注册资本中，外资参与比例小于25%；机构设立获部长内阁允许；国家保险委员会仅允许高级管理人员，专家及技术助理参与机构运营。19. 1995年7月前已在泰国设立的多2家分支结构；董事会3/4以上成员为泰国公民；国际银行支设立应获国家金融部允许；注册资本中外资参与比例小于25%

(续表)

日本—菲律宾经济伙伴关系协定

是否包括投资开放	投资开放产业是否采用负面清单	负面清单采用的行业分类代码的分类	负面清单行业	负面清单行业（产品）内容
是	是	菲律宾国内行业标准分类	**菲律宾的"负面清单"**	
			服务业	影响航空权利的（航空设备维修与维护、航空设备销售、计算机预约系统服务除外）；海洋运输服务；一方提供补贴或政府补助、贷款的；政府采购
			农业、林业、渔业	杂项作物农业
				林木种子采集和森林苗圃服务
				紫菜养殖
				种菜养殖业
			金融	银行业
				为小公司服务的金融机构
			供热	供热
			信息、通信及网络服务	区域电信，除有线广播电话
				有关电信服务
				长距离通信
				其他固定电信
				移动通信
				网络基础服务
			制造业	药物及药品制造——生物制品

（续表）

日本—菲律宾经济伙伴关系协定

是否包括投资开放	投资开放产业是否采用负面清单	负面清单采用的行业分类代码分类	负面清单行业	负面清单行业（产品）内容
是	是	菲律宾国内行业标准分类	菲律宾的"负面清单"	
				皮革及皮革制品制造业
				裘皮服装及服饰
				纺织服装及配饰
				明胶和黏合剂
				橡胶和塑料制品，其结果
				制造皮革的鞣制，皮革制品和毛皮
				体育及运动用品
			事项相关的船舶的国籍	
			采矿业	
			石油产业	
			农业，林业和渔业，以及相关的服务	林业
				渔业
				水产养殖
				农业合作社
				渔业和渔业加工合作社
			农业，林业和渔业合作协会制造业	

（续表）

日本—菲律宾经济伙伴关系协定

是否包括投资开放	投资开放产业是否采用负面清单	负面清单采用的行业分类	负面清单行业	负面清单行业（产品）内容
是	是	菲律宾国内行业标准分类	菲律宾的"负面清单"	
				种植业
			国防安全	
			空运	飞机服务
			运输业	货运代理业务
				铁路运输
				铁路运输设施服务
				公路客运
			水运	
			水供给、水作业	
是	是	日本国内行业标准分类	日本的"负面清单"	
			农业、林业、渔业	杂项作物农业
				林木种子采集和森林苗圃服务
				紫菜养殖
				种养殖业

(续表)

日本—菲律宾经济伙伴关系协定

是否包括投资开放	投资开放产业是否采用负面清单	负面清单采用的行业分类代码分类	负面清单行业		负面清单行业(产品)内容
是	是	日本国内行业标准分类	日本的"负面清单"		
			金融	银行业	为小公司服务的金融机构
			供热	供热	
			信息、通信及网络服务	区域电信,除有线广播电话	
				有关电信服务	
				长距离固定电信	
				其他固定电信	
				移动通信	
				网络基础服务	
			制造业	药物及药品制造——生物制品	
				皮革及皮革制品制造业	
				裘皮及服装及配饰,纺织服装及配饰	
				明胶和黏合剂	
				橡胶和塑料制品,其结果	
				制造皮革的鞣制、皮革制品和毛皮	
				体育及运动用品	

第二章 区域贸易协定"负面清单"信息统计 | 103

(续表)

日本—菲律宾经济伙伴关系协定

是否包括投资开放	投资开放产业是否采用负面清单	负面清单采用的行业分类代码分类	负面清单行业	负面清单行业（产品）内容
是	是	日本国内行业标准分类	**日本的"负面清单"**	
			事项相关的船舶的国籍	
			采矿业	
			石油产业	
			农业、林业和渔业，以及相关的服务	林业
				渔业
				水产养殖
				农业合作社
				渔业和渔业加工合作社
				农业、林业和渔业合作协会制造业
				种植业
			国防安全	
			空运	飞机服务
				航空运输
			运输业	货运代理业务
				铁路运输

（续表）

日本—菲律宾经济伙伴关系协定

是否包括投资开放	投资开放产业是否采用负面清单	负面清单采用的行业分类代码分类	日本—菲律宾经济伙伴关系协定	
			负面清单行业	负面清单行业（产品）内容
是	是	日本国内行业标准分类	**日本的"负面清单"**	
			铁路设施服务	
			公路客运	
			水运	
			水供给、水作业	

附：菲律宾对外签署的自由贸易协定投资现行有八个：东盟—澳大利亚—新西兰、日本—东盟、日本—菲律宾、菲律宾—中国、菲律宾—韩国、菲律宾—欧盟、菲律宾—印度、菲律宾—美国。菲律宾基于第五项外国投资负面清单（第139号行政命令，2002年10月2日），不允许持有外国股权的行业有：大众媒体（录制业除外）、经营某些行业（工程、机器和相关的行业）、零售贸易（付清资本少于2500万美元）、合作社、私人保安机构、小型矿用、海上资源利用、斗鸡场（cockpits）的所有权与经营、核武器、生物武器与化学武器以及鞭炮的制造与销售。在私人无线电通信网领域只允许持有20%的外国股权，在招聘机构和本地募资的公共工程建筑领域允许持有25%，在广告业允许持有30%，在自然资源勘探业允许持有40%，私人土地所有权（外国）持有40%。允许公共设施与教育机构允许持有40%、经营枪烟与其他武器零部件需要提供国防部的证明。在市场准入限制上，明确规定给菲律宾人的行业，外国股权限定为少数股份；土地购置及保留给菲律宾人。在国民待遇限制上，在国内信贷准人方面，比索借款应符合50:50的债务产权比率。此外，特定部门经营承诺不为：通信服务——获得"特许证书批准"的条件是；在银行业，菲律宾银行系统的70%资金或资产在任何时候都应由菲律宾持有多数所有权的国内银行所拥有；金融服务——制定烟草制度来确定公益与菲律宾持有所有权方面，经营权必须向陆上运输特许与管理局其他资格从事商业活动或其扩展；在海上运输业务——在公路运输方面，经营方面，公用事业60%的所有权归菲律宾所有；运输服务——在海上运输方面，公用事业60%的所有权归菲律宾所有申请获得

第二章　区域贸易协定"负面清单"信息统计　｜　105

（续表）

是否包括投资开放	投资开放产业是否采用负面清单	负面清单采用的行业分类代码分类	负面清单行业（产品）内容		保障条款内容
日本—东盟成员国全面经济伙伴关系协定					
是	否	无	无		无
日本政府—马来西亚政府间经贸关系协定					
是	否	日本国内行业标准分类	负面清单行业	负面清单行业（产品）内容	
			日本的"负面清单"		
			农业、林业、渔业	杂项作物农业	
				林木和种子采集和森林苗圃服务	
				紫菜养殖	
				种养殖业	
			金融	银行业	
				为小公司服务的金融机构	
			供热	供热	
			信息、通信及网络服务	区域电信	
				有关电信服务	
				长距离通信	
				其他固定电信	
				移动通信	

(续表)

日本政府—马来西亚政府间经贸关系协定

是否包括投资开放	投资开放产业是否采用负面清单	负面清单采用的行业分类代码分类	负面清单行业	负面清单行业（产品）内容
是	否	日本国内行业标准分类	日本的"负面清单"	
			制造业	网络基础服务
				药物及药品制造——生物制品
				皮革及皮革制品制造业
				装皮服装及服饰
				纺织服装及配饰
				明胶和黏合剂
				橡胶和塑料制品，其结果
				制造皮革鞣制，皮革制品和毛皮
				体育及运动用品
				事项相关的船舶的国籍
			农业、林业和渔业，以及相关的服务	采矿业
				石油产业
				林业
				渔业
				水产养殖
				农业合作社

(续表)

日本政府—马来西亚政府间经贸关系协定

是否包括投资开放	投资开放产业是否采用负面清单	负面清单采用的行业分类代码的分类	负面清单行业		负面清单行业（产品）内容
是	否	日本国内行业标准分类	日本的"负面清单"		
					渔业和渔业加工合作社
					农业、林业和渔业合作协会制造业
					种植业
			国防安全		
			空运	飞机服务	
			运输业	航空运输	
				货运代理业务	
				铁路运输	
				铁路设施服务	
				公路客运	
				水运	
			其他运输业	水供给、水作业	
				电报、邮政服务以及博彩和赌博服务，烟草制品的制造，日本制造钞票的，铸造和销售铸币而在日本	
			航空航天工业	制造电子设备	
				制造电测量仪表的	

（续表）

日本政府—马来西亚政府间经贸关系协定

是否包括投资开放	投资开放产业是否采用负面清单	负面清单采用的行业分类代码分类	负面清单行业	负面清单行业（产品）内容
是	否	日本国内行业标准分类	日本的"负面清单"	
				制造其他电气机械设备和用品
				制造信息和通信电子设备
				制造电子零件和电子设备
				飞机制造及零部件
			杂项制造工业车辆及零部件、配件	
			武器和爆炸物产业	
			能源	生产、设备、供给等
				电力公用事业行业+
				燃气公用事业行业+
				核能产业+
			渔业	
			土地交易	
			公共执法、惩教服务和社会服务	
			制造业	制糖业
				酒及酒精饮料
				烟草加工和卷烟
				本地标志制作的木制品

(续表)

是否包括投资开放	投资开放产业是否采用负面清单	负面清单采用的行业分类代码分类	负面清单行业	负面清单行业（产品）内容
日本政府—马来西亚政府间经贸关系协定				
是	否	日本国内行业标准分类	日本的"负面清单"	
				石油炼制
				普通硅酸盐水泥
				钢坯/花开；热轧棒材和线材
				光盘
				布料和蜡染服饰
				摩托车、乘用车和商用车的制造/装配
				军火、武器、弹药、爆炸物、烟火制品、推进剂粉、起爆或安全保险丝等+
				收集、贮存、处理和处置危险废物和有毒废物+
				木材采伐和加工
日本—印度自由贸易协定				
是	是	印度国内行业标准分类	印度的"负面清单"	
			农业	所有农业生产活动
			动物养殖业	养殖牛、山羊、马、驴、骡、奶牛养殖及混合农业
			林业	林业、伐木业和有关的服务

（续表）

日本—印度自由贸易协定

是否包括投资开放	投资开放产业是否采用负面清单	负面清单采用的行业分类代码的分类	负面清单行业	负面清单行业（产品）内容
是	是	印度国内行业标准分类	**印度的"负面清单"**	
			渔业	钓鱼、鱼孵化场运作和养鱼场；渔业相关服务
			奶制品	制造的奶粉、炼乳、奶油、奶酪、酥油
			罐头和水果、蔬菜保鲜	
			加工、灌装、保存鱼类、贝壳类及类似食品	
			烘焙产品	面包、饼干、蛋糕等生产
			氢化油、人造黄油、酥油和植物油等	
			酒、啤酒、葡萄酒生产	
			羊毛和羊毛产品	
			皮毛生产	
			水泥和石棉	制造水泥、石灰和石膏、云母制造的产品；制造石棉水泥等水泥制品
			空调、冰箱及消防器材	
			工业炸药、安全保险丝、雷管、烟花	

(续表)

日本—印度自由贸易协定

是否包括投资开放	投资开放产业是否采用负面清单	负面清单采用的行业分类代码分类	负面清单行业		负面清单行业（产品）内容
是	是	印度国内行业标准分类	**印度的"负面清单"**		
			有毒化学物质生产		
			烟草生产或其他含有烟草的制品或替代品		
			药物和制药		
是	是	日本国内行业标准分类（**日本的"负面清单"**）	制药业		药物及药品制造——生物制品
					皮革及皮革制品制造业
			空运		
			信息、通信及网络服务	区域电信，除有线广播电话	
				有关电信服务	
				长距离通信	
				其他固定电信	
				移动通信	
				网络基础服务	
			运输业	飞机服务	
				航空运输	
			飞机制造业		
			武器和爆炸物产业		生产、设备、供给等

（续表）

日本—印度自由贸易协定

是否包括投资开放	投资开放产业是否采用负面清单	负面清单采用的行业分类代码分类	负面清单行业	负面清单行业（产品）内容
是	是	日本国内行业标准分类（日本的"负面清单"）		电力公用事业行业 + 燃气公用事业行业 + 核能产业 +
			渔业	
			土地交易	
			公共执法、慈教服务和社会服务	

日本—智利自由贸易协定

是否包括投资开放	投资开放产业是否采用负面清单	负面清单采用的行业分类代码分类	负面清单行业	负面清单行业（产品）内容
是	是	智利国内产业标准分类	智利的"负面清单"	
			通信业	基本的国内或国际长途或短距离电信服务；补充电信服务；有限公司电信服务和中介服务
			能源	原油及天然气
				铀和钍矿石
				金属矿
				其他矿物质
			采矿	铀和钍矿石

(续表)

日本—智利自由贸易协定

是否包括投资开放	投资开放产业是否采用负面清单	负面清单采用的行业分类代码分类	负面清单行业	负面清单行业（产品）内容
是	是	智利国内产业标准分类	智利的"负面清单"	
			渔业	金属矿
				其他矿物质
				渔业养殖
				渔业及其他渔业产品
			体育,工业,渔,狩猎和娱乐服务	关税中介
			特殊服务	私人军火防备
			商业服务	调查服务
				研究服务
				自然科学研究
				印刷,出版及其他产业
			职业服务	职业,技术及其他专业化服务
				法律服务
				司法辅助服务
			空运服务	具有操作员的航空租赁服务
				其他配套航空运输服务
			水运服务及船运	船舶海上运输服务
				非海上船舶交通服务
			交通	各种陆上交通

(续表)

日本—智利自由贸易协定

是否包括投资开放	投资开放产业是否采用负面清单	负面清单采用的行业分类代码分类	负面清单行业		负面清单行业（产品）内容
是	是	日本国内行业标准分类	日本的"负面清单"		
			汽车维修业		汽车拆卸维修业务
			商业服务		私营部门就业
					劳动派遣服务
			建筑业		包括公共和私人建设工作
					由专门承建商建设工作
					设备安装工作
			供热		供热
			信息和通信		电信业
					电信和网络基础服务
			制造业		药物及药品制造
					皮毛及皮毛制造业
			事项相关的国籍船舶		
			测量服务		商检分类服务
					测量师服务
			医疗、健康服务及福利事业		各种社会保险、福利服务
			采矿业		采矿业
			石油产业		石油开采、提炼、仓储、批发等各环节
			与农、林、渔相关的初级产业		农业

(续表)

日本—智利自由贸易协定

是否包括投资开放	投资开放产业是否采用负面清单	负面清单采用的行业分类代码分类	负面清单行业	负面清单行业	负面清单行业（产品）内容
是	是	日本国内行业标准分类	日本的"负面清单"		
					林业
					渔业
					水产养殖
					农业合作社
					渔业和渔业加工合作社
					农、林、渔业合作社制造业
			专业服务		律师办公室
					专利律师办公室
					公证及司法裁量办公室
					注册会计师办公室
					审计办公室
					建筑设计服务
					注册房地产估价师
					行政人士的办公室
					其他专业服务
			职业安全与健康相关服务		注册社会保险及劳动咨询办公室
			调查服务		

116 | 区域自由贸易协定中"负面清单"的国际比较研究

(续表)

日本—智利自由贸易协定

是否包括投资开放	投资开放产业是否采用负面清单	负面清单采用的行业分类代码分类	负面清单行业	负面清单行业（产品）内容
是	是	日本国内行业标准分类	日本的"负面清单"	
			交通	空运
				飞机服务
				海关经纪服务
				货运代理服务
				海关经纪服务
				货运代理服务
				铁路运输
				公路客运
				运输有关的服务业
				水运
			职业技能测试	职业技能测试
			供水和水上作业	供水和水上作业
			批发和零售贸易	牲畜业

第二章 区域贸易协定"负面清单"信息统计

（续表）

日本—印度尼西亚自由贸易协定

是否包括投资开放	投资开放产业是否采用负面清单	负面清单采用的行业分类代码分类	负面清单行业	负面清单行业（产品）内容
是	是	日本国内行业标准分类	**日本的"负面清单"**	
			金融	银行业
			供热	供热
			信息、通信及网络服务	区域电信，除有线广播电话
				有关电信服务
				长距离固定通信
				其他固定电信
				移动通信
				网络基础服务
			制造业	药物及药品制造——生物制品
				皮革及皮革制品制造业
			采矿业	
			石油产业	
			农业、林业和渔业，以及相关的服务	林业
				渔业
				水产养殖
				农业合作社
				渔业和渔业加工合作社

（续表）

日本—印度尼西亚自由贸易协定

是否包括投资开放	投资开放产业是否采用负面清单	负面清单采用的行业分类代码分类	负面清单行业	负面清单行业（产品）内容
是	是	日本国内行业标准分类	日本的"负面清单"	
			空运	飞机服务
				航空运输
			运输业	货运代理业务
				铁路运输
				铁路设施服务
				公路客运
				水运
				水供给、水作业
			国防安全	

第二章　区域贸易协定"负面清单"信息统计 ┃ 119

（续表）

日本—墨西哥自由贸易协定

是否包括投资开放	投资开放产业是否采用负面清单	负面清单采用的行业分类	负面清单行业	负面清单行业（产品）内容
是	是	墨西哥国内行业标准分类	**墨西哥的"负面清单"**	
			农业、畜牧业、林业	农业
				畜牧业
				林业
			通信业	通信
			建筑业	石油管道建设
				石油及天然气的钻探
			教育服务	私立学校
			能源	石油产品及衍生品贸易
			渔业	渔业
			产品制造业	炸药、烟花爆竹、枪支和墨盒
			出版、编辑及相关产业	新闻出版服务
			专业、技术及专业化服务	医生服务
				技术服务
				专业化服务
			宗教服务	宗教组织服务
			零售服务	销售非食品类产业的专门机构
			农业服务	农业供给服务

（续表）

日本—墨西哥自由贸易协定

是否包括投资开放	投资开放产业是否采用负面清单	负面清单采用的行业分类代码分类	负面清单行业	负面清单行业（产品）内容
是	是	墨西哥国内行业标准分类	**墨西哥的"负面清单"**	
			交通	空运：飞机制造、组装、维修
				航空导航服务
				机场及直升机
				专业化空中服务
			地上交通	交通服务的建设材料
				搬家服务
				一般货运服务
				其他专业货运服务
				长途客运车运输服务
				学校和旅游客运服务
				城乡交通客运服务
				摩托车、出租车
				道路、桥梁和辅助服务管理服务
				海运及内河工程施工
				道路工程建设
				非能源管道
			水运	铁路交通服务
				各种水运服务

第二章　区域贸易协定"负面清单"信息统计　121

（续表）

日本—墨西哥自由贸易协定

是否包括投资开放	投资开放产业是否采用负面清单	负面清单采用的行业分类代码分类	负面清单行业	负面清单行业（产品）内容
是	是	日本国内行业标准分类	**日本的"负面清单"**	
			汽车维修企业	汽车拆卸维修业务
			商业服务	私营部门就业
				劳动派遣服务
			建筑业	包括公共和私人建设工作
				由专门承建商建设工作
				设备安装工作
			供热	供热
			信息和通信	电信业
				电信网络基础服务
			制造业	药物及药品制造
				皮毛及皮毛制造业
			事项相关的国籍船舶	
			测量服务	商检分类服务
				测量师服务
			医疗、健康服务及福利事业	各种社会保险、福利服务
			采矿业	采矿业
			石油产业	石油开采、提炼、仓储、批发等各环节

(续表)

日本—墨西哥自由贸易协定

是否包括投资开放	投资开放产业是否采用负面清单	负面清单采用的行业分类代码分类	负面清单行业	负面清单行业（产品）内容
是	是	日本国内行业标准分类	**日本的"负面清单"**	
			与农、林、渔相关的初级产业	农业
				林业
				渔业
				水产养殖
				农业合作社
				渔业和渔业加工合作社
				农、林、渔业合作协会制造业
			专业服务	律师办公室
				专利律师办公室
				公证及司法裁量办公室
				注册会计师办公室
				审计办公室
				建筑设计服务
				注册房地产估价师
				行政人士的办公室
				其他专业服务
				注册社会保险及劳动咨询办公室

第二章 区域贸易协定"负面清单"信息统计 | 123

（续表）

日本—墨西哥自由贸易协定

是否包括投资开放	投资开放产业是否采用负面清单	负面清单采用的行业分类代码分类	负面清单行业	负面清单行业（产品）内容
是	是	日本国内行业标准分类	**日本的"负面清单"**	
			房地产	销售中介
				土地分包及开发
				房产中介及经纪
				房地产管理者
			房地产评估业	注册房地产估价师
			海员	海洋渔业
				远洋运输
				沿岸运输
			国防服务	
			职业安全与健康相关服务	
			调查服务	
			交通	空运
				飞机服务
				海关经纪服务
				货运代理服务
				铁路运输
				公路客运

(续表)

日本—墨西哥自由贸易协定

是否包括投资开放	投资开放产业是否采用负面清单	负面清单采用的行业分类代码采用分类	负面清单行业	负面清单行业（产品）内容
是	是	日本国内行业标准分类	**日本的"负面清单"**	
			职业技能测试	
			供水和水上作业	
			批发和零售贸易	
				运输有关的服务业
				水运
				职业技能测试
				供水和水上作业
				畜牧

日本—秘鲁自由贸易协定

是否包括投资开放	投资开放产业是否采用负面清单	负面清单采用的行业分类代码采用分类	负面清单行业	负面清单行业（产品）内容
是	是	秘鲁国内行业标准分类	**秘鲁的"负面清单"**	
			土著社区、农民、土著和少数民族事务	
			渔业服务	
			文化产业	
			手工业	
			视听产业	
			珠宝设计	

（续表）

日本—秘鲁自由贸易协定

是否包括投资开放	投资开放产业是否采用负面清单	负面清单采用的行业分类	负面清单行业	负面清单行业（产品）内容
是	是	秘鲁国内行业标准分类	**秘鲁的"负面清单"**	
			戏剧艺术	
			视觉艺术	
			音乐	
			出版业	
			社会服务	
			公共饮用水供给	
			公共污水处理	
			电信服务	
			教育	
			交通	公路交通服务
				国际公路交通服务
			金融服务业	保险和保险相关服务
				社会服务
			建筑服务业	
			机械服务业	
			兽医服务	
			助产士、护士、物理治疗师和辅助医疗人员提供的服务	

(续表)

日本—秘鲁自由贸易协定

是否包括投资开放	投资开放产业是否采用负面清单	负面清单采用的行业分类代码分类	负面清单行业	负面清单行业（产品）内容
是	是	秘鲁国内行业标准分类	**秘鲁的"负面清单"**	
			计算机相关服务	
			房地产服务	
			本国船舶	
			广告服务	
			市场调查及公共观点测度服务、管理咨询服务、技术测试及分析服务	
			农业、林业服务相关	
			采矿业	
			机械设备维修	包括管道、飞机、其他交通设置
			出版业	
			电信服务	
			批发、连锁	
			娱乐服务	
			住宿业	
			自然科学的研究、发展服务	
			社会科学的研究、发展服务	

（续表）

日本—秘鲁自由贸易协定

是否包括投资开放	投资开放产业是否采用负面清单	负面清单采用的行业分类代码分类	负面清单行业	负面清单行业（产品）内容
是	是	日本国内行业标准分类	日本的"负面清单"	
			航天航空工业	航空工业相关的机器维修
				卫星及火箭维修
				军火及爆炸物工业维修
			商业服务	劳动派遣服务
			教育、学习支持	基础教育服务
			能源	核能源相关的机器维修
				能源分配服务
				专门放射性水处理
				天然气服务或以合同为基础的服务
			金融服务	银行和其他金融服务
			渔业	各种渔业服务及养殖
			信息及通信业	广播产业
			制造业	有关的服务 飞机工业、爆炸物工业、兵器工业和航天工业
			公共执法、惩教服务和社会服务	
			国防服务	

（续表）

日本—瑞士自由贸易协定

是否包括投资开放	投资开放产业是否采用负面清单	负面清单采用的行业分类代码的分类	负面清单行业		负面清单行业（产品）内容
			瑞士的"负面清单"		
是	是	瑞士国内行业标准分类	能源		石油勘探与开采（保障条款：瑞士保留采取在不影响本协议项下承诺总体水平的基础上任何新的不承诺措施的权利）
					核能源
					水力发电
					管道
			能源		石油勘探与开采
					核能源
					水力发电
					管道
			日本的"负面清单"		
是	是	日本国内行业标准分类	金融		银行业
					为小公司服务的金融机构
			供热		供热
			信息、通信及网络服务		区域电信，除有线广播电话
					有关电信服务
					长距离通信
					其他固定电信

(续表)

日本—瑞士自由贸易协定

是否包括投资开放	投资开放产业是否采用负面清单	负面清单采用的行业分类代码分类	负面清单行业	负面清单行业（产品）内容
是	是	日本国内行业标准分类	**日本的"负面清单"**	
			制造业	移动通信
				网络基础服务
				药物及药品制造——生物制品
				皮革及皮革制品制造业
				裘皮服装及服饰
				纺织服装及配饰
				明胶和黏合剂
				橡胶和塑料制品，其成品
				制造皮革的鞣制，皮革制品和毛皮
				体育及运动用品
				事项相关的船舶的国籍
			采矿业	
			石油产业	
			农业、林业和渔业，以及相关的服务	林业
				渔业
				水产养殖

(续表)

日本—瑞士自由贸易协定

是否包括投资开放	投资开放产业是否采用负面清单	负面清单采用的行业分类代码分类	负面清单行业		负面清单行业(产品)内容
是	是	日本国内行业标准分类	日本的"负面清单"		
					农业合作社
					渔业和渔业加工合作社
					农业、林业和渔业合作协会制造业
					种植业
			国防安全		
			空运		
			运输业		飞机服务
					航空运输
					货运代理业务
					铁路运输
					铁路设施服务
					公路客运
					水运
			其他		水供给、水作业
					电报、邮政服务，博彩和赌博服务，烟草制品的制造，日本制造钞票和销售铸币在日本
			航空航天工业		制造电子设备

(续表)

日本—瑞士自由贸易协定

是否包括投资开放	投资开放产业是否采用负面清单	负面清单采用的行业分类代码分类	负面清单行业	负面清单行业（产品）内容
是	是	日本国内行业标准分类	**日本的"负面清单"**	
				制造电测量仪表的
				制造其他电气机械设备和用品
				制造信息和通信电子设备
				制造电子零件和设备，飞机制造零部件及配件
				杂项制造工业车辆及零部件，配件
			武器和爆炸物产业	生产，设备，供给等
			能源	电力公用事业行业+
				燃气公用事业行业+
				核能产业+
			渔业	
			土地交易	
			公共法律实施及社会服务	
			私人土地租赁	
			建筑物所有权	
			船舶业	

（续表）

日本—泰国自由贸易协定

是否包括投资开放	投资开放产业是否采用负面清单	负面清单采用的行业分类代码分类	负面清单行业	负面清单行业（产品）内容
是	是	日本国内行业标准分类	**日本的"负面清单"**	
			农业、林业、渔业	杂项作物农业
				林木种子采集和森林苗圃服务
				紫菜养殖
				种养殖业
			供热	供热
			制造业	药物及药品制造——生物制品
				皮革及皮革制品制造业
				装皮服装及服饰
				纺织服装装及配饰
				明胶和黏合剂
				橡胶和塑料制鞋，其结果
				制造皮革的鞣制，皮革制品和毛皮
				体育及运动用品
				事项相关的船舶的国籍
			采矿业	
			石油产业	
			农业、林业和渔业，以及相关的服务	林业

(续表)

日本—泰国自由贸易协定

是否包括投资开放	投资开放产业是否采用负面清单	负面清单采用的行业分类代码分类	负面清单行业		负面清单行业（产品）内容
是	是	日本国内行业标准分类	日本的"负面清单"		
					渔业
					水产养殖
					农业合作社
					渔业和渔业加工合作社
					农业、林业和渔业合作协会制造业
					种植业
				空运	
			运输业		飞机服务
					航空客运
					货运代理业务
					铁路运输
					铁路客运服务
					公路客运
				水供给、水作业	水运
				航空航天工业	制造电子设备
					制造电电测量仪表
					制造其他电气机械设备和用品

（续表）

是否包括投资开放	投资开放产业是否采用负面清单	负面清单采用的行业分类代码分类	日本国内行业标准分类	负面清单行业	负面清单行业（产品）内容
日本—泰国自由贸易协定					
是	是	日本国内行业标准分类	日本的"负面清单"		
				制造信息和通信电子设备	
				制造电子零件和设备	
				飞机制造及零部件	
				杂项制造工业车辆及零部件、配件	
			武器和爆炸物产业	生产、设备、供给等	
			能源	电力公用事业+	
				燃气公用事业+	
				核能产业+	
			渔业		
日本—文莱自由贸易协定					
是	是	日本国内行业标准分类	日本的"负面清单"		负面清单行业（产品）内容
			农业、林业、渔业	杂项作物农业	
				林木种子采集和森林苗圃服务	
				紫菜养殖	

第二章 区域贸易协定"负面清单"信息统计

（续表）

日本—文莱自由贸易协定

是否包括投资开放	投资开放产业是否采用负面清单	负面清单采用的行业分类代码分类	负面清单行业	负面清单行业（产品）内容
是	是	日本国内行业标准分类	日本的"负面清单"	
				种养殖业
			金融	银行业
			供热	供热
			信息、通信及网络服务	区域电信，除有线广播电话
				有关电信服务
				长距离通信
				其他固定电信
				移动通信
				网络基础服务
			制造业	药物及药品制造——生物制品
				皮革及皮革制品制造业
				事项相关船舶的国籍
				采矿业
				石油产业
			农业、林业和渔业，以及相关的服务	林业
				渔业

(续表)

日本—文莱自由贸易协定

是否包括投资开放	投资开放产业是否采用负面清单	负面清单采用的行业分类代码分类	负面清单行业	负面清单行业（产品）内容
是	是	日本国内行业标准分类	日本的"负面清单"	
				水产养殖
				农业合作社
				渔业和渔业加工合作社
				农业、林业和渔业合作协会制造业
				种植业
			国防安全	
			空运	飞机服务
				航空运输
			运输业	货运代理业务
				铁路运输
				铁路设施服务
				公路客运
				水运
				水供给 水作业
			武器和爆炸物产业	生产、设备、供给等
			能源	石油产业

(续表)

日本—越南自由贸易协定

是否包括投资开放	投资开放产业是否采用负面清单	负面清单采用的行业分类代码分类	负面清单行业	负面清单行业（产品）内容
是	是	日本国内行业标准分类	**日本的"负面清单"**	
			海运代理服务	
			国际海洋运输	
			能源服务	电力
				天然气
				核能源
			渔业服务	渔业捕捞
				渔业生产
				渔业服务
			视听服务	生产、分销电视节目和电影作品的投影
				生产的电视节目和电影作品分布
				通过广播渠道传播视听产品
			海上运输	内陆航运
			海上交通服务	运输用货车
				货物仓储
				集装箱

(续表)

日本—新加坡自由贸易协定

是否包括投资开放	投资开放产业是否采用负面清单	负面清单采用的行业分类代码分类	负面清单行业	负面清单行业（产品）内容
是	是	日本国内行业标准分类	日本的"负面清单"	
			农业、林业、渔业	杂项作物农业
				林木种子采集和森林苗圃服务
				紫菜养殖
				种养殖业
			金融	银行业
			供热	供热
			信息、通信及网络服务	区域电信，除有线广播电话
				有关电信服务
				长距离通信
				其他固定电信
				移动通信
				网络基础服务
			制造业	药物及药品制造——生物制品
				皮革及皮革制品制造业
				事项相关的船舶的国籍
				采矿业
				石油勘探与开采

(续表)

日本—越南自由贸易协定

是否包括投资开放	投资开放产业是否采用负面清单	负面清单采用的行业分类代码分类	负面清单行业	负面清单行业（产品）内容
是	是	日本国内行业标准分类	日本的"负面清单"	
			农业,林业和渔业,以及相关的服务	林业
				渔业
				水产养殖
				农业合作社
				渔业和渔业加工合作社
				农业、林业和渔业合作协会制造业
				种植业
			国防安全	
			空运	飞机服务
			运输业	公路客运
				水运
				水供给、水作业
			土地交易	

（续表）

协定名称	是否包括投资开放	投资开放产业是否采用负面清单	行业分类	负面清单（产品）内容	保障条款内容
东盟自由贸易区	否		东盟各国行业标准分类		
东盟成员国—中国综合经济合作框架协议：货物贸易协定	否		东盟各国行业标准分类		
东盟成员国—中国综合经济合作框架协议：服务贸易协定	否		负面清单采用的分类代码的分类	负面清单采用的分类代码的分类	保障条款内容
东盟成员国—中国综合经济合作框架协议：投资协定	是	否	东盟各国行业标准分类		征收与补偿；投资转移与利润汇回；争端解决方式；透明度要求；投资促进与便利化
东盟成员国—韩国综合经济合作框架协议	是	否	东盟各国行业标准分类		业绩要求条款；高级管理人员和董事会人员；保留条款；投资转移；临时安全措施；征收与补偿；争端解决机制
东盟—欧盟自由贸易协定	是	否	东盟各国行业标准分类		

(续表)

是否包括投资开放	投资开放产业是否采用负面清单	负面清单采用的行业分类代码的分类	负面清单行业(产品)内容	保障条款内容
东盟—印度自由贸易协定				
否				无
东盟—澳大利亚—新西兰自由贸易区协定				
是	否	无	负面清单行业(产品)内容	业绩要求的禁止性条款;征收和补偿;投资的转移;透明度要求;与双边投资协定的关系处理;给予东盟新成员国特殊差别待遇
			东盟的负面清单(按东盟各国行业标准分类)	
		服务业	政府采购,一方提供的补贴或补助,在行使政府权限时提供的服务;影响航空权利的(以下除外:航空设备维修与维护,航空设备销售,计算机预约系统服务)	
		农、林、渔	部分活的动物	
			肉类	
			鱼及水产品	
			蔬菜,谷物	
			各类食品,糖,可可及制品	
			食品行业的废渣	
		采矿业	矿产品	
		化工行业	各类化学制品	
			橡胶制品	

(续表)

东盟—澳大利亚—新西兰自由贸易区协定

是否包括投资开放	投资开放产业是否采用负面清单	负面清单采用的行业分类代码分类	负面清单行业（产品）内容		保障条款内容
是	否	东盟的"负面清单"（按东盟各国行业标准分类）			
		制造业	纺织品		
			玻璃及其制品		
			钢铁及其制品		
			机械制品		
		澳大利亚的"负面清单"（按澳大利亚行业标准分类）			
			商业服务——国内法的法律咨询和代表服务		
			商业服务——国外法和国际法的法律咨询以及法律仲裁与调解/调停服务		从事国外法业务的自然人只能作为本地法律企业的顾问，不能采取合作，也不能雇用本地律师
		CPC 862	商业服务——会计、审计和簿记服务		作为审计员或清算员的自然人必须为居民。与公司审计服务相关的，公司里至少有一名权益合伙人为澳普通居民
		CPC 863	商业服务——税收服务		无限制
		CPC 8671	商业服务——建筑服务		同上
		CPC 8672	商业服务——工程服务		同上
		CPC 8673	商业服务——集成工程服务		同上

第二章 区域贸易协定"负面清单"信息统计 | 143

(续表)

东盟—澳大利亚—新西兰自由贸易区协定

是否包括投资开放	投资开放产业是否采用负面清单	负面清单采用的行业分类代码及分类	负面清单行业(产品)内容	保障条款内容
是	否	澳大利亚的"负面清单"(按澳大利亚行业标准分类)		
		CPC 8674	商业服务——城市规划和园林服务	同上
		CPC 93123	商业服务——牙医服务	同上
		CPC 932	商业服务——兽医服务	同上
		CPC 84	商业服务——计算机及相关服务	同上
		CPC 852	商业服务——社会科学和人类学的研发服务	对于西澳大利亚,心理学家应具有永久居住地
		CPC 821, 822	商业服务——不动产服务	无限制
		CPC 83103**, 83104, 83101, 83102, 83105, 83106-9	商业服务——与船舶相关的租赁服务(不包括国内运输,州际和离岸贸易),与飞机,其他运输设备及其他机器与设备相关的运输服务	同上
		CPC 87110, 87120**, 87190	商业服务——广告服务	同上
		CPC 864	商业服务——市场调研及公众意见收集服务	同上
		CPC 865, 86601, 86609	商业服务——管理咨询及其相关服务	同上

（续表）

东盟—澳大利亚—新西兰自由贸易区协定

是否包括投资开放	投资开放产业是否采用负面清单	负面清单采用的行业分类代码分类	负面清单行业（产品）内容	保障条款内容
是	否	澳大利亚的"负面清单"（按澳大利亚行业标准分类）		
		CPC 8811**，8812**，8814**，882**，883，5115，887**	商业服务——农业、狩猎业、林业、渔业、采矿业与现场准备合作业、能源销售相关的附带服务	
		CPC 873, 8675	商业服务——调研与保障、相关科学技术咨询服务	同上
		CPC 875	商业服务——摄影服务	同上
		CPC 87909**	商业服务——会议服务	同上
		CPC 87903, 87904	商业服务——其他电话应答服务、复印服务	同上
		CPC 87905	商业服务——翻译服务	同上
		CPC 87906	商业服务——邮件列表编码和邮件服务	同上
		CPC 87907	商业服务——室内设计	同上
		CPC 7521, 7522, 7523, 7529**	通信服务	外国对澳大利亚电信的总所有权不得超过35%，外国的最大个人所有权不超过5%；澳大利亚电信的主席和大部分股东为澳大利亚居民，澳大利亚电信在澳须有总部、经营基地和注册地

(续表)

东盟—澳大利亚—新西兰自由贸易区协定

是否包括投资开放	投资开放产业是否采用负面清单	负面清单采用的行业分类代码分类	负面清单行业(产品)内容	保障条款内容
是	否	澳大利亚的"负面清单"(按澳大利亚行业标准分类)		
		CPC 512, 513, 514, 516, 517	建筑及相关工程服务	同上
		CPC 62113-62118	销售服务——代销服务	同上
		CPC 6223-6228	销售服务——批发服务	同上
		CPC 631,63212,6322, 6323, 6324, 6325, 6329, 61112, 6113, 6121	销售服务——零售服务	无限制,但对邮购不作承诺
		CPC 8929	销售服务——加盟连锁	无限制
		CPC 9401,9402,9403, 9404	环境服务——污水处理、废物处理,周围空气及气候保护服务	同上
		CPC 9406**	环境服务——土壤及水资源的修复及清洁服务	同上
		CPC 9405	环境服务——减噪防震服务	同上
		CPC 9406**	环境服务——生物多样化与园林保护	同上
		CPC 9409	环境服务——其他环境与辅助服务	同上

（续表）

东盟—澳大利亚—新西兰自由贸易区协定

是否包括投资开放	投资开放产业是否采用负面清单	负面清单采用的行业分类代码的分类	负面清单行业（产品）内容		保障条款内容
是	否	澳大利亚的"负面清单"（按澳大利亚行业标准分类）	金融服务——银行及其他金融服务		
			金融服务——保险及其相关服务（包括保险）		大部分州和地区政府具有垄断，许可证以及保险费率的限制
			金融服务——银行及其他金融服务		地处海外的外国银行能够向澳大利亚企业提供服务，但不允许在澳大利亚募集资金或者与澳进行业务联系。除非它是一个授权银行，地处海外的外国银行可以通过发行债券的形式募集资金。然而，这些债券不允许低于50万澳元，并且债券及信息说明该地表明地发行在《澳大利亚银行法案》下是未被授权的。外国银行可以通过本地注册的分支结构和/或被授权分支机构在澳大利亚开展业务。但是，该分支机构不得接受零售存款，即使外国银行的分支机构能接受非注册实体的非居民以及它们在银行的任何数量的存款。一笔存款（和其他资金）只取得澳大利亚市场许可的数额超过25万澳元的视作小额银行业务。为了取得澳大利亚市场许可证，申请人必须是一个法人团体。注册的澳大利亚金融服务许可证，持有澳大利亚共同基金的负责实体，允许是一个上市公司，持有澳大利亚共同基金开展金融服务许可证，允许开展共同基业务

（续表）

东盟—澳大利亚—新西兰自由贸易区协定

是否包括投资开放	投资开放产业是否采用负面清单	负面清单采用的行业分类	负面清单行业（产品）内容	保障条款内容
	否	澳大利亚的"负面清单"（按澳大利亚行业标准分类）		
是		CPC 7471,7472	旅游代理和旅游经营者服务，导游服务	无限制
		CPC 962,9641,96491	旅游、文化及体育服务（包括娱乐公园和沙滩服务）	同上
		CPC 7211,7212	运输服务——国际运输（货运与客运）（内河和离岸运输）	同上
			运输服务——海运辅助服务	同上
			运输服务——海上运费到付服务	同上
			运输服务——装货前检验服务	同上
			运输服务——海运代理服务	同上
		CPC 7523**	运输服务——航空运输电脑订票系统	同上
		CPC 7112,7113,743	运输服务——铁路运输服务	同上
		CPC 7124	运输服务——公路货物运输，公路运输工具的租赁	同上
		CPC 7131,7139	运输服务——管道运输，燃油及其他商品运输	同上
		CPC 748,749	运输辅助服务（不包括海运）	同上

(续表)

东盟—澳大利亚—新西兰自由贸易区协定

是否包括投资开放	投资开放产业是否采用负面清单	负面清单采用的行业分类代码分类	负面清单行业(产品)内容		保障条款内容
		新西兰的"负面清单"(按新西兰国内行业标准分类)			
是	否	CPC 8812	畜牧管理相关服务		根据1961年乳业委员会法案规定的畜牧检疫检验规定,由意外保障赔偿法案规定,畜牧检疫服务需获得新西兰乳业委员会颁发的许可证,许可证数量是被限制的
		CPC 8129	非人寿保险		根据1962年意外保障赔偿法案规定,保险公司通过对交通工具所有者、雇主、雇员以及自我雇佣者采取税收形式来强制实施工伤、意外赔偿保险。地震管理委员会是地震导致的房产损失修复金额在每处房产10万新西兰币以下,每人20万新西兰币以下的唯一承保人。金额可由相关法律法规修订。CPC 01, 02, 211, 213-216, 22, 2399和261下相关产品的营销与销售不受此条款限制。其他:商业呈现模式应遵照1993年金融报告制度和1993年公司法案。海外公司必须提交年度资产负债表、损益表和现金流量表(如有需要,并经会计标准研究委员会同意)。法案要求提供财务报告和跨国公司与新西兰相关业务。法案要求被以下主体持有或控制的分支公司处提交年度审计报告:(1)公募公司;(2) 25%以上的股份被以下主体持有或控制的次分支机构:(a)新西兰以外的公司;(b)新西兰以外的公司以及分支机构;(c)非新西兰常住居民

第二章 区域贸易协定"负面清单"信息统计 | 149

（续表）

东盟—澳大利亚—新西兰自由贸易区协定

是否包括投资开放	投资开放产业是否采用负面清单	负面清单采用的行业分类代码分类	负面清单行业（产品）内容	保障条款内容
		新西兰的"负面清单"（按新西兰国内行业标准分类）		
是	否	CPC 8140	保险中介服务，如保险经纪或保险代理	根据1962意外保障赔偿法案规定，由意外保障赔偿保险公司通过对交通工具所有者、雇主、雇员以及自我雇佣者采取税收形式来强制实施员工意外赔偿保险。根据1987年小麦相关法案规定，联合小麦生产者（NZ LTD）有权根据法案相关税收法案征税相关利益用于购买火灾保险的营销与销售不受此条款限制。CPC 01,02,211,213-216,22,2399和261下相关产品的营销与销售不受此条款限制。其他：商业呈现模式遵照1993年金融报告制度和1993年公司法案。海外公司必须提交年度资产负债表、损益表和现金流量表（如果需要，并经会计标准研究委员会同意）。法案同时要求提供财务报告和跨国公司与新西兰相关业务。法案要求如下公司：（1）公募公司处提交年度财务审计报告以下公司（a）26%以上的股份被以下主体持有或控制的公司（b）新西兰以外公司的分支机构以及分支机构的分支机构；（c）非新西兰常住居民以外的公司

150 区域自由贸易协定中"负面清单"的国际比较研究

(续表)

是否包括投资开放	投资开放产业是否采用负面清单	负面清单采用的行业分类	负面清单行业(产品)内容	保障条款内容
东盟—澳大利亚—新西兰自由贸易区协定				
是	否	新西兰的"负面清单" CPC 7211 和 CPC 7212,除附件三界定的沿海贸易	国际运输(货运与客运)(按新西兰国内行业标准分类)	对经营悬挂新西兰国旗的船队的注册公司没有限制,营销与销售部门,营销与销售其他:通用条款适用于所有海运服务 CPC 01、02、211、213-216、22、2399 和 261 下商品的海运服务不受限制
美国—菲律宾关于贸易与投资原则框架的共识				
是	否	菲律宾国内行业分类		
美国—东盟贸易与投资框架协议				
是	否	东盟各国行业标准分类		
北美自由贸易协定				
是	是	加拿大的"负面清单" 林业	原木	保障条款、例外条款内容 301 条款和 309 条款不适用于对加拿大各省原木的出口实行管制

（续表）

北美自由贸易协定

是否包括投资开放	投资开放产业是否采用负面清单	负面清单采用的行业分类代码分类	负面清单行业（产品）内容	保障条款、例外条款内容
		加拿大的"负面清单"		
		渔业	未加工的鱼	301条款和309条款不适用于加拿大在现行法规下（类似1992年8月12日修订的那些法规）对未加工鱼的出口控制
		酒	白酒	依据1985年《出口法》《禁止白酒进口加拿大白酒不适用于交货到任一国家，301条款和309条款不适用于加拿大白酒出口交货到任一国家
		服务业	沿海贸易运输	沿海贸易中禁止使用外国的或未完税的船舶
		需要进行特别保障的农产品：		
		0603.10.90 制花束或装饰用的捕花及花蕾等	鲜切花及花蕾，不是兰花，适合制花束或装饰	活树及其他活植物等
		0702.00.91 鲜或冷藏的番茄	未处理的，新鲜或冷冻的西红柿（完税期）	食用蔬菜，根及块茎
		0703.10.31 鲜或冷藏的洋葱、青葱、大蒜、韭葱及其他葱属蔬菜	绿色，新鲜或冷冻的洋葱或大葱（完税期）	同上
		0707.00.91 鲜或冷藏的黄瓜及小黄瓜	新鲜或冰鲜的不进行处理的黄瓜或小黄瓜（完税期）	同上

（续表）

北美自由贸易协定

是否包括投资开放	投资开放产业是否采用负面清单	负面清单采用的行业分类代码分类	负面清单行业（产品）内容	保障条款、例外条款内容
		加拿大的"负面清单"		
		0710.80.20 冷冻蔬菜	西兰花和花椰菜，未煮过的或经蒸或水煮，冷冻	食用蔬菜、根及块茎
		0811.10.10 冷冻水果及坚果	草莓，未煮过的或经水煮、冷冻，熟食，不论是否加糖或其他甜物质，进行处理	食用水果及坚果；柑桔属水果或甜瓜的果皮
		0811.10.90 冷冻水果及坚果	草莓，未煮过的或经蒸或水煮、冷冻，熟食，不论是否加糖或其他甜物质，未处理	食用水果及坚果；柑桔属水果或甜瓜的果皮
		2002.90.00 番茄	用醋或醋酸制作或保藏的番茄，除了整条或块切块	蔬菜、水果、坚果或植物其他部分的制品
		下面的服务合约被排除在外，不过"所有服务，参考国防部，加拿大皇家骑警和加拿大海岸警卫队购买的商品，并非由附件1001.1b-1确定的覆盖范围……"		
		A.	所有类	A. 研究和发展
		B002	动物和渔业的研究	B. 特殊研究和分析——非研发类
		B003	牧业范围的研究	
		B400	航空航天研究	
		B503	医疗卫生研究	
		B507	法律研究（除外资法的咨询服务）	

(续表)

北美自由贸易协定

是否包括投资开放	投资开放产业是否采用负面清单	负面清单采用的行业分类代码分类	负面清单行业(产品)内容	保障条款、例外条款内容
		加拿大的"负面清单"		
		C112	机场,通信和导弹设施	C. 建筑与工程服务
		C216	海事建筑和工程服务	
		C112	机场,通信和导弹设施	D. 信息处理及相关电信服务
		C216	海事建筑和工程服务	
		D304	ADP电信和传输服务	除了被归类到1310条的"增强或增值服务"被明确排除在保留载列于附件二"加拿大附表5 II-C-3 或 II-C-附表"外。这一规定的目的是:"ADP 通信传输服务"的采购不包括所有权或为语音或数据业务传输进行装修的经营设施
		D305	ADP远程信息处理和分时服务	
		D309	信息和数据广播分发服务	
		D316	电信网络管理服务	
		D317	自动化新闻服务,数据服务及其他信息服务。购买数据、电子图书、期刊、报纸等	
		D399	其他ADP和电信服务	
		F004	土地处理实务服务(翻地/清理等)	F. 自然资源保护服务

（续表）

北美自由贸易协定

是否包括投资开放	投资开放产业是否采用负面清单	负面清单采用的行业分类代码的分类	负面清单行业（产品）内容	保障条款，例外条款内容
		加拿大的"负面清单"		
		F005	大面积播种服务（地面设备）	
		F006	公司农作物服务，种子采集/生产服务	
		F007	苗木生产/移栽服务	
		F011	农药杀虫和支援服务	
		F010	其他范围/森林完善服务	
		F021	兽医/动物护理服务（包括畜牧业服务）	
		F029	其他动物护理/控制服务	
		F030	渔业资源管理服务	
		F031	鱼苗场服务	
		F050	娱乐设施维修服务（非制造业）	
		F059	其他天然资源和保护服务	
		G.	全部类型	
		FSC 36	FSC36（特种行业机械），FSC70（自动数据处理设备、软件、耗材和设备支持）和 FSC74（办公室机器，文字处理系统和可视记录设备）是为运输、通信、渔业和海洋部门提供的服务	
		FSC 70		
		FSC 74		
				G. 卫生社会服务
				H. 质量控制，检验检测和技术代表服务

（续表）

北美自由贸易协定

是否包括投资开放	投资开放产业是否采用负面清单	负面清单采用的行业分类代码分类	负面清单行业（产品）内容	保障条款、例外条款内容
		加拿大的"负面清单"		
		FSC 58	通信、检测和相干辐射设备	
			参照交通运输设备服务	
		FSC 36	FSC36（特种行业机械），FSC70（自动数据处理设备、软件、耗材和设备支持）和FSC74（办公室机器、文字处理系统和可视记录设备）是为运输、通信、渔业和海洋部门提供的服务	J. 保养、维修、改装、改造和设备安装
		FSC 70		
		FSC 74		
		FSC 58	通信、检测和相干辐射设备	
			参照交通运输设备服务	
		J019	关于船舶的保养、维修、改装、改造和设备安装	
		J998	无核船舶维修	
		K0	个人护理服务	K. 保管业务及相关服务
		K105	保安服务	
		K109	监视服务	
		K115	过剩和剩余财产的准备和处置	
		L.	全部类型	L. 金融及相关服务

(续表)

是否包括投资开放	投资开放产业是否采用负面清单	北美自由贸易协定		
		负面清单采用的行业分类代码分类	负面清单行业（产品）内容	保障条款、例外条款内容
		加拿大的"负面清单"		
		M.	所有设施由以下部门经营：国防部；交通运输部；能源、矿产资源部。M180 和 M140 由所有部门经营	M. 政府所有的设施操作
		R003	法律服务（除外国法的咨询服务）	R. 专业、行政及管理支持服务
		R004	产品和机构的认证及认可，不是教育机构	
		R007	系统工程服务1	
		R012	专利和商标服务	
		R101	专家证人	
		R102	天气报告/观测服务	
		R104	录音服务	
		R106	邮局服务	
		R109	翻译和口译服务（包括手语）	
		R113	数据收集服务	
		R114	物流支持服务2	
		R116	法庭报告服务	
		R117	碎纸服务	

(续表)

北美自由贸易协定

是否包括投资开放	投资开放产业是否采用负面清单	负面清单采用的行业分类代码分类	负面清单行业（产品）内容	保障条款、例外条款内容
		加拿大的"负面清单"		
		R201	文职人员招聘（职业介绍所的公司服务）	
		S.	所有类型	S. 公用事业
		T.	所有类型	T. 通信，摄影，绘图，印刷和出版服务
		U010	认证及认可的教育机构	U. 教育与培训服务
			所有类型（除了V503旅行社服务（不包括导游））	V. 交通运输，旅游和搬运服务
		FSC 36 FSC 70 FSC 74	FSC36（特种行业机械），FSC70（自动数据处理设备、软件、耗材和设备支持）和FSC74（办公室机器，文字处理系统和可视记录设备）是为运输，通信，渔业，海洋部门提供服务	W. 租赁或租赁设备
		FSC 58	通信，检测，相干辐射设备	
			参照交通运输设备服务	

158 ｜ 区域自由贸易协定中"负面清单"的国际比较研究

（续表）

是否包括投资开放	投资开放产业是否采用负面清单	负面清单采用的行业分类代码分类	负面清单行业（产品）内容	保障条款、例外条款内容
		\multicolumn{3}{c}{北美自由贸易协定}	
		加拿大的"负面清单"最惠国待遇的例外：		
		(a)	航空	
		(b)	渔业	
		(c)	航运方面，包括打捞等	
		(d)	电信传输网络和电信传输服务	这个例外不适用于第十三章所覆盖的措施（电信）
		未来措施的保留		
		土著事务	跨境服务与投资	加拿大保留采取或维持任何权利，对另一缔约方投资或居住加拿大海滨土地有所有权要求
		所有部门	投资	
		CPC 752,7543,7549	电信服务、连接服务、其他电信服务，未分类（仅限于电信传输网络和服务）的投资	加拿大保留加拿大电信传输网络和电信传输服务、无线电通信和海底电缆投资上，采取或维持任何措施的权利，包括所有权的限制以及有关企业人员和董事注册成立及采取所有权任何措施的权利。该保留并不适用于增强或增值服务的基础电信传输设施的供应者（由公共电信传输网络租用的提供商）
		CPC 752,7543,7549	电信服务（不包括增强或增值服务）、连接服务、其他电信服务，未分类（限于电信传输网络和服务）的跨境服务	加拿大保留对无线电通信、海底电缆及电信传输网络和电信传输服务提供采取或维持任何措施的权利。这些措施可以适用于这些事项的市场准入、频谱分配、关税、载波协议、条款和服务条件、电信网络和服务之间的互连、阻碍电信电缆提供路径准入、无线电通信或增值服务和电信传输网络提供跨境提供措施。此保留不适用于增强或增值服务的跨境提供措施

第二章　区域贸易协定"负面清单"信息统计　159

(续表)

北美自由贸易协定

是否包括投资开放	投资开放产业是否采用负面清单	负面清单采用的行业分类代码分类	负面清单行业（产品）内容	保障条款、例外条款内容
		加拿大的"负面清单"		
		SIC 8152	财经管理的投资	加拿大保留对加拿大政府、省政府或地方政府发行的公债、国库券或其他类型债券，由另一缔约方国民收购、出售或作出其他处置，采取或维持任何措施的权利
		少数民族事务	跨境服务与投资	加拿大保留按照其权利和惩教服务保留采取或维持对社会经济弱势族群采取或维持任何措施的权利
		社会服务	跨境服务与投资	加拿大对提供公共执法和惩教服务保留采取或维持任何措施的权利，以下服务是为公共目的或维持社会保障、社会保险、社会福利、公共培训、健康和儿童保护而建立或维持的：收入保障或保险，社会保障或保险，社会福利，公共教育，公共培训，健康和儿童护理
		SIC 4513	非定期航空运输、专业、行业的投资	加拿大保留对下列收购的权利：向加拿大国民提供专业航空服务，限制设立公司，其主要营业地点在加拿大，并在加拿大拥有至少2/3加拿大国民执行官事投票通过，以及拥有大首席董事投票取至少2/3加拿大国民需要不少于会议所要求的75%的投票权

(续表)

北美自由贸易协定

是否包括投资开放	投资开放产业是否采用负面清单	负面清单采用的行业分类代码的分类	负面清单行业(产品)内容	保障条款/例外条款内容
		加拿大的"负面清单"		
		SIC 4129，4541，4542，4543，4549，4552，4553，4554，4559	其他重型建筑(仅限于疏浚)，货运和客运水运业，客运业，货运业，其他水上运输业，船用牵引行业，其他水上运输实业(限于停泊，加油和在港口的其他船只的操作)，海洋打捞行业，驾驶服务和水上运输港口劳务业附带水运(不包括陆上活动方面)的跨境服务与投资	加拿大保留采取或维持有关投资或提供海上沿海运输服务的任何措施的权利，包括：(a) 在加拿大的领土，并在其专属经济区之间的船只货物或旅客的运输，并在其专属经济区之间的船只货物或旅客的运输；(b) 就运输大陆架上水域，货物或旅客非生物资源；和 (c) 本船在加拿大境内和其专属经济区从事商业性质的其他海事活动，在海域的大陆架上，进行商业性质的其他海事活动，在大陆架上勘探、开采或运输矿产物，或运输矿产物发放有限的外籍船只放有限的外籍船只发放临时许可证，对外国船只发放有限的外籍船只放有限的外籍船只的自然资源。这项保留涉及(除其他事项外)地方行任何要求与参与这些活动需发放临时许可证，运输许可证，对外国船只发放有限的外籍船只发放有限的外籍船只的许可证行使的许可证
		墨西哥的"负面清单"		
		服务业	船只服务和运营	保留对墨西哥船只所有服务和运营的例外，并目赋予墨西哥交通运输部拒绝外国船只有权行使授权服务和运营墨西哥的权利，如果其他们的原籍国不授予相等权利给墨西哥货船的话

（续表）

北美自由贸易协定

是否包括投资开放	投资开放产业是否采用负面清单	负面清单采用的行业分类代码分类	负面清单行业（产品）内容	保障条款、例外条款内容
		墨西哥的"负面清单"		
		下列服务各合约除外：		
		1.	全部运输服务，包括：	
		71	陆运	
		72	水运	
		73	空运	
		74	支持及辅助运输	
		75	邮政和电信	
		8868	其他运输设备的维修服务，以该合同为基础	
		2.	公用事业服务（包括电信、传输、水或能源服务）	
		3.	授予联邦政府资助的研发中心或与进行政府管理和营运合约资助的研究项目	
		4.	金融服务	
		5.	研发服务	

(续表)

北美自由贸易协定

是否包括投资开放	投资开放产业是否采用负面清单	负面清单采用的行业分类代码分类	负面清单行业（产品）内容	保障条款、例外条款内容
开放	采用	**墨西哥的"负面清单"**		
		最惠国待遇的例外：		
		（a）	航空	
		（b）	渔业	
		（c）	航运方面，包括打捞；或者	
		（d）	电信传输网络和电信传输服务或对生产、销售无线电或电视节目的许可	这个例外不适用于第十三章所覆盖的措施（电信）
		虽然有309条款，自由贸易协定生效之日起第10个年头，墨西哥可以对1992年8月12日的《一般进口关税法案》提供的项目二手货的进口采取或维持禁令或限制。这些项目载列如下：		
		8407.34.99 制造业	超过1000立方厘米的汽油发动机（摩托车发动机除外）	交通运输设备
		8413.11.01 制造业	包括累加机制、分销装的计量装置	测量等
		8413.40.01 制造业	36至60立方米/时容量，拖拉式排放软管无液压电梯	工业和商业机械等，下同
		8426.12.01	轮胎制跨运车无液压起重门	
		8426.19.01	其他（桥式滑动机、桥式起重机和跨运车）	

(续表)

北美自由贸易协定

是否包括投资开放	投资开放产业是否采用负面清单	负面清单采用的行业分类代码分类	负面清单行业（产品）内容	保障条款，例外条款内容
		墨西哥的"负面清单"		
		8426.30.01	门座起重机	
		8426.41.01	具有结构性铁吊臂（格子）与机械加工，自走式，单位重量可达55吨的起重机	
		8426.41.02	液压驱动刚性臂，自行式，9.9吨以上，不超过30吨最大容量的起重机	
		8426.41.99	其他（机械及设备，自行式，轮胎上）	
		8426.49.01	结构铁吊臂（栅栏），机械加工，单位重量可达55吨的起重机	
		8426.49.02	液压驱动刚性臂，自行式，负载力9.9吨以上，不超过30吨的起重机	
		8426.91.01	起重机，不是项目8426.91.02、8426.91.03和8426.91.04提供的	
		8426.91.02	起重机，液压工作，铰接式或刚性围油栏，1米半径容量9.9吨	
		8426.91.03	孤立的升降起重机，斗车，承载能力等于或小于1吨，升高可达15米	
		8426.91.99	其他（机械及设备：道路车辆设计"安装的	
		8426.99.01	起重机，不是项目8426.91.02提供的	

(续表)

是否包括投资开放	投资开放产业是否采用负面清单	负面清单采用的行业分类代码分类	负面清单行业(产品)内容	保障条款、例外条款内容
		北美自由贸易协定		
		墨西哥的"负面清单"		
		8426.99.02	旋转式起重机	
		8426.99.99	其他(起重机和空中电缆;上空移动起重机、搬运或装卸装置、桥式起重机、跨运车及跨座式起重机)	
		8427.10.01	负载能力可达3500公斤,从叉电池或装载机面620毫米测量,不带电池或装载机	
		8427.20.01	拥有发响或内燃机,承载能力可达7000公斤,货叉从前表面按620毫米测量	
		8428.40.99	其他(自动扶梯和自动人行道)	
		8428.90.99	其他(机械和设备起重、装卸或处理)	
		8429.11.01	履带式车辆	
		8429.19.01	其他(推土机和侧铲)	
		8429.20.01	平地机	
		8429.30.01	铲运机	
		8429.40.01	捣固机	
		8429.51.02	前端装载机,带有液压工作、轮型,容量等于或小于335 HP	
		8429.51.03	机械铲,不是项目8429.51.01提供的	

(续表)

北美自由贸易协定

是否包括投资开放	投资开放产业是否采用负面清单	负面清单采用的行业分类代码的分类	负面清单行业(产品)内容	保障条款,例外条款内容
		墨西哥的"负面清单"		
		8429.51.99	其他(机械铲,挖掘机,装载机和前端铲装载机)	
		8429.52.02	索斗铲或挖掘机,不是项目 8429.52.01 提供的	
		8429.52.99	其他(机械带有360度旋转上盖)	
		8429.59.01	挖沟机	
		8429.59.02	吊斗铲,拖动的负载能力可达4000公斤	
		8429.59.03	索斗铲或挖掘机,不是项目 8429.59.04 提供的	
		8429.59.99	其他(自行式推土机、平土机、铲运机、机械、挖掘机、装载机、铲装载机、捣固机械及压路机)	
		8430.31.01	旋转或敲击打孔器	
		8430.31.99	其他(自走式切刀,打开隧道或坑道的拉或打的机器)	
		8430.39.01	防护盾牌	杂项制造行业
		8430.39.99	其他(非自行式,打开隧道和坑道拉或打的机器)	工业和商业机械及计算机设备,下同

（续表）

北美自由贸易协定

是否包括投资开放	投资开放产业是否采用负面清单	负面清单采用的行业分类代码分类	负面清单行业（产品）内容	保障条款、例外条款内容
		墨西哥的"负面清单"		
		8430.41.01	钻探或凿井机械，不是项目8430.41.02提供的	
		8430.41.99	其他（自行式探测或掘进机）	
		8430.49.99	其他（非自行式探测或钻探机械）	
		8430.50.01	挖掘机，正面的载体与液压机构，容量等于或小于335马力	
		8430.50.02	铲运机	
		8430.50.99	其他（自走式机械及设备）	
		8430.61.01	平地机（按钮）	
		8430.61.02	捣固或实压滚轮	
		8430.61.99	其他（机械及设备，不是自走式）	
		8430.62.01	松土机（划开机）	
		8430.69.01	无自走功能的铲运机	
		8430.69.02	挖沟机，不是项目8430.69.03规定的其他	
		8430.69.99	其他（挖沟，项目8430.69.01,8430.69.02和8430.69.03除外）	
		8452.10.01	家用型缝纫机	

第二章 区域贸易协定"负面清单"信息统计 | 167

（续表）

北美自由贸易协定

是否包括投资开放	投资开放产业是否采用负面清单	负面清单采用的行业分类代码分类	负面清单行业（产品）内容	保障条款、例外条款内容
		墨西哥的"负面清单"		
		8452.21.04	工业机器，不是项目 8452.21.02,8452.21.03 和 8452.21.05 规定的其他	
		8452.21.99	其他（自动缝纫机）	
		8452.29.05	机器或作工业用途的头部件，带有直缝、直针以及一个旋转和摆动螺纹连接装置，双背拼接，平板拼接和仅传送	
		8452.29.06	工业机器，不是项目 8452.29.01,8452.29.03 和 8452.29.05 规定的其他	
		8452.29.99	其他（非自动缝纫机）	
		8452.90.99	类比或混合自动数据处理器	杂项制造行业
		8471.10.01	数值或混合数字自动数据处理设备，包含在同一外壳中的至少一个中央处理单元以及一个输入和输出部	工业和商业机械及计算机设备，下同
		8471.20.01	数值或数字处理单元，即使体以下类型的其余部分，包括在同一完体系统的一个或两个单元：存储单元，输入单元，输出单元	
		8471.91.01		

(续表)

是否包括投资开放拆投资开放	投资开放产业是否采用负面清单	负面清单采用的行业分类代码的分类	北美自由贸易协定	
			负面清单行业(产品)内容	保障条款、例外条款内容
		墨西哥的"负面清单"		
		8471.92.99	其他(输入或输出单元具有该系统的其余部分,不管在同一完体内是否含有存储单元)	
		8471.93.01	存储单元,包括该系统的其余	
		8471.99.01	其他(自动数据处理设备及其部件)	
		8474.20.01	两缸或多缸粉碎研磨机	
		8474.20.02	粉碎颚骨和研磨磨石机	
		8474.20.03	刀片粉碎机	
		8474.20.04	球或棒的粉碎机	
		8474.20.05	抽屉式圆锥破碎,直径不超过1200毫米	
		8474.20.06	磨锤敲击机	
		8474.20.99	其他(破裂,压碎,研磨或粉碎泥土、石块等固体矿物材料的机器和设备)	
		8474.39.99	其他(搅拌机)	
		8474.80.99	其他(进行分类、筛选、分离、断裂、粉碎、研磨、混合、或搅挥泥土、石块和其他矿物材料的机器和设备)	
		8475.10.01	灯具组装机	

(续表)

北美自由贸易协定

是否包括投资开放	投资开放产业是否采用负面清单	负面清单采用的行业分类代码分类	负面清单行业（产品）内容	保障条款、例外条款内容
		墨西哥的"负面清单"		
		8477.10.01	5公斤容量，可一体成型的热塑性材料注塑机	
		8701.30.01	发动机功率带有105马力以上、380马力以下，按1900转衡量的飞轮，包括推动刀片在内的卡特彼勒拖拉机	
		8701.90.02	有轮胎，带有机械机制，用于路面的铁路拖曳机	交通运输设备，下同
		8711.10.01	摩托车，装有辅助发动机与往复式活塞发动机，不超过50立方厘米	
		8711.20.01	摩托车，装有辅助发动机与往复式活塞发动机，50立方厘米以上，不超过250立方厘米	
		8711.30.01	摩托车，装有辅助发动机与往复式活塞发动机，250立方厘米以上，不超过500立方厘米	
		8711.40.01	摩托车，装有辅助发动机与往复式活塞发动机，500立方厘米以上，不超过550立方厘米	

（续表）

北美自由贸易协定

是否包括投资开放	投资开放产业是否采用负面清单	负面清单采用的行业分类代码分类	负面清单行业（产品）内容	保障条款、例外条款内容
		墨西哥的"负面清单"		
		8711.90.99	其他（摩托车，装有辅助发动机和边车的循环，没有往复式活塞发动机，并且不是任何单独列示种类的摩托车和三轮车的边车）	
		8712.00.02	自行车（赛车除外）	
		8712.00.99	其他（循环，非机动脚踏车，除了自行车和用于商品运输的三轮车）	
		8716.10.01	作为房屋和为露营用的拖车和半拖车、大篷车型	
		8716.31.02	钢箱型油轮，包括低温或料斗	
		8716.31.99	其他（油车，除了钢罐型和用于牛奶运输的热型）	
		8716.39.01	拖车或半平台车型，带有或不带有标桩，包括那些接承载箱和瓶子拉筐、金属筐，或容器载体，或低河床运输设备，除了那些液压或气动悬挂和折叠式半挂车外	
		8716.39.02	用于车辆运输的拖车或半拖车	

(续表)

北美自由贸易协定

是否包括投资开放	投资开放产业是否采用负面清单	负面清单采用的行业分类代码分类	负面清单行业(产品)内容	保障条款、例外条款内容
		墨西哥的"负面清单"		
		8716.39.04	模块化平台类型拖车,带有方向轴,包括转运桥段,液压接头或设备鹅颈或设为液压调节的电机	
		8716.39.05	低床型拖车,气动或液压悬挂和折叠式鹅颈管	
		8716.39.06	拖车和封闭箱式半挂车,包括冷藏	
		8716.39.07	拖车和钢罐型半挂车,包括低温和料斗	
		8716.39.99	其他(拖车和半拖车货物的运输,不是项目8716.39.01,8716.39.02,8716.39.04,8716.39.05,8716.39.06和8716.39.07规定的其他,并且不是运输货物的车辆,带有实心橡胶轮,没有双层拖车或专门用于牵引备力识别类型的半拖车)	
		8716.40.01	不用于运输货物的其他拖车和半拖车	
		8716.80.99	其他(除拖车或半推车,手推车液压操作的手推车的非机动车辆)	

（续表）

北美自由贸易协定

是否包括投资开放	投资开放产业是否采用负面清单	负面清单采用的行业分类代码分类	负面清单采用的行业（产品）内容	保障条款《例外条款内容
		墨西哥的"负面清单"		
			下面列出的货物（2707.50～2901.10），出于贸易唯一的原因，墨西哥可以限制进出口许可证的授予：	
		2707.50 矿物燃料、矿物油及其蒸馏产品；沥青物质；矿物蜡	其他芳烃混合物，其中 65% 以上的容量（包括损失）在 250℃ 以上以 ASTM D86 的方法提炼	蒸馏高温煤焦油所得的油类及其他产品，下同
		2707.99	橡胶填充油、溶剂油，只有炭黑的原料	
		2709	石油原油及从沥青矿物提取的原油	
		2710	航空汽油；汽油及汽油调合料（除航空汽油外）和作为汽车燃料储备存行及重整产品；煤油；瓦斯油和柴油；石油醚；燃油油，除润滑目的外的石蜡油；戊烷、炭黑原料；己烷；庚烷和石脑油	石油及从沥青矿物提取的油类，但原油除外
		2711	石油气和除了乙烯、丙烯、丁烯和丁二烯以外的其他烃类气，纯度在 50% 以上	石油气及从沥青矿物提取的其他烃类气
		2712.90	只有含重量超过 0.75% 的油的石蜡，散装（墨西哥这些货物在 HS2712.90.02 下分类），只有为了进一步提炼时才进口	凡士林；石蜡，微晶石蜡，疏松石蜡，地蜡，褐煤蜡，泥煤蜡，其他矿物蜡及用合成或其他方法制得的类似产品
		2713.11	未煅烧的石油焦	石油焦，石油沥青及其他石油或从沥青矿物提取的油类的残余，下同

第二章　区域贸易协定"负面清单"信息统计　│　173

（续表）

北美自由贸易协定

是否包括投资开放	投资开放产业是否采用负面清单	负面清单采用的行业分类代码分类	负面清单行业（产品）内容	保障条款，例外条款内容
		墨西哥的"负面清单"		
		2713.20	石油沥青（使用于路面目的除外，在HS2713.20.01项目下）	
		2713.90	从沥青矿物提取石油原油的其他残余物或油	
		2714	沥青和天然的沥青；沥青或页岩沥青，油页岩、焦油砂及沥青岩（用于铺路目的时除外，在HS2714.90.01项目下）	天然沥青（地沥青），沥青页岩，油页岩及焦油砂，沥青岩
		2901.10 有机化学品	仅包括乙烷，丁烷，戊烷，己烷和庚烷	无环烃
		2009.11.01 蔬菜，水果，坚果或植物其他部分的制品	冷冻橙汁	未发酵及未加酒精的水果汁，冷冻的
		2009.19.01	橙汁，不大于1.5（单浓度橙汁）的一等浓度	其他
		需要进行特别保障的农产品：		
		0103.91.99 活动物	生猪，每只不到50公斤，除了纯种繁殖的动物和那些有品种证书的	猪
		0103.92.99	生猪，每只50公斤或以上，除了纯种繁殖的动物和那些有家谱或挑选品种证书的	

(续表)

北美自由贸易协定

是否包括投资开放	投资开放产业是否采用负面清单	负面清单采用的行业分类代码分类	负面清单行业（产品）内容	保障条款、例外条款内容
		墨西哥的"负面清单"		
		0203.11.01 肉及食用杂碎	生猪，屠体及半头，新鲜或冷藏的肉	鲜、冷、冻猪肉
		0203.12.01	火腿，肩肉或带骨切肉，新鲜或冷藏	
		0203.19.99	其他猪肉，屠体及半头，新鲜或冷藏	
		0203.21.01	猪肉，屠体及其切肉，带骨，冷冻	
		0203.22.01	火腿，肩肉及其切肉，带骨，冷冻	
		0203.29.99	其他猪肉，冷冻	
		0210.11.01 肉及食用杂碎	火腿，肩肉和带骨切肉，盐水腌制，干制或熏制	干、熏、盐腌或盐渍的；可供食用的肉或杂碎的细粉、粗粉
		0210.12.01	腹肉（五花肉）及其切割肉，咸、浸咸、干制或熏制	
		0210.19.99	其他猪肉，腌制、干制或熏制	
		0710.10.01 食用蔬菜、根及块茎	土豆，未煮过的或经蒸煮水煮、冷冻	冷冻蔬菜
		0712.10.01	干土豆，全切块、切片、切碎或粉状，但未经进一步加工	干蔬菜

（续表）

北美自由贸易协定

是否包括投资开放	投资开放产业是否采用负面清单	负面清单采用的行业分类代码的分类	负面清单行业（产品）内容	保障条款、例外条款内容
		墨西哥的"负面清单"		
		0808.10.01 食用水果及坚果；柑桔属水果或甜瓜的果皮	苹果，新鲜	其他鲜果
		2004.10.01 蔬菜、水果、坚果或植物其他部分的制品	制作或保藏的土豆，并非用醋或醋酸，冷冻	其他冷冻蔬菜
		2005.20.01	制作或保藏的土豆，并非用醋或醋酸，未冻结	其他未冷冻蔬菜
		2101.10.01 杂项食品	咖啡提取物、咖啡精、浓缩咖啡，以及基于咖啡的提取物、香精、浓缩物材料	咖啡、茶、马黛茶浓缩精汁及以其为基本成分的
		美国的"负面清单"		
		林业	原木	301 条款和 309 条款不适用于美国各种原木出口管制
		化妆品	香水	对含有蒸馏酒的进口香水征税
		2009.11.00 蔬菜、水果、坚果或植物其他部分的制品	冷冻橙汁	未发酵及未加酒精的水果汁，冷冻的
		2009.19.20	橙汁，不大于 1.5（单浓度橙汁）的一等浓度	其他

（续表）

北美自由贸易协定

是否包括投资开放	投资开放产业是否采用负面清单	负面清单采用的行业分类代码分类	负面清单行业（产品）内容	保障条款（例外条款内容
		美国的"负面清单"		
		需要进行特别保障的农产品：		
		0702.00.06 食用蔬菜、根及块茎	西红柿（除了樱桃番茄），新鲜或冷藏，如果在11月15日至次年2月最后一天期间进入（含当天）	新鲜或冷藏的番茄
		0702.00.20	西红柿（除了樱桃番茄），新鲜或冷藏，如果自3月1日到7月14日期间进入（含当天）	新鲜或冷藏的番茄
		0703.10.40	洋葱和青葱，新鲜或冰鲜（不包括洋葱系列不包括直径不超过16毫米的珍珠洋葱），如果4月1日至4月30日进入（含当天）	新鲜冷藏的洋葱、青葱、大蒜、韭葱及其他葱属蔬菜
		0709.30.20	茄子，新鲜或冷藏，如果在4月1日到6月30日期间进入（含当天）	新鲜或冷藏的其他蔬菜
		0709.60.00	"辣椒"的胡椒，如果从10月1日到7月31日期间进入（含当天）（当前0709.60.00.20）	椒，包括甜椒
		0709.90.20	南瓜，新鲜或冷藏，如果从10月1日到6月30日期间进入（含当天）	其他

（续表）

是否包括投资开放	投资开放产业是否采用负面清单	北美自由贸易协定		
		负面清单采用的行业分类代码分类	负面清单行业（产品）内容	保障条款、例外条款内容
		美国的"负面清单"		
		需要进行特别保障的农产品：		
		0807.10.40 食用水果及坚果；柑桔属水果或甜瓜的果皮	西瓜，新鲜，如果从5月1日到9月30日期间进入（含当天）	新鲜的甜瓜（包括西瓜）及木瓜
		服务例外：		
		A.	全部类别	A. 研究与开发
		D.	信息处理及相关电信服务	D. 通信，电力，煤气和卫生服务
		D304	ADP 电信传输服务	除了归类为1310条的"增强或增值服务"被明确排除在保留载于附件二"美国附表"II-C-3外。这一规定的目的是："ADP 通信传输服务"的采购不包括所有权或语音或数据传输业务传输进行装修的经营设施
		D305	ADP 远程信息处理和分时服务	
		D316	电信网络管理服务	
		D317	自动化新闻服务、数据服务或其他信息服务	
		D399	其他 ADP 和电信服务	
		J.	保养、维修、改装、改造和设备安装	J. 工程、会计、研究、管理及相关服务

（续表）

北美自由贸易协定

是否包括投资开放	投资开放产业是否采用负面清单	负面清单采用的行业分类代码分类	负面清单行业（产品）内容	保障条款、例外条款内容
		美国的"负面清单"		
		J019	相关船舶的保养、维修、改装、改造和设备安装	
		J998	无核船舶维修	
		M.	政府所有的设备操作	M. 公共管理
		M180	由中国防部、能源部和美国国家航空航天局管辖下的所有设施，以及对所有实体设备的操作：	
			研究和开发	
		S.	公用事业	S. 通信、电力、煤气和卫生服务
		V.	所有类型	V. 商业服务
			交通运输、旅游和搬迁服务	
			除了V503旅行社服务外的所有类型	
		最惠国待遇的例外：		
		(a)	航空	
		(b)	渔业	
		(c)	航运方面，包括打捞	
		(d)	电信传输网络和电信传输服务，以及对生产、销售或无线电、电视节目的许可	这个例外不适用第十三章所覆盖的措施（电信）

（续表）

澳大利亚—美国自由贸易协定

是否包括投资开放	投资开放产业是否采用负面清单	负面清单采用的行业分类代码分类	负面清单行业（产品）内容	保障条款内容
是	是	澳大利亚的"负面清单"		
			城市土地投资	包括契约、融资和利润分摊安排、城市土地公司和信托机构的并购行为产生的利息
			社会服务	澳大利亚保留对有关法律执行、纠错执行、纠错相关措施的权利；收入保障或保险、社会保障或保险、社会福利、公共教育、公共培训、健康和儿童保健
			广播和视听服务	在国际合作生产计划中，澳大利亚保留对于电影和电视制作的优先合作产安排的权利
			销售服务	澳大利亚保留对香烟产品、酒精饮料和枪支弹药的批发和零售采取措施的权利
			教育服务	澳大利亚保留对初等教育对澳大利亚采取相关措施的权利
			海运	澳大利亚保留对澳大利亚船舶注册采取相关措施的权利
			沿海运输	澳大利亚保留对内河运输服务和航运输服务采取相关措施的权利
			运输	澳大利亚保留对联邦租赁机场采取相关措施的权利

（续表）

是否包括投资开放	投资开放产业是否采用负面清单	负面清单采用的行业分类代码分类	负面清单行业（产品）内容	保障条款内容
\multicolumn{5}{c}{澳大利亚—美国自由贸易协定}				
是	是	澳大利亚的"负面清单"	金融服务	外国存款机构受到小额存款的特殊限制，不允许从个人或非公司机构接受首笔存款（或其他资金）低于250000澳元的业务。在澳拥有代表处的外国存款机构不允许在澳进行包括为其存款业务做广告的任何银行业务，这样的代表处只允许作为一个联络点
			金融服务	公司至少有两个董事为澳大利亚普通居民
			金融服务	澳大利亚保留对政府拥有的实体机构的担保采取措施的权利，包括与这些实体机构私有化相关的担保（可以进行金融运营）
\multicolumn{5}{c}{巴基斯坦政府—马来西亚政府间建立更紧密经贸关系协定}				
是	否			
\multicolumn{5}{c}{马来西亚—澳大利亚自由贸易协定}				
是	否			

(续表)

新西兰—马来西亚自由贸易协定

是否包括投资开放	投资开放产业是否采用负面清单	负面清单采用的行业分类代码的分类	负面清单行业（产品）内容		保障条款内容
		CPC 产品总分类（马来西亚的"负面清单"）			
是	是	所有部门	房地产		任何单一外国公司收购一家马来西亚公司的投票权超过15%，或一个合资外国企业收购超过30%，或超过被收购公司价值1000万 RM 时受到监管
		CPC 8619	法律服务		提供法律服务的公司需注册在纳闽岛联邦领土
		CPC 862	会计服务		需和本地注册的会计事务所合作，且外国资本不超过40%
		CPC 863／8630	税收服务		需和本地注册的企业或私人有限公司合作，且外国资本不超过40%
		CPC 8671	建筑服务		合资企业中外国股份不超过30%，且不允许外国人担任管理者
		CPC 8672，包括 86721-86729	工程服务		同上
		CPC 8673，包括 86731, 86732, 86733, 86739	综合工程服务		综合工程服务需由马来西亚注册的相关专业人员授权，合资企业中外国股份不超过30%
		CPC 86741	城市规划		
		CPC 86742*	景观美化		需和本地注册的企业或私人有限公司合作，且外国股份不超过30%

(续表)

新西兰—马来西亚自由贸易协定

是否包括投资开放	投资开放产业是否采用负面清单	负面清单采用的行业分类代码分类	负面清单行业（产品）内容		保障条款内容
			负面清单采用的分类（马来西亚的"负面清单"）		
是	是	CPC 产品总分类	841、842、843、844/84400	计算机相关服务	
		CPC 8520, 除丁 85203 和 85204		研究开发服务	
		CPC 83103、83104、83107*		有运营商租赁/租赁服务	只能通过包括马来西亚人的合资公司或马来西亚控股公司且两者兼而有之，区域办事处，且外国股份或马来西亚控股公司份不超过30%为代理
		CPC 8711、8712、8719		其他商业服务	只能通过包括马来西亚人的合资公司或马来西亚控股公司且两者兼而有之，且外国股份不超过49%，广告80%由本地制作
		CPC 8650*		企业咨询	只能通过包括马来西亚人的合资公司或马来西亚控股公司且两者兼而有之，且外国股份不超过30%
		CPC 86504		人力资源管理	
		CPC 86506		公共关系	只能建立合资公司，且外国股份不超过30%
		CPC 881*、882*		农业、渔业服务	只能通过包括马来西亚人的合资公司或马来西亚控股公司且两者兼而有之，且马来西亚公司股份不少于30%
		CPC 884、885, 除丁 88442		工业生产服务	

(续表)

新西兰—马来西亚自由贸易协定

是否包括投资开放	投资开放产业是否采用负面清单	负面清单采用的行业分类代码分类	负面清单行业(产品)内容	保障条款内容
是	是	CPC产品总分类(马来西亚的"负面清单")		
		CPC 8676,除了86764	技术测试和分析	
		CPC 87909	会议中心	超过5000座位的会议中心只能通过包括马来西亚人的合资公司或马来西亚控股公司兼而有之,且外国股份不超过49%
		CPC 87905	翻译	同上
		CPC 87909	学生就业服务	
		CPC 864	市场调查和民意调查	只能通过包括马来西亚人的合资公司或马来西亚控股公司或两者兼而有之,且马来西亚公司股份不少于30%
		所有部门	运营总部	只能通过本地注册的全资外资公司
		CPC 87909	运营总部中海上和空中运输服务,通信服务,旅游服务,专业咨询服务	a)至少有三种总部的服务在马来西亚,包括公司在马来西亚,包括其母公司或其他外资企业;b)有一个相当大的网络总部和相关的高管;c)专业人士、技术和其他支持人员;d)有大量合格的外籍人士;e)能够不写总部缔结独立工作决定于马来西亚;f)能为马来西亚相关经济做贡献

(续表)

新西兰—马来西亚自由贸易协定

是否包括投资开放	投资开放产业是否采用负面清单	负面清单采用的行业分类代码的分类	负面清单行业（产品）内容		保障条款内容
			CPC产品总分类（马来西亚的"负面清单"）		
是	是	CPC 7521, 7523, 7521**, 7529**, 7522**, 7523**	通信服务		只能通过收购现有通信公司股份，且外资股份可以达到49%
		CPC 75291	通信服务（寻呼业务）		只能通过包括马来西亚人的合资公司或马来西亚控股公司，或通过收购现有通信公司股份，且外资股份可以达到49%
			其他通信服务		只能通过收购现有通信公司股份，且外资股份可以达到49%
		CPC 7523	数据和信息传送服务		只能通过包括马来西亚人的合资公司或马来西亚控股公司，或两者兼而有之，或通过收购现有通信公司股份，且外资股份可以达到49%
		CPC 7521	语音电话		
		CPC 75213	移动电话		
		CPC 7522	电报		
		CPC 7523	电传服务		同上
			移动数据服务		
		CPC 96113	视听服务		只能通过包括马来西亚人的合资公司或两者兼而有之，且外国股份不超过30%

(续表)

新西兰—马来西亚自由贸易协定

是否包括投资开放	投资开放产业是否采用负面清单	负面清单采用的行业分类代码分类	负面清单行业(产品)内容	内容	保障条款内容
是	是	CPC 产品总分类（马来西亚的"负面清单"）			
		CPC 511,CPC 512 CPC 513,CPC 514 CPC 515,CPC 516 CPC 517	建筑和相关工程服务		(a)只能通过包括马来西亚人的合资公司有之,或通过收购现有马来西亚公司股份,且外资股份不超过49%。(b)不在本地注册的外国建筑公司的建设项目完全由外国投资和/或提供补助金;建设项目的资金来自外商,不可用当地技术;100%的资金来自马来西亚建设项目贷款通过国际招标,不可用当地专业知识
		CPC 921,9221,9222	国际教育（初等到高等教育）		建立合资企业目外资持股不超过49%（注：从2010年12月31日起,允许外资持股不超过51%。从2015年12月31日起,允许外资持股不超过70%）
		CPC 9223,9224	技术职业教育		同上
		CPC 929,9290,92900	其他私营机构的教育服务		
		CPC 92390	其他高等教育		建立合资企业目外资不超过49%,必要时需通过测试（注：从2010年12月31日起,允许外资持股不超过51%。从2015年12月31日起,允许外资持股不超过70%）

（续表）

新西兰——马来西亚自由贸易协定

是否包括投资开放	投资开放产业是否采用负面清单	负面清单采用的行业分类代码分类	负面清单（产品）内容	保障条款内容
是	是	CPC产品总分类（马来西亚的"负面清单"）		
		CPC 9401	废水处理	只能通过包括马来西亚人的合资公司或马来西亚控股公司或两者兼而有之，且外资股份不超过30%
		CPC 9404	废气清洁	
		CPC 9405	噪声控制	
		CPC 94060（部分）	自然景观保护（仅适用于受污染土壤的清洁和修护）	
			离岸银行，离岸投资银行，离岸直接保险公司，离岸再保险公司，离岸保险经纪，离岸保险承保管理和离岸保险经理人	进入仅限于纳闽。进入仅限于注册成立分公司或成为合资子公司
			商业银行和商人银行	13家外商独资商业银行可获准保留拥有全资的现有股东。持有马来西亚拥有或控制的商业/商人银行的股权受到限制，且外资股权比例总计不得超过30%。个人单独或联合持股比例最多为20%
			所有的金融服务，商业银行和商人银行	商业银行不得收购其他商业银行的股份，但可以收购商人银行的任何股份。商业银行不得收购商业银行或其他商人银行的任何股份。如果某自然人已持有另一金融机构商业银行5%以上股权，该人不得获取商业银行或商人银行5%以上股权。可以设立代表处，但只能从事研究、信息交流和联络服务

(续表)

新西兰—马来西亚自由贸易协定

是否包括投资开放	投资开放产业是否采用负面清单	负面清单采用的行业分类代码分类	负面清单采用的行业（产品）内容	保障条款内容
是	是	CPC产品总分类（马来西亚的"负面清单"）	直接保险公司	（1）除本承诺表特别指出外，不作承诺。（2）根据1996年保险法，外国保险公司分支机构必须成立，且外资股份最高限额为51%。如果现有外资股东是马来西亚当地保险公司的原始股东，则可以拥有最多51%的股份，但外资参股马来西亚当地保险公司不能超过51%的形式进入马来西亚市场；且目外资保险公司不允许超过5%的股份累计不能超过30%。对新许可证不作出限制。外资保险公司收购马来西亚当地保险公司不允许超过5%的股份；不能在保险经纪公司拥有超过5%的股份。已拥有另一家保险公司超过5%股份的保险公司不能拥有另一家相同业务的保险公司；不能在保险经纪公司拥有超过5%的股份。外资保险公司不能拥有超过5%的股份的个人在下列公司不能拥有超过5%的股份：（a）另一家相同业务的保险公司；（b）保险经纪公司
			银行和其他金融服务（不包括保险）接受存款，其他应付公众资金，以及批发和零售	宣传广告及在马来西亚办理存款是不允许的，只能通过商业银行，商人银行或马来西亚离岸银行。在纳闽境外银行获准只接受外币存款。境外投资银行在纳闽不得接受存款

（续表）

新西兰—马来西亚自由贸易协定

是否包括投资开放	投资开放产业是否采用负面清单	负面清单采用的行业分类代码分类	负面清单行业（产品）内容	保障条款内容
		CPC产品总分类（马来西亚的"负面清单"）		
是	是		所有类型的贷款，包括消费信贷、抵押信贷、商业交易的融资	（1）贷款业务，若超过2500万林吉特等值的任何货币，必须与马来西亚的商业银行或商人银行共同进行。（2）从事马来西亚的商业银行业务的机构外资持股仅限于：（a）本地注册成立的合资公司，并且目外资持股不得超过30%；或（b）代表处，只能从事研究和联络服务。商业银行理保行服务的提供要求外国控股商业银行独立实体的股权不得提供透支额贷款。仅商业银行获准提供透支额度。境外投资银行获准仅能以外币放贷
			金融租赁	（1）以任何货币形式向居民租赁，必须与马来西亚的商业银行或商人银行共同进行。（2）租赁服务的提供商业银行或商业银行独立实体的股权不应超过49%。非银行业外资持股商业银行独立实体的股权不应超过49%。非目外资持股不得超过49%，并且目外资研究和联络服务公司限于：（a）本地注册成立的合资公司，只能从事研究和联络服务良好信誉的外国租赁公司许可。代表处，或（b）子公司需要得到信誉良好的外国租赁公司的许可。在纳闽离岸需要建立分支机构或子公司才能办理外币，境外投资银行获准开展融资租赁业务只有外币

第二章　区域贸易协定"负面清单"信息统计　189

（续表）

新西兰—马来西亚自由贸易协定

是否包括投资开放	投资开放产业是否采用负面清单	负面清单采用的行业分类代码的分类	负面清单行业（产品）内容		保障条款内容
			CPC产品总分类（马来西亚的"负面清单"）		
是	是		所有支付和汇划服务，即信用卡和借记卡、旅行支票和银行汇票		（1）电子资金转账系统需要审批。（2）不作限制。（3）离岸银行获准仅向非居民提供支付和汇划服务。只有商业银行获准发行信用卡和借记卡或提供支票账户服务。出售商业执照。进入仅限于建立一个本地注册的合资公司，并且外资持股不得超过30%
			充值卡		进入仅限于在马来西亚注册成立的公司。中央银行批准是必需的
			担保和承诺		不作限制。除了对马来西亚成立的银行可以给予优先取舍权
			货币及外汇经纪服务		（1）经纪服务，包括在马来西亚林吉特马来西亚发行的金融工具，必须通过在马来西亚注册成立的经纪商进行。（2）现有机构，这些外资机构合计持股中外资参股经纪商设立的分公司或子公司合计超过30%；或（b）由货币及外汇经纪商合资成立、注册或纳闽合资实体来提供的货币及外汇经纪服务只限于外币

（续表）

新西兰—马来西亚自由贸易协定

是否包括投资开放	投资开放产业是否采用负面清单	负面清单采用的行业分类	负面清单行业（产品）内容	保障条款内容
是	是	CPC 产品总分类（马来西亚的"负面清单"）	以自己的账户或客户的账户交易：货币市场工具，外汇，衍生工具，证券，汇率和利率工具（包括期货及期权）其他可转让票据（包括金条）	（1）交易仅限于在指定的国外交易所交易的合约。（2）不作限制。（3）境外银行和境外投资银行在纳闽的交易必须采用马来西亚的授权银行在纳闽银行销售或购买的货币。境外银行在纳闽银行和外国公司为自己的账户交易的工具。境外投资银行和外国公司创造发行的工具。通过境外交易的境外银行和外国公司在纳闽外国银行账户仅限于非居民客户的工具。境外投资银行仅限于在纳闽买卖马来西亚公司在纳闽岛注册成立的离岸公司的股份，仅限于不是登记或发行的非居民客户。
			涉及为各种证券和安置代理的服务（不论是公开或私下）（不包括发行和房屋评级）	（1）参与的事务和有关此类事务的服务需要授权。（2）参与境外马来西亚境外投资银行发行许可。只有商业机构获准民营和马来西亚证券监督委员会的新发行证券。非银行机构的参与持股不要建立一个本地注册的合资公司，并且外资持股不得超过30%。任命主要经销商不作承诺

（续表）

新西兰—马来西亚自由贸易协定

是否包括投资开放	投资开放产业是否采用负面清单	负面清单采用的行业分类代码分类	负面清单行业（产品）内容	保障条款内容
是	是	CPC产品总分类（马来西亚的"负面清单"）		
			承销	(1) 商业存在是必需的。(2) 授权必须的。(3) 对于非持牌交易商被允许承销，只限于建立一个本地注册的合资公司，并且外资持股不得超过30%。商业银行投资银行仅获准承销私人债务证券。境外银行和境外投资银行承销承销创建外国私人债务证券。并通过在纳闽的离岸公司和外国公司发行
			资产管理：现金或投资组合管理，所有形式的集体投资管理，托管及存管服务	(1) 商业存在是必需的。(2) 不作限制。(3) 托管和存管业务只限于以股代基础基础证券。离岸银行、离岸投资银行和离岸公司的资产管理仅限于马来西亚客户和外资产。离岸投资银行投资管理和离岸公司在马来西亚居民客户，而不是或股票挂钩投资资产管理仅离岸公司（其中，居民只有其他限股权）。作为非银行在本地注册成立的离岸公司，非外国基金管理公司被限制在设立本地注册的合资公司，需要超过30%商控股FFMC。由商业银行商业银行提供资产管理独立实体，股权不得超过30%。FFMC的进入限于建立一个本地注册的公司，外资持股的批准。至少价值1000万林吉特当地资金来源限于外资诺管持股比重不超过70%的FFMC。该公司管理或承诺管

192 │ 区域自由贸易协定中"负面清单"的国际比较研究

（续表）

新西兰—马来西亚自由贸易协定

是否包括投资开放	投资开放产业是否采用负面清单	负面清单采用的行业分类代码分类	负面清单（行业）（产品）内容	保障条款内容
是	是	CPC产品总分类（马来西亚的"负面清单"）	资产管理：现金或投资组合管理，所有形式的集体投资管理，托管及管理服务	理至少1亿美元的资金量来源于马来西亚以外。本地资金来源仅限于信托基金和单位信托基金其他集体投资计划。只有10个最大的外资持股70%的FFMCs可以管理本地单位信托受委员会批准的基金
			咨询、中介和其他附属金融服务，包括信用调查和分析、收购、企业重组和战略投资建议	（1）投资和有价证券咨询服务须通过商业存在模式提供。（2）向马来西亚居民提供投资有价证券咨询之外的服务仅限于马来西亚商业银行/商人银行，仅限于合作的形式。（3）以非银行身份提供此类业务，仅限于通过以下方式：(a) 通过建立当地合资公司提供此类业务，但外资股份累计不能超过30%；或(b) 通过代表处提供服务。代表处只能提供研究、信息交流和传播证券公司的代表处。与(a)不同，本地在马来西亚注册成立的委员会公开发行的合资公司其许可。财务规划活动的受规管活动的合资公司外资持股量不超过49%，获准在马来西亚提供财务策划服务。离岸银行、离岸投资银行和离岸公司只能向非居民客户提供此类服务

（续表）

新西兰—马来西亚自由贸易协定

是否包括投资开放	投资开放产业是否采用负面清单	负面清单采用的行业分类代码分类	负面清单行业（产品）内容	保障条款内容
是	是	CPC产品总分类	（马来西亚的"负面清单"）金融部门营运总部（在马来西亚设立办事处以提供服务和在马来西亚以外相关公司工作活动的商业机构，和投资银行相关的业务活动，以及属于一般管理及行政、业务规划、技术支持、市场营销控制和销售推广策划、培训和人事管理、提供财务及基金管理服务和研发的）	（1）不作承诺。（2）只能通过在当地组建全资外资公司的方式提供此类服务。外资控股公司及外资控股公司的地区代表处将其营运控股公司移置到马来西亚，在马来西亚新建外资控股公司的地区代表处，并被认为相当于提供了此类服务。营运总部必须在马来西亚运作，并满足下列标准：(a)至少执行了3项营运规模的服务活动，包括母公司、总部及马来西亚境外相关公司在资产和雇员等方面都拥有一定规模。(b)在马来西亚境外拥有一定规模，包括公司、该公司在资产和雇员等方面都拥有一定规模，包括母公司、该公司网络，该网络包括大量的合格的行政主管、专家、技术人员及其咨询马来西亚境外的总部或独立制定决策，而不需咨询马来西亚境外的总部或母公司。(f)使用马来西亚人提供法律服务或会计服务独立制定决策，而不需咨询马来西亚境外的总部或母公司。(f)使用马来西亚人提供法律服务或会计服务公司。(i)为马来西亚人提供就业机会；(ii)能够通过下列方式对马来西亚经济做出贡献：(i)为马来西亚人创造就业机会；(ii)能够引入更多的外资流入

（续表）

新西兰—马来西亚自由贸易协定

是否包括投资开放	投资开放产业是否采用负面清单	负面清单采用的行业分类代码分类	负面清单行业（产品）内容	保障条款内容
是	是	CPC产品总分类（马来西亚的"负面清单"）		
			证券经纪服务，包括经纪服务、资信调查和分析、投资组合管理和咨询、市场调研	（1）在马来西亚证券交易所交易必须通过本交易所的公司参与机构在马来西亚注册成立的公司进行。在马来西亚推广马来西亚股票需要审批。提供投资顾问服务及信贷投资料服务要求商业存在：（a）与马来西亚股票经纪公司的外国股票经纪公司；或（b）与一家马来西亚股票经纪公司注册的合资公司获准拥有一个马来西亚股票经纪公司股权。外国证券经纪公司还需通过代表处或获准的外国股票经纪公司还需通过代表机构不得获准从事代表处工作。代表处不得获准从事证券经研，信息和联络服务。新的许可证受条件限制，包括地理位置、数值配额及其他待确定条件
			商品期货经纪服务	（1）在马来西亚注册成立的任何商品期货交易商交易必须通过在马来西亚注册成立的公司为本交易所参与者进行，并非外国股权仅限于30%，更高的百分比由有关主管部门决定；或（b）进入权仅限于：（a）成立本地注册的公司，信息和联络服务。代表处将根据经济发展的需要参与

第二章 区域贸易协定"负面清单"信息统计 | 195

（续表）

新西兰—马来西亚自由贸易协定

是否包括投资开放清单	投资开放产业是否采用负面清单	负面清单采用的行业分类	负面清单（产品）内容	保障条款内容
		CPC产品总分类	B. 保险服务：直接保险（非人寿）	（马来西亚的"负面清单"）
是	是		直接保险（人寿）	（1）宣传和广告在马来西亚是不允许的。（2）国外保险的直接销售，包括在马来西亚不动产或不动产，包括在马来西亚注册的船只或飞机；和（b）居民对第三方的赔偿责任需要审批。如果这种保险在马来西亚公司不能提供，那么公司可以表准。（3）只准通过直接保险公司。境外直接保险公司在纳闽不得接受马来西亚具有风险的直接保险
				（1）不作承诺。（2）只允许通过直接保险公司。直接保险公司提供的投连保险和新寿险产品需要审批。境外直接保险公司在纳闽不得承保居民的人身保险。此限制并不适用于高净值的居民的普通寿险
			再保险和转分保（非寿险）	（1）再保险分出业务仅在当地能力不可用的情况下允许。（2）除境外直接保险公司有义务在纳闽之前优化的所有的保持能力。新牌照下外直接保险分出业务不作承诺。在马来西亚股份公司内外资持股不能超过30%。离岸再保险公司进入纳闽仅限于纳闽

196 ｜ 区域自由贸易协定中"负面清单"的国际比较研究

（续表）

新西兰—马来西亚自由贸易协定

是否包括投资开放	投资开放产业是否采用负面清单	负面清单采用的行业分类代码分类	负面清单行业（产品）内容	保障条款内容
		CPC产品总分类（马来西亚的"负面清单"）		
是	是		再保险和转分保（寿险）	（1）再保险分出业务只在当地能力不可用的情况下允许。（2）国家保持能力需要任何再保险分出业务之前得到优化：(a)对马来西亚直接再保险公司以及新牌照不作承诺。在马来西亚人寿再保险集团以及马来西亚股份公司合计外资持股不得超过30%
			保险中介——保险经纪（中介除外）	（1）直接保险经纪业务只能提供给在纳闽的境外保险公司。再保险经纪业务是允许的。不允许由陆上保险经纪从事境外保险经纪业务。此限制并不适用于马来西亚的风险再保险经纪业务
			保险辅助服务：顾问（保险业不包括保险代理服务），精算风险评估，风险管理，海上损失理算	（1）精算服务只能提供给在纳闽的境外保险公司。（2）不作限制。（3）限于陆上保险公司从事马来西亚居民提供服务合伙人。离岸公司不得作为马来西亚人的合资公司或马来西亚控股
		CPC 93122	医疗专业服务	
		CPC 932	兽医服务	只能通过包括马来西亚人的合资公司或马来西亚控股公司或两者兼而有之

（续表）

新西兰—马来西亚自由贸易协定

是否包括投资开放	投资开放产业是否采用负面清单	负面清单采用的行业分类代码的分类	负面清单行业（产品）内容		保障条款内容
			CPC产品总分类（马来西亚的"负面清单"）		
是	是	CPC 93110*	私立医院		只能通过包括马来西亚人的合资公司或两者兼而有之，且外资股份不能超过49%，合资公司经营医院的床位不超过100张
		CPC 641，642，643	酒店服务		只能通过包括马来西亚人的合资公司或两者兼而有之，且外资股份不能超过49%
		CPC 7471	旅行社		
		CPC 7472	导游		导游服务只能由自然人提供
		CPC 96191，96192	其他娱乐项目		娱乐服务只能由自然人提供
		CPC 96194（部分）	主题乐园		只能通过包括马来西亚人的合资公司或两者兼而有之，且外资股份不能超过49%
		CPC 96411，96412	体育赛事管理服务		只有通过马来西亚控股公司作为当地的赞助商
		CPC7211，7212	国际海上运输		只能通过办事处、地区办公室或包括马来西亚人的合资公司或马来西亚控股公司或两者兼而有之，且外资股份不能超过49%
		CPC 7454*	海事机构服务		
		CPC 74540	海上船只打捞		只能通过办事处、地区办公室或包括马来西亚人的合资公司或马来西亚控股公司或两者兼而有之，且马来西亚人的股份不少于30%

（续表）

是否包括投资开放	投资开放产业是否采用负面清单	负面清单采用的行业分类代码分类	负面清单行业（产品）内容	保障条款内容
新西兰——马来西亚自由贸易协定				
是	是	CPC产品总分类（马来西亚的"负面清单"）		
		CPC 741**	海上货物装卸	只能通过办事处、地区办公室或包括马来西亚人的合资公司或马来西亚控股公司或两者兼而有之，且外资股份不超过49%
			船级社	同上
		CPC 97090	技能培训	只能通过办事处、地区办公室或包括马来西亚人的合资公司或马来西亚控股公司或两者兼而有之，且外资股份不超过30%，建立当地分支机构需要额外的许可证
泰国——老挝贸易协定				
是否包括投资开放	投资开放产业是否采用负面清单	负面清单采用的行业分类代码分类	负面清单行业（产品）内容	保障条款内容
否	否	无	无	无

(续表)

是否包括投资开放	投资开放产业是否采用负面清单	负面清单采用的行业分类代码分类	泰国—新西兰更紧密经济伙伴关系协定		保障条款内容
			负面清单行业（产品）内容		
是	是	新加坡的标准行业分类	**新加坡的"负面清单"**		
			日用电器		
			软件业		
			机械零配件		
			基本化学制品		
			家具制造（木雕、人工木材除外）		
			天然橡胶		
			纺织品（泰国丝绸制品除外）		
			汽车零部件		

（续表）

泰国—澳大利亚自由贸易协定

是否包括投资开放	投资开放产业是否采用负面清单	负面清单采用的行业分类是否采用分类代码分类	负面清单行业（产品）内容	保障条款内容
是	是	泰国的"负面清单"	区域运营总部提供的综合管理咨询服务；大会服务；国际展览服务；通信设备销售、通信咨询服务、通信终端设备租赁服务、数据库访问服务；建筑业；零售、批发服务（产品由在泰的澳洲公民生产）；高等教育（研究领域仅限于生命科学、生物纳米技术）；高档酒店及住宿服务；餐厅服务（包含餐饮、娱乐）；水路运输保障性服务	(1) 持股人为澳大利亚投资者；(2) 总面积小于4000平方米，其中最大会议厅面积小于3000平方米；(3) 总面积小于8000平方米，其中展厅内部面积小于2500平方米；(4) 澳大利亚供应商持股比率应小于50%；(5) 服务提供商须提供国家通信管理部门许可的公共通信网络；澳方服务提供商持股比例为100%，满足最低注册资本要求除曼谷及主要城市之外的其他地方，大学内至少一半教职工为澳方投资者居住（10亿泰铢）；(7) 投资者居住最少一半教职工为泰国公民；(8) 服务提供商满足最低注册资本要求（8亿泰铢）,酒店配备100个以上房间；(9) 占地面积小于450平方米；注册资本不低于5000万泰铢；(10) 服务提供商必须拥有船只升降机,内陆停泊口岸及船坞

（续表）

泰国—澳大利亚自由贸易协定

是否包括投资开放	投资开放产业是否采用负面清单	负面清单采用的行业分类代码分类	负面清单行业（产品）内容	保障条款内容
是	是	澳大利亚的"负面清单"		
			通信服务	澳大利亚政府拥有第一个许可一般载体——澳洲电信公司（Telstra）的控制比例。澳洲电信公司的总外国权益必须低于11.7%，外国投资的个人或集团持股低于1.7%
			金融服务——保险及相关服务	大部分州政府对垄断，许可实体机构的，已授权的一般的（非人寿）保险公司必须指定一个澳大利亚公民作为保险公司的代理商；注册的外国人寿保险公司需要在澳大利亚拥有一个本地的代理居民
			银行及其他金融服务	位于海外的外国银行能够对澳大利亚企业提供服务，但不允许在澳募集资金或经营业务，除非是一个授权银行。但是，位于海外的非被授权的外国银行可以通过发行债券筹集资金，如果这些证券总额不少于50万澳元。外国银行可以通过本地注册的分支结构和/或被授权分支机构在澳大利亚开展业务。然而，分支机构不接受小额存款，即外国银行分支它们的数额超过25万澳元的任何数量的存款。如果实体，非居民（和其他资金）的数额超过25万澳元的视作小额首笔存款业务只能通过其他途径接受银行业务

202 ｜ 区域自由贸易协定中"负面清单"的国际比较研究

（续表）

泰国—澳大利亚自由贸易协定

是否包括投资开放	投资开放产业是否采用负面清单	负面清单采用的行业分类代码分类	负面清单行业（产品）内容	保障条款内容
是	是	澳大利亚的"负面清单"		
		CPC 863	税收服务	无限制
		CPC 8671	建筑服务	同上
		CPC 8672	技术服务	同上
		CPC 8673	集成技术服务	同上
		CPC 8674	城市规划和园林建筑服务	同上
		CPC 84（不包括844，849）	计算机及其相关服务	同上
		CPC 87110，87120**，87190	无运营商的租赁服务	同上
		CPC 864	广告服务	同上
		CPC 865	市场研究和公众观点收集服务	同上
		CPC 86601，86609	管理咨询服务	同上
		CPC 8811**，8812**，8814**，882**	与农业、狩猎业和林业相关的服务	同上
		CPC 883，5115	与矿业及其场地准备工作相关的附带服务	同上

第二章　区域贸易协定"负面清单"信息统计　　203

（续表）

泰国—澳大利亚自由贸易协定

是否包括投资开放	投资开放产业是否采用负面清单	负面清单采用的行业分类代码分类	负面清单行业（产品）内容	保障条款内容
是	是	澳大利亚的"负面清单"		
		CPC 887**	与能源销售相关的附带服务	无限制
		CPC 873	调查和证券	同上
		CPC 8675	相关的科技咨询服务	同上
		CPC 874	建筑物保洁服务	同上
		CPC 875	摄影服务	同上
		CPC 87909*	会议服务	同上
		CPC 87903	电话应答服务	同上
		CPC 87904	复印服务	同上
		CPC 87905	翻译服务	同上
		CPC 87906	邮件列表编写与邮件服务	同上
		CPC 87907	室内设计	同上
		CPC 6112	运输机械和设备的维修服务	同上
		CPC 7523**	电子邮件、有声邮件、网上信息和数据库检索	同上
			电子数据交换（EDI）	同上
			升级附加传真服务，包括存储和检索	同上

（续表）

泰国—澳大利亚自由贸易协定

是否包括投资开放	投资开放产业是否采用负面清单	负面清单采用的行业分类代码分类	负面清单行业（产品）内容	保障条款内容
是	是	澳大利亚的"负面清单"		
		CPC 7523**	代码和协议转换	
		CPC 512、513、514、516、517	建筑及其相关工程服务	同上
		CPC 62113、62118、6223、6228、631、63212、6322 9、8929	销售服务	同上
		CPC 9401、9402、9403、9404、9405、9406**、94090	环境服务	同上
		CPC 641、642、643、7472	酒店餐饮、导游服务	同上
		CPC 962、9641、96491	新闻通信、体育及其他娱乐服务	同上
		CPC 742	储藏和仓库服务	同上
			海洋运费到付服务	同上
			装货前检验	同上
		CPC 7461、74110、74190、7469、8868**、7523**	航空运输服务	同上

第二章 区域贸易协定"负面清单"信息统计 205

（续表）

泰国—澳大利亚自由贸易协定

是否包括投资开放	投资开放产业是否采用负面清单	负面清单采用的行业分类代码分类	负面清单行业（产品）内容	保障条款内容
是	是	澳大利亚的"负面清单" CPC 7131，7139，742（除丁海运），748（除丁海运），749（除丁海运）	管道运输服务	无限制

澳大利亚—新加坡自由贸易协定

是否包括投资开放	投资开放产业是否采用负面清单	负面清单采用的行业分类代码分类	负面清单行业（产品）内容	保障条款内容
是	是	澳大利亚的"负面清单"	专业服务——专利律师服务	专利律师必须：（1）一般为澳居民；（2）在澳具有服务地址；（3）在澳有经营场所
			专业服务——移民咨询服务	作为在澳的移民代理开展业务，该个人必须为澳大利亚公民，或者具有特殊护照的新西兰公民。
			专业服务——会计、审计与簿记服务	只有自然人方可注册为审计师或清算师；在提供会计、审计和簿记服务的公司中，至少有一个权益合作方须为永久居民。

（续表）

澳大利亚—新加坡自由贸易协定

是否包括投资开放	投资开放产业是否采用负面清单	负面清单采用的行业分类代码分类	负面清单行业（产品）内容	保障条款内容
是	是	澳大利亚的"负面清单"		
			渔业	外国渔船在澳渔场捕鱼必须得到授权；任何情况下，外国渔船被授予从事捕鱼业务时，都受到《1991年外国钓鱼执照法案》及其修订版税法》的约束
		CPC 9312	专业服务——海关清关（由报关行提供的服务）	作为在澳报关行，服务提供商应在澳境内提供服务
			专业服务——医疗服务	自1996年12月在澳之外获得培训并在澳注册为执业医师的医生，只能在私人医疗业务中为具联邦医疗保险账单，如果他们在"劳动力短缺地区"工作的话
		CPC 7511	通行服务——邮政服务	外国公司可以从事以下业务：重量超过250克的信件的投递，但在澳境内投递信件的收费至少是普通邮件的4倍；在《1989年澳大利亚邮政公司法》第30部分中列出的保留业务的其他外业务
			电信	外国权益不超过总权益的17.5%，个人或联合集团外商投资不超过总权益的2.5%；Telstra的主席和主要股东必须为澳大利亚居民，并且Telstra在澳拥有信息部、主要经营场所和注册地

(续表)

澳大利亚—新加坡自由贸易协定

是否包括投资开放	投资开放产业是否采用负面清单	负面清单采用的行业分类代码分类	负面清单行业(产品)内容	保障条款内容
是	是	澳大利亚的"负面清单"		
			批发贸易和零售服务——医疗产品的供给以及《国家工业化学品通报和评估方案》项下的化学品	在澳进口、出口、制造或者供给医疗产品的个人,必须保证该产品为澳大利亚注册(ARTG)的医疗产品,除非其为豁免商品。该个人必须为澳居民,或者在澳从事经营业务。化学品的经营,同上
		CPC 8121	金融服务——人寿保险服务	非居民人寿保险公司的批准应受澳大利亚法律下的注册分支保险公司的限制;外国注册人寿保险公司需要在澳具有本地代理居民
		CPC 8129	金融服务——非人寿保险服务	作为非注册实体的,在澳经营业务的已授权保险公司必须指定一个澳大利亚居民作为其代理
		CPC 811	金融服务——吸收存款业务	在澳大利亚从事银行业务的实体,由澳大利亚金融管理局(APRA)授权为公司,并由澳大利亚存款机构(包括外国银行)只能通过本地注册的外国存款机构或者开展银行业务的分支授权银行(外国ADI)或者同时通过两者开展银行业务。外国存款机构不允许从个人或公司机构接受首笔存款(或其他存款)低于25万澳元的存款业务。然而,它们可以接受其他资金。在澳拥有代表或其代理业务处,非居民及其员工的任何形式的存款,外国存款机构不允许在澳进行包括其居民及其员工的广告、国外银行业务处允许作为一个联络处

(续表)

澳大利亚—新加坡自由贸易协定

是否包括投资开放	投资开放产业是否采用负面清单	负面清单采用的行业分类代码分类	负面清单行业（产品）内容	保障条款内容
是	是	澳大利亚的"负面清单"		
		CPC 811	金融服务——吸收存款业务	地处海外的外国银行只能通过发行债务在澳大利亚募集资金，如果这些证券少于50万澳元，并且该发行银行未按《1959年银行法》清晰地授权
			金融服务——金融市场	为了获得澳大利亚市场许可证，申请人必须为一个法人团体
			托管投资	已注册的经营投资计划的责任实体必须为一个持有澳大利亚金融许可证的公司，该许可证授权其进行托管投资业务
			健康服务	总部和主要设施必须在澳大利亚；CSL董事会2/3股东以及任何会议的主席必须为澳大利亚公民；CSL不得注册在澳大利亚之外
			运输——海运运输	对于在澳注册的船舶，必须大部分为澳大利亚人所有，除非该船舶被澳大利亚经营者指定为特许的。每个澳大利亚人拥有的船舶都必须按照法案进行注册
		CPC 7211,7212	运输服务——海运运输	向澳大利亚提供国际货轮运输服务的海运承运人必须为澳大利亚居民
			运输——航空运输	非Qantans航空公司：外资比例不超过49%；至少2/3的董事会成员必须为澳大利亚居民，董事会的主席必须为

（续表）

澳大利亚—新加坡自由贸易协定

是否包括投资开放	投资开放产业是否采用负面清单	负面清单采用的行业分类代码分类	负面清单行业（产品）内容	保障条款内容
是	是	澳大利亚的"负面清单"		
			运输——航空运输	
			运输——航空运输	Qantans 航空公司：外资比例不超过49%，个人持股不超过25%，外国航空公司持股不超过35%；航空公司的总部必须在澳大利亚境内；航空公司的经营基地必须在澳大利亚境内的总部必须位于澳大利亚境内；至少2/3的董事会成员为澳大利亚居民；董事会的会议、会议主管必须为澳大利亚居民；禁止Qantans采取任何措施在澳大利亚境外注册
			传媒业	限制传媒业外资的进入。对于全国的、大城市的报纸，外商直接（非证券）投资，外商个人的总持股不超过25%；对于省级或农村报纸，外商直接（非证券）投资的外商个人的持股比例不超过50%。广播传媒服务：商业电视广播服务中，外商个人持股不得超过15%，外商电视持股不得超过20%；禁止外国个人控制商业电视许可证；每个商业电视许可证中的外国人的比例不超过20%，对于每种许可证，外国个人持股不得超过20%，外商公司持股不得超过35%

（续表）

澳大利亚—新加坡自由贸易协定

是否包括投资开放	投资开放产业是否采用负面清单	负面清单采用的行业分类代码分类	负面清单行业（产品）内容	保障条款内容
是	是	澳大利亚的"负面清单"		
		CPC 6222,6310	通信服务，娱乐、文化以及体育服务——广播，视听，娱乐和文化服务	商业电视中，具有澳大利亚要素含量的最低要求
			批发和零售贸易服务——酒精饮料和香烟的批发和零售贸易服务	澳大利亚保留对香烟产品，酒精饮料产品批发和零售交易服务采取相关措施的权利
		CPC 921	初等教育	澳大利亚保留对初等教育服务采取相关措施的权利
		CPC 922、923、924、929	除了初等教育之外的教育服务	澳大利亚保留对初等教育之外的教育服务供给采取相关措施的权利
			金融服务——保险及其相关服务	澳大利亚保留对保险中介（不包括海运、商业航空、航天发射、直接寿险和非寿险（包括天火箭）以及国际运输货物供给和消费，采取相关措施的权利
			金融服务——银行和其他金融服务（不包括保险）	澳大利亚保留对国有实体机构进行金融操作采取相关保障措施的权利
			金融服务——银行和其他金融服务（不包括保险）	澳大利亚保留对跨境银行业和其他金融服务供给采取相关措施的权利，包括中介，但不包括金融数据处理及其他金融服务，咨询和其他辅助服务相关软件的传输

（续表）

是否包括投资开放	投资开放产业是否采用负面清单	负面清单采用的行业分类代码分类	负面清单行业（产品）内容	保障条款内容
澳大利亚—新加坡自由贸易协定				
是	是	澳大利亚的"负面清单"		
		CPC 7211,7212	沿海运输	澳大利亚保留对内河运输服务和航海运输服务采取相关措施的权利
			博彩业	澳大利亚保留对博彩业采取相关措施的权利
澳大利亚—新西兰自由贸易协定				
是	是	澳大利亚的"负面清单"		
			国内航空服务业	外国对于澳大利亚国内航空公司的投资是允许的（投资比例应不超过任何一个国内运营商的15%）
			广播和电视（短波和卫星广播）	外国所有权限制见《1942年广播法》
			邮政服务	澳大利亚邮政公司对250克以下信件的投递具有垄断权力，例外是：在澳大利亚境内投递250克及以下的信件，且邮资至少是标准邮件收费率的4倍。具体见《1989年澳大利亚邮政公司法》
			电信	对外国所有权的限制和许可证的控制条件见《1975年外国收购和接管法》

（续表）

澳大利亚—智利自由贸易协定

是否包括投资开放	投资开放产业是否采用负面清单	负面清单采用的行业分类代码分类	负面清单行业（产品）内容	保障条款内容
是	是	澳大利亚的"负面清单"		
			专业服务——法律	作为外国法律公司分支机构的公司不允许进行认证业务，也不允许与任何其他公司分摊利润；从事外国法律业务的外国自然人只能作为顾问加入一个本地的法律公司，不能与本地律师合伙注册公司，也不能在南澳大利亚雇用本地律师。为了在澳大利亚注册以进行业务，专利律师必须是澳大利亚普通居民
			专业服务——信托	北部地区：为了被授权在北部地区开展业务，受托公司必须有三个董事，一个经理是北部地区的居民；公司在北部地区有办事处。西澳大利亚：在西澳大利亚，公司可以作为一个受托公司，如果它是法人团体
			专业服务——审计	联邦：一个非澳大利亚普通居民的公司会被拒绝注册为合伙人。新南威尔士：提供审计服务的公司中，至少有一个合伙人是一个注册公司审计员并且是澳大利亚的普通居民。新南威尔士的普通居民。维多利亚：提供审计服务的个人必须是澳大利亚的公共会计师。南澳大利亚：审计员的公司不能审计房地产经纪人的账户，除非公司至少有一个审计员是澳大利亚居民

（续表）

澳大利亚—智利自由贸易协定

是否包括投资开放	投资开放产业是否采用负面清单	负面清单采用的行业分类代码分类	负面清单行业（产品）内容	保障条款内容
是	是	澳大利亚的"负面清单"		
			房地产与销售服务	新南威尔士：非澳居民不应被任命为一个代理；许可证持有人必须在新南威尔士拥有注册办事处。北部地区：持牌代理商必须在澳大利亚拥有办事处。昆士兰：为了作为不动产代理，个人必须拥有昆士兰经销商或者商业代理经营业务，个人必须在昆士兰拥有办公地址，该地址为真实地址，而不是一个邮箱。维多利亚：代理商的代表在维多利亚区域内拥有注册办事处，并且有总部，以传送文件；作为结算代理的个人必须拥有一个注册地址。西澳大利亚：在西澳大利亚州拥有注册办事处；作为结算代理的个人必须是西澳大利亚州的普通居民，获得许可证的结算代理必须在西澳大利亚州拥有注册办事处
			渔业和采珠业	联邦：外国渔船在澳大利亚捕鱼区作业必须经过授权，且被授权时应缴税。新南威尔士：外国个人或外国公司不允许在渔业管理公司持有股份。维多利亚：渔业许可证人或澳大利亚居住者在殖民许可证只允许给予澳大利亚居民的自然人或公司，澳大利亚拥有注册办事处的公司。西澳大利亚：在西澳大利亚的龙虾加工部门和岩石龙虾行业，外资持股不得超过20%；只有澳大利亚公民或永久居民才能被授予新澳大利亚采珠行业的许可证；就持有许可证的公司或信托公司而言，必须为澳大利亚的公司，合伙公司或信托公司而言，必须为澳大利亚

（续表）

澳大利亚—智利自由贸易协定

是否包括投资开放	投资开放产业是否采用负面清单	负面清单采用的行业分类代码分类	负面清单行业（产品）内容	保障条款内容
是	是	澳大利亚的"负面清单"		
		渔业和采珠业		人拥有和/或控制的（指澳大利亚人至少拥有51%的股权资本，合伙权益或信托资产；董事会主席、大部分成员以及所有公司干事都必须为澳大利亚人，并代表澳大利亚的利益）
		采矿及相关服务业		（1）在昆士兰州为居民提供咨询服务，应雇用当地的专业人士；（2）使用昆士兰当地的劳动力；（3）在准备阶段，使用招标和合同形式采购材料、设备等以保证昆士兰州的供应商、制造商以及承包商有机会投标或报价；（4）在起草合同、采购或等的情况下，合理参照昆士兰州的供应商、制造商以及承包商更好包商的利益
		电信业		外国总权益投资不超过澳洲电信总投资的35%，个人或相关集团外商投资不超过5%；澳洲电信的主席和大部分股东必须为澳大利亚居民，且在澳大利亚有总部，主要经营场所以及注册地
		销售服务		枪支许可证的发放要求持有者在北部地区拥有居住权。许可证持有者不在该地区居住三个月之后是许可证失效。北部地区许可证委员会要求烈酒零售许可证许可证相关化的普通居民。香烟零售许可证只能在许可证发放地出售香烟产品。与烈酒许可证基地有

（续表）

澳大利亚—智利自由贸易协定

是否包括投资开放	投资开放产业是否采用负面清单	负面清单采用的行业分类代码分类	负面清单行业（产品）内容	保障条款内容
是	是	澳大利亚的"负面清单"		
		销售服务		有关的香烟零售许可证只能给这些基地的烈酒被许可人。卡瓦酒零售许可证只在申请人必须在北部地区居住或从事相关业务。为了获得果子酒许可证，个人在任何许可证下从事的业务必须对昆士兰葡萄酒行业具有重要贡献；为了获得果子酒许可证，个人所卖之酒应采用该个人种植的水果制成
		零售贸易和健康服务		塔斯马尼亚：只有澳大利亚居民或者有权居住（永久或临时）的人才能在塔斯马尼亚岛上从事药剂师工作。西澳大利亚：只有西澳大利亚的居民才能在西澳大利亚从事药剂师工作
		专业和健康服务		塔斯马尼亚：只有澳大利亚居民或者有权居住（永久或临时）的人才能在塔斯马尼亚岛上从事执业医师、心理学家、物理治疗师、放射线技师、诊断放射线技师、验光师、牙科医学技术专家、按摩疗法医师、整骨医师、牙科医生、牙科修复医师和足科医师工作。西澳大利亚：只有西澳大利亚的居民才能在西澳大利亚从事心理理疗师、足科医师或心理咨询师工作
		健康服务		有关任命、改选或者免职的重要外国股权投票应防止超过1/3的股东在特定时间控制办事处。用于生产人类血浆提取的产品的总部和主要设施必须在澳大利亚

(续表)

澳大利亚—智利自由贸易协定

是否包括投资开放	投资开放产业是否采用负面清单	负面清单采用的行业分类代码的分类	负面清单行业(产品)内容	保障条款内容
是	是	澳大利亚的"负面清单"		
		健康服务		境内。2/3 的联邦血清实验室（CSL）董事以及任何会议的主席都必须是澳大利亚公民。CSL 不能在澳大利亚之外的地区进行注册
		旅游及其相关服务		昆士兰：为了获得许可证以开展旅游代理业务，个人必须在昆士兰拥有经营地址。西澳大利亚：为了获得许可证以开展旅游代理业务，个人必须在西澳大利亚拥有经营地址
		娱乐、文化及体育服务		只有在公司在该州拥有办事处的情况下，昆士兰环境保护局的行政官才可能会授予它野生动物权力，而不是野生动物搬迁许可。只有在如下情况满足时，行政长官才可能批准个人成为一个受保护植物的栽培者或品种者：（1）在自然人的情况下，该个人为该州居民；（2）在公司情况下，该公司在该州具有基地。个人只有在是澳大利亚公民时，才能被当作一个决定的"受属个体"在澳大利亚，才能作决定或者无法操作时）（在不能作决定或者无法操作时）
		运输服务		每个向或者从澳大利亚提供国际货轮运输服务的海运承运人，必须由一个居住在澳大利亚的自然人代表。只有澳大利亚旗运营商才能向澳大利亚消费者协会申请，考察会议员和具有重要市场势力的非会议运营商高效经营高效从事其他运输经营时对外班轮运输服务是否妨碍

(续表)

澳大利亚—智利自由贸易协定

是否包括投资开放	投资开放产业是否采用负面清单	负面清单采用的行业分类代码的分类	负面清单行业（产品）内容	保障条款内容
是	是	澳大利亚的"负面清单"	运输服务	非 Qantans 航空公司：外资比例不超过 49%；至少 2/3 的董事会成员为澳大利亚居民；董事会主席必须为澳大利亚居民；航空公司的总部必须在澳大利亚境内；航空公司的经营基地必须在澳大利亚境内
			运输服务	Qantans 航空公司：外资比例不超过 49%，个人持股不超过 25%，外国航空公司持股不超过 35%；航空公司的总部必须在澳大利亚境内；至少 2/3 的主要经营设施必须位于澳大利亚境内；至少 2/3 的董事会成员为澳大利亚居民；董事会的会议必须在澳大利亚居民，会议主管必须为澳大利亚居民；禁止 Qantans 采取任何措施在澳大利亚境外注册
			运输服务	在出租车许可证持有人已经作为北部地区的非居民超过 6 个月时，或者出租车许可证已停止经营作为主要经营场所超过 6 个月时，该出租车许可证将会被撤销
			金融服务	在澳大利亚被授权为吸收存款机构的外国银行的分支机构，不允许办理首次存款额低于 25 万澳元的个人和非居民普通居民存款业务。上市公司至少有两个普通董事是澳大利亚居民。非居民人寿保险必须经澳大利亚的批准受到澳大利亚法律下注册子公司的限制

218 ｜ 区域自由贸易协定中"负面清单"的国际比较研究

（续表）

澳大利亚—智利自由贸易协定

是否包括投资开放	投资开放产业是否采用负面清单	负面清单采用的行业分类代码分类	负面清单行业（产品）内容	保障条款内容
是	是	澳大利亚的"负面清单"		
			金融服务—保险及相关服务	非居民人寿保险公司的批准受限于子公司。大部分州和地区政府保留限制
			金融服务—银行及相关服务	地处海外的外国银行能够对澳大利亚提供服务，但不允许在澳大利亚募集资金或者在其境内从事业务运作。除非它是一个被授权银行。然而，地处海外的外国银行可以通过发行债券的形式在澳募集资金，前提是这些债券的发行总额不低于50万澳元，并且此发行银行是《1959年银行法》明确的非授权银行。外国存款机构（包括外国银行）只能通过本地注册的存款机构或者已授权的分支机构（外国ADI）或者同时通过两者开展银行业务。外国存款机构受到小额存款的特殊限制，外国存款机构不允许从个人或非公司机构接受存款（或其他资金）低于250000澳元的存款业务。然而，他们可以接受其他居民实体、非居民及其员工的任何形式的存款和其他资金。一些州的政府主要通过政府的全资或部分控股的澳大利亚商业企业来开展主要金融业务。为了获得澳大利亚市场许可证，申请者必须为一个法人集团。注册管理投资计划的责任实体的全资金融服务部分控股的上市公司，它持有澳大利亚金融服务许可证，被授权经营一个管理投资计划

第二章　区域贸易协定"负面清单"信息统计　　219

(续表)

中国—东盟（马来西亚）自由贸易协定

是否包括投资开放	投资开放产业是否采用负面清单	负面清单采用的行业分类代码分类	负面清单行业（产品）内容	保障条款内容
是	是	马来西亚的"负面清单"		
		CPC 8619	法律服务	只有通过注册在纳闽岛联邦领土的公司提供。法律服务须提供给成立于纳闽岛联邦领土的海外公司
		CPC 862	会计审计	只有和拥有马来西亚会计师资格的本地企业或马来西亚会计公司合作，且外资利益不得超过49%
		CPC 863	税收服务	只有和拥有被授权的马来西亚税收代理的本地企业或马来西亚私人有限公司合作，且外资利益不得超过30%
		CPC 8671	建筑服务	可以由自然人提供；合资企业中外国股份最高10%，由专业人士在原产地注册。外国管理者是不允许的
		CPC 8672	工程	同上
		CPC 8673	综合工程	只能通过办事处、地区办公室或包括马来西亚注册公司或马来西亚控股公司或两者兼而有之，且外资股份不超过30%
		CPC 86741	城市规划	（1）独立专家与马来西亚人的专业人员必须具备认可资格，并在相关监管部门办理临时登记；（2）顾问合同，独立的专业人员认可资格的雇佣合同；（3）相关立法下的其他要求或规定

(续表)

中国—东盟(马来西亚)自由贸易协定

是否包括投资开放	投资开放产业是否采用负面清单	负面清单采用的行业分类代码分类	负面清单行业(产品)内容	保障条款内容
是	是	**马来西亚的"负面清单"**		
		CPC 86742*	园林绿化	只能通过包括马来西亚人的合资公司或马来西亚控股公司或两者兼而有之,且外资股份不超过30%
		CPC 93122	专业医疗服务	专业医疗服务只能由自然人提供
		CPC 841	相关计算机硬件安装的咨询服务	
		CPC 842	软件实现	
		CPC 843	数据处理	
		CPC 844	数据库	
		CPC 8520,除了85203、85204	社会科学和人文学科研究与实验发展服务	只能通过包括马来西亚人的合资公司或马来西亚控股公司或两者兼而有之,且外资股份不超过30%
		CPC 83103	与船舶相关(排除国内航空运输和离岸交易)	只能通过办事处或马来西亚控股公司作为代理商
		CPC 83104	与飞机相关	
		CPC 83107*	与建筑,采矿,工厂和设备相关的服务	
		CPC 8711、8712、8719	广告服务	只能通过包括马来西亚人的合资公司或马来西亚控股公司或两者兼而有之,且外资股份不超过30%。广告需通过电子媒体,需80%在马来西亚本土制作

第二章 区域贸易协定"负面清单"信息统计 221

（续表）

中国—东盟（马来西亚）自由贸易协定

是否包括投资开放	投资开放产业是否采用负面清单	负面清单采用的行业分类代码的分类	负面清单行业（产品）内容	保障条款内容
是	是	马来西亚的"负面清单"		
		CPC 864	市场调查和民意调查	只能通过包括马来西亚人的合资公司或两者兼而有之，且外资股份不超过30%
		CPC 86509	其他管理咨询服务	只能通过包括马来西亚人的合资公司或两者兼而有之，且外资股份不超过30%。制药，国际增值网络，农村电信发展，人力资源开发领域的咨询和指导公司中本地人所占股份必须超过30%，不作限制，除了如协定中1 a）和b），2 a）和c）水平承诺所示
		CPC 8676,除了 86764	技术测试和分析	只能通过包括马来西亚人的合资公司或两者兼而有之，且马来西亚公司股份不少于30%
		CPC 881*，882*	农业和渔业管理咨询服务	同上
		CPC 884，885，除了88442	制造业管理咨询服务	
		CPC 87909	学生就业服务	
		CPC 87905	翻译	翻译只能由自然人担任

（续表）

中国—东盟（马来西亚）自由贸易协定

是否包括投资开放	投资开放产业是否采用负面清单	负面清单采用的行业分类代码分类	负面清单行业（产品）内容	保障条款内容
是	是	马来西亚的"负面清单"		
		CPC 87909	会展管理服务，包括提供规划、组织、管理和营销服务公约，以及其他类似事件	只能通过包括马来西亚人的合资公司或马来西亚控股公司或两者兼而有之，且外资股份不超过30%。超过5000座位的会议中心外国股份可达到49%
		所有部门	运营总部	只能由本地注册的全资外资公司操作：（1）至少有三种已完善的服务活动；（2）有一个相当大的网络公司在马来西亚，包括母公司或其他相关企业；（3）有一个完善的外资公司；（4）有大量合格的高管、专业人士、技术和其他支持人员；（5）能够不与总部磋商独立作决定或母公司位于马来西亚；（6）能为相应经济做贡献
			通信服务（个体执照）	提供网络设备和网络服务：只能通过与已有执照的企业合作且外资股份不超过30%。提供应用服务：可与马来西亚人建立本地合资公司，外资股份可达到49%，公司管理者必须是马来西亚人；当外国人在其他同等企业拥有超过5%的股份时，其在合资公司中持有的股份不超过30%

第二章 区域贸易协定"负面清单"信息统计 223

（续表）

中国—东盟（马来西亚）自由贸易协定

是否包括投资开放	投资开放产业是否采用负面清单	负面清单采用的行业分类代码分类	负面清单行业（产品）内容	保障条款内容
马来西亚的"负面清单"				
是	是		通信服务（等级执照）	提供网络设备和网络服务：只能通过与已有执照的企业合作且外资股份不超过30%。提供应用服务：可与马来西亚人建立本地合资公司，外资股份可达到49%，公司管理者必须是马来西亚人
		CPC 96113	视听教材	只能通过包括马来西亚人的合资公司或马来西亚控股公司或两者兼而有之，且外资股份不超过30%
		CPC 511, 512, 513, 514, 515, 516, 517	建筑工程	（1）只能通过办事处、地区办公室或包括马来西亚人的合资公司或马来西亚控股股公司或两者兼而有之，外资股份不超过30%。（2）没有在本地注册的外国建筑公司项目完全由外国投资和/或提供补助金；建设项目贷款通过国际招标；项目中等于或超过50%的资金来自外商投资，不可用当地的专业技术；100%的资金来自马来西亚自建设项目资金，不可用当地的专业知识
		CPC 92390	高等教育	
			其他教育服务（语言和短期课程、职业技术培训）	建立合资企业且外资不超过49%，必要时需通过测试。在一个教育机构10%的讲师或不超过20%的专家拥有必要的资格、知识，凭证和经验，且专业人员具备必要的专业资格

（续表）

中国—东盟（马来西亚）自由贸易协定

是否包括投资开放	投资开放产业是否采用负面清单	负面清单采用的行业分类代码分类	负面清单行业（产品）内容	保障条款内容
是	是	马来西亚的"负面清单"		
			离岸银行、离岸投资银行、离岸直接保险公司、离岸再保险公司、离岸保险经纪、离岸保险承保管理和离岸保险经理人	进入仅限于纳闽。进入仅限于注册成立分公司或成为合资公司
			商业银行和商人银行	13家外商独资商业银行可获准保留拥有全资的现有股东。持有马来西亚拥有或控制的商业银行/商人银行的股权受到限制，且外资持股比例最多20%。商业银行不得超过30%。个人单独或联合持股商人银行的任何股份，但可以收购商人银行或其他商人银行的股份。商业银行不得收购商业银行或其他商人银行的任何股份。如果某自然人已持有另一金融机构5%以上股权，该人员不得获取商业银行或商人银行5%以上股权。可以设立代表处，但代表处只能从事研究、信息交流和联络服务。银行高级管理者数目、位置受限；银行进入期限最大期限为5年

第二章　区域贸易协定"负面清单"信息统计

(续表)

中国—东盟（马来西亚）自由贸易协定

是否包括投资开放	投资开放产业是否采用负面清单	负面清单采用的行业分类代码分类	负面清单行业（产品）内容	保障条款内容
是	是	马来西亚的"负面清单"		
			直接保险公司	（1）除本承诺表特别指出外，不作承诺。（2）根据1996年保险法，外国保险公司分支机构必须在马来西亚当地注册成立，且外资股份最高限额为51%。如果现有外资股东是马来西亚当地保险公司的原始股东，则可以拥有最多51%的股份，但外资总股份不能超过51%。仅限于按照外资股份参股马来西亚当地保险公司的形式进入马来西亚市场，且外资持有股份累计不能超过30%。外资保险公司收购马来西亚当地保险公司不允许超过5%的股份；不能在保险经纪公司的保险超过5%的股份。已拥有另一家从事相同业务的保险经纪公司超过5%股份的个人在以下两种情况不能拥有超过5%的股份：（a）另一家从事相同业务管理者数目，位置受限；（b）保险经纪公司。银行经纪公司。银行进入申请许可证不作限制。银行高级管理者最长期限为5年
			银行和其他金融服务（不包括保险）接受存款，其他应付公众资金，以及批发和零售	宣传广告及接受马来西亚存款是不允许的，只能通过商业银行、商人银行或马来西亚离岸银行。在纳闽境外资银行获准只接受外币存款。境外投资银行在纳闽不得接受存款

226 ｜ 区域自由贸易协定中"负面清单"的国际比较研究

（续表）

中国—东盟（马来西亚）自由贸易协定

是否包括投资开放	投资开放产业是否采用负面清单	负面清单采用的行业分类代码分类	负面清单行业（产品）内容	保障条款内容
是	是	马来西亚的"负面清单"		
			所有类型的贷款，包括消费信贷、抵押信贷、商业交易的融资。	1）、2）贷款业务，若超过2500万林吉特等值的任何货币，必须与马来西亚的商人银行或商业银行共同进行。3）从事银行业务的机构仅限于：(a)本地注册成立的合资公司，且外资持股行业不得超过30%；或(b)代表处，只能从事研究和联络服务。商业银行管理机构不得超过30%。商业银行不得获准提供透支额度。境外银行和境内投资银行获准仅能以外币放贷。银行高级管理者数目、位置受限；公司进入最长期限为5年
			金融租赁	1）、2）以任何货币形式向居民租赁，必须与马来西亚的商业银行或商人银行独立实体和股权的合资公司共同进行。3）租赁服务由外国控股商业银行独立实体和股权的设立不应超过49%。非银行外资仅限于：(a)本地注册成立的合资公司，并且外资持股不得超过49%；(b)代表处，只能从事研究和联络服务处，通过纳税良好的外国租赁公司的许可，并实施、并且得到离岸实体只能办理外币。境外银行的离岸实体只能办理只有外币。这样获准开展融资租赁业务的公司只有外币。银行获准开展融资租赁业务；公司进入位置管理者数目、位置受限；金融企业最高级管理者数目、位置受限；金融企业最高期限为5年

（续表）

中国—东盟（马来西亚）自由贸易协定

是否包括投资开放	投资开放产业是否采用负面清单	负面清单采用的行业分类代码分类	负面清单行业（产品）内容	保障条款内容
是	是	马来西亚的"负面清单"		
			所有支付和汇划服务，即信用卡和借记卡、旅行支票和银行汇票。	(1) 电子资金转账系统需要审批。(2) 不作限制。(3) 离岸银行获准仅向非居民提供支付和汇划服务。只有商业银行获准发行信用卡，借记卡或提供支票等需汇兑换商的执照。出售仅限外汇和购买旅行支票和货币兑换商的执照。进入只限持股不得超过30%，并且外资持股不得超过30%。进入一个本地注册的合资公司，并且外资持股不得超过一个本地注册的合资公司，位置受限；公司进入最高机构管理者数目，位置受限；公司进入最长期限为5年
			充值卡	进入仅限于设立于马来西亚注册成立的公司。中央银行批准是必需的。金融机构高级管理者数目，位置受限；公司进入最长期限为5年
			担保和承诺	不作限制，除了在马来西亚成立的银行可给予优先取合权
			货币及外汇经纪服务	1)、2) 经纪服务，包括金融工具，必须通过在马来西亚注册成立的金融和货币及外汇经纪商进行。3) 进入仅限于：(a) 现有机构，这些机构合计持有中外资参股不得超过30%；或 (b) 由货币及外汇经纪商设立的分公司或子公司，注册或纳合资公司成立。离岸实体仅限于货币及外汇经纪服务只限于离岸合资子公司、离岸货币及外汇经纪服务，不能以自然人身份提供商业服务方面，不能以自然人身份提供商业服务

（续表）

中国—东盟（马来西亚）自由贸易协定

是否包括投资开放	投资开放产业是否采用负面清单	负面清单采用的行业分类代码分类	负面清单行业（产品）内容	保障条款内容
是	是	马来西亚的"负面清单"		
			以自己的账户或客户的账户交易：货币市场工具，外汇，可转让证券，汇率和利率工具，衍生产品（包括期货及期权），其他可转让票据（包括金条）	(1) 交易仅限于在指定国外交易所交易的合约。(2) 不作限制。(3) 境外银行和境外投资银行在纳闽的交易必须购天的货币。除在马来西亚的授权银行进行。境外银行和境外投资银行在纳闽销售或购买的货币。境外投资银行和外国公司创自己的账户交易仅限于工具。通过境外投资银行和外国公司创造及发行的工具。境外投资银行在纳闽和离岸公司在纳闽交易的客户仅限于非居民客户和在纳闽的离岸银行，离岸投资银行和外国公司和在纳闽的客户仅限于非居民客户的工具。通过马来西亚公司的股份，仅限于不是登记注册在马来西亚纳闽岛的离岸公司的非居民客户。
			涉及为各种证券和安置作代理的服务（不论是公开或私下）（不包括发行和房屋评级）	1)、2) 参与此类事务和有关此类业务的服务仅限于在纳闽民客户和马来西亚境外投资银行获准证券监督委员会的新发行证券。只有商业银行许可。非银行和马来西亚境外银行发行证券许可。非银行机构的参与需要建立一个本地注册的合资公司，并且外资持股不得超过30%。任命主要经销商不作承诺。

第二章 区域贸易协定"负面清单"信息统计 ‖ 229

（续表）

中国—东盟（马来西亚）自由贸易协定

是否包括投资开放	投资开放产业是否采用负面清单	负面清单采用的行业分类代码分类	负面清单行业（产品）内容	保障条款内容
是	是	马来西亚的"负面清单"		
		承销		（1）商业存在是必需的。（2）授权是必需的，只有持牌交易商被允许承销。（3）对于非银行，进入本地注册的合资公司，并且外资持股不得超过30%。商业银行和投资银行仅获准承销私人债务证券。商业银行境外投资银行获准承销并计价的证券，并通过纳税外国公司和外国公司发行
		资产管理： — 现金或投资组合管理 — 所有形式的集体投资管理 — 托管及存管服务		（1）商业存在是必需的。（2）不作限制。（3）托管和存管业务只限于以股票为基础的资产管理。离岸银行、离岸投资银行和离岸商业公司的资产管理，仅限于非居民客户和外国资产。离岸投资银行和离岸商业公司在马来西亚居民客户的股票或股票基础投资组合管理仅限于非居民的其他的股权）。非外国基金管理公司，作为非银行注册的合资公司（其中居住民）被限制在设立30%。由商业银行提供资产管理服务，需要设立本地实体，股权不限于一个本地注册，外资持股比重超过50%，并获得证券事务监察委员会的批准的公司。至少价值1000万林吉特来自当地资金，只限于外资持股不超过70%的FFMC。该公司管理或

(续表)

中国—东盟（马来西亚）自由贸易协定

是否包括投资开放	投资开放产业是否采用负面清单	负面清单采用的行业分类代码分类	负面清单行业（产品）内容	保障条款内容
是	是	马来西亚的"负面清单"		
			资产管理： — 现金或投资组合管理 — 所有形式的集体投资管理 — 托管及存管服务	承诺管理来源于马来西亚以外的至少1亿美元的资金量。本地资金来源于有限于信托基金其他形式的机构投资。只有10个最大的外资持股70%的FMCs可以管理本地单位信托受委托委员会批准的基金。金融机构高级管理者数目、位置受限；公司高级管理者最长期限为5年
			咨询、中介和其他附属金融服务，包括信用调查和分析，收购、企业重组和战略投资建议	(1)投资和有价证券咨询服务须通过商业存在模式提供。(2)向马来西亚居民提供投资和有价证券咨询之外的服务只能通过与马来西亚商业银行有合作的形式。(3)以非银行身份提供此类业务，仅限于通过以下方式：(a)通过当地合资公司提供此类业务，但外资股份累计不能超过30%；或(b)通过代表处。代表处（不能在马来西亚银行和联络处提供服务。证券公司代表处只能提供研究、信息交流和传播其许可。财务规划活动的委员会马来西亚提供财务公司这类公司只能向非居民客户提供此类服务。离岸投资银行和离岸金融机构高级管理者数目、位置受限；公司进入最长期限为5年

（续表）

中国—东盟（马来西亚）自由贸易协定

是否包括投资开放	投资开放产业是否采用负面清单	负面清单采用的行业分类代码分类	负面清单行业（产品）内容	保障条款内容
是	是	马来西亚的"负面清单"		
		金融部门营运总部（马来西亚办事处和相关公司工作活动的商业银行和投资银行机构，以及属于一般管理及行政，业务规划，技术支持，市场营销控制，销售推广策划，培训和人事管理，提供财务及基金管理服务和研发的）	1），2）不作承诺。3）只能通过在当地组建全资外资公司的方式提供此类服务。外资控股公司及外资控股公司的地区代表处将其营运总部移到马来西亚。在马来西亚新建的外资控股公司被认为相当于提供了此类服务。营运总部必须在马来西亚运作，并满足下列标准：（a）至少执行了3项营运总部的服务活动。（b）在马来西亚境外拥有一定规模的公司网络，包括母公司，总部及相关公司。（c）拥有完整规模的外资控股公司在资产和雇员等方面都达到一定规模。（d）拥有公司网络，该网络包括大量的合格的行政主管，专家，技术人员及其他辅助人员。（e）能够独立制定决策，而不需咨询马来西亚总部的行政主管。（f）能够通过马来西亚人提供的法律或会计服务。（i）能够使用马来西亚人经济做出贡献；（ii）能够吸引更多的外资流入。（iii）为马来西亚创造就业机会；金融机构高级管理者数目更多的外资进入。位置受限，最大期限为5年

232 ｜ 区域自由贸易协定中"负面清单"的国际比较研究

(续表)

中国—东盟（马来西亚）自由贸易协定

是否包括投资开放	投资开放产业是否采用负面清单	负面清单采用的行业分类代码分类	负面清单行业（产品）内容	保障条款内容
是	是	马来西亚的"负面清单"		
			证券经纪服务，包括经纪服务、资信调查和分析、投资组合管理和咨询、市场调研	（1）在马来西亚证券交易所交易必须通过本交易所的公司进行交易。在马来西亚注册成立的公司需要审批。提供居民投资顾问服务及马来西亚股票经纪商业存在：（2）进入仅限于认可的外国股票经纪公司：（a）参股现有的证券经纪公司，且外资持股不得超过49%，外国证券经纪公司还获准建立49%。外国证券经纪公司还获准建立一个股票经纪公司代表处。代表机构不得从事马来西亚从事出版和分发的研究工作、信息和联络服务。代表机构只能从事科研、信息和联络服务。代表机构不得从事马来西亚从事出版和分发的研究工作，新的许可证受条件限制，包括地理位置、数值配额及其他待确定条件；金融机构高级管理者数目、位置受限；公司进入人最大期限为5年

第二章 区域贸易协定"负面清单"信息统计 | 233

（续表）

中国—东盟（马来西亚）自由贸易协定

是否包括投资开放	投资开放产业是否采用负面清单	负面清单采用的行业分类代码分类	负面清单行业（产品）内容	保障条款内容
是	是	马来西亚的"负面清单"		
			商品期货经纪服务	1）、2）在马来西亚的任何商品期货交易所交易必须通过在马来西亚注册成立的公司进行。3）进入仅限于：(a) 成立本地注册的合资企业，并在该公司总体外国股权仅限于30%，更高的百分比由有关主管部门决定；或 (b) 代表处。本交易所将根据经济发展的需要进行参与。金融机构高级管理者数目、位置受限于市场测试
			B. 保险服务 直接保险（非人寿）	(1) 宣传和广告在马来西亚是不允许的。(2) 在国外保险的直接销售：(a) 位于马来西亚的动产或不动产，包括在马来西亚注册的船只或飞机；(b) 居民对第三方的赔偿责任需要审批。如果这种保险需要保险公司不能提供，那么公司可以获准。(3) 只准通过直接保险公司直接受马来西亚保险公司不得纳闽不得接受马来西亚具有风险的直接保险

(续表)

中国—东盟(马来西亚)自由贸易协定

是否包括投资开放	投资开放产业是否采用负面清单	负面清单采用的行业分类代码分类	负面清单行业(产品)内容	保障条款内容
是	是	马来西亚的"负面清单"		
		直接保险(人寿)	(1)不作承诺。(2)只允许通过直接保险公司提供。直接保险公司提供的投连业务和新寿险产品需要审批。境外直接保险公司在纳闽承保居民的人身保险,此限制并不适用于高净值的居民的普通寿险
		再保险和转分保(非寿险)	(1)再保险分出业务仅在当地能力不可用的情况下允许。(2)除境外直接保险和离岸再保险分出业务之前优化国家保持能力。在马来西亚再保险有限公司的外资持股不得超过30%。作为一个离岸再保险公司,进入仅限于纳闽。金融机构高级管理者数目,位置受限,进入人最大期限为5年
		再保险和转分保(寿险)	(1)再保险分出业务只在当地能力不可用之前的国家能力需要得到优化。(a)在马来西亚,对直接保险人寿作承诺,以及获得新牌照人寿再保险公司以及获得集团许可有限责任。人寿再保险的外资持股不得超过30%。公司进入置受限;金融机构高级管理者数目,位置受限,公司进入人最大期限为5年

第二章 区域贸易协定"负面清单"信息统计 | 235

(续表)

中国—东盟（马来西亚）自由贸易协定

是否包括投资开放	投资开放产业是否采用负面清单	负面清单采用的行业分类代码分类	负面清单行业(产品)内容	保障条款内容
是	是	马来西亚的"负面清单"		
			保险中介——保险经纪（中介除外）	1)、2）直接保险经纪服务只能提供给在纳闽的境外公司。再保险经纪业务是允许的。3）对陆上保险经纪不作承诺。不允许境外保险经纪机构从事马来西亚直接保险经纪业务。此限制并不适用于马来西亚的风险再保险经纪业务
			保险中介——保险承保及保险管理	1)、2）保险承保及保险管理不作承诺。海上保险承保及保险管理可向在纳闽的境外保险公司以外的其他人提供保险管理服务。离岸保险经理可向居民以外的任何人提供保险管理服务。离岸保险认购经纪人不能给除了本地人外的任何人提供服务。离岸保险经纪高级管理者数目、位置受限
			保险辅助服务，包括顾问（保险业不包括保险代理服务）、精算风险评估、风险管理、海上损失理算	(1)精算保险公司。(2)不作承诺。(3)限于建立分支合伙人。离岸公司不得为马来西亚居民提供服务
		CPC 93110*	私人医院	只能通过包括马来西人的合资公司和离岸公司或马来西亚轻股公司或合资股份不超过40%，合资公司不得经营床位超过100张的医院

（续表）

中国—东盟（马来西亚）自由贸易协定

是否包括投资开放	投资开放产业是否采用负面清单	负面清单采用的行业分类代码分类	负面清单行业（产品）内容	保障条款内容
是	是	马来西亚的"负面清单"		
		CPC 641, 642, 643	酒店导游餐厅	只能通过包括马来西亚人的合资公司或马来西亚控股公司或两者兼而有之，且外资股份不超过30%；四星级和五星级酒店外资不超过49%
		CPC 7471	旅行社	只能通过包括马来西亚人的合资公司或马来西亚控股公司或两者兼而有之，且外资股份不超过30%；仅经营入境旅游，外资股份不超过49%
		CPC 7472	导游	导游服务只能由自然人提供
		CPC 96191, 96192, 96194	其他娱乐服务	娱乐服务只能由自然人提供。主题公园只能通过包括马来西亚人的合资公司或马来西亚控股公司或两者兼而有之，且外资股份不超过49%
		CPC 96411, 96412	体育赛事管理服务	只有通过马来西亚控股公司作为当地的赞助商
		CPC 7211, 7212	国际海上运输	只能通过办事处、地区办公室或包括马来西亚人的合资公司或马来西亚控股公司或两者兼而有之，且外资股份不超过40%。公司的所有者只能是马来西亚人，或该公司在马来西亚成立；股权所有者有权所有董事会大部分是马来西亚人；主要经营的业务在马来西亚

第二章 区域贸易协定"负面清单"信息统计 | 237

(续表)

中国—东盟（马来西亚）自由贸易协定				
是否包括投资开放	投资开放产业是否采用负面清单	负面清单采用的行业分类代码分类	负面清单行业（产品）内容	保障条款内容
是	是	马来西亚的"负面清单"		
		CPC 72130	有运营商的国际船只租赁服务	允许船船员上岸，停泊期间适用国内法规
		CPC 83103	没有运营商的国际船只租赁服务	
		CPC 748*	海运服务	
		CPC 74540	船只打捞	
		CPC 7480	海上货运代理	只能通过办事处、地区办公室或包括马来西亚人的合资公司或马来西亚控股股份公司或两者兼而有之，且外资股份不超过49%
		CPC 97090	技能培训服务	只能通过办事处、地区办公室或包括马来西亚人的合资公司或马来西亚控股股份公司或两者兼而有之，且外资股份不超过30%，建立当地分支机构需要额外的许可证

（续表）

中国—东盟（缅甸）自由贸易协定

是否包括投资开放	投资开放产业是否采用负面清单	负面清单采用的行业分类代码分类	负面清单行业（产品）内容		保障条款内容
是	是	缅甸的"负面清单"			
			飞机维修和保养		如水平承诺所示
			航空运输服务的销售和市场营销		
			电脑订票系统		服务提供者必须按照规定的规章制度在国家电信主管部门使用公共电信网络，商业活动需外国运营
		CPC 862	会计审计		鼓励本土注册的会计人员在合资企业按照外国法律工作，国外会计工作者需是职业会计师
		CPC 8672	工程		如水平承诺所示
		CPC 87905	翻译		
		CPC 38109	录音设备租赁		
		CPC 871	广告		
		CPC 89	印刷和出版		
		CPC 513	民事建筑工程		如水平承诺所示
			保险服务		
			平均和损失调整服务		如水平承诺所示
		CPC 8143	外国银行代表处		外国银行可以在缅甸开设代表处，如水平承诺所示

(续表)

中国—东盟(缅甸)自由贸易协定

是否包括投资开放	投资开放产业是否采用负面清单	负面清单采用的行业分类代码分类	负面清单行业(产品)内容	保障条款内容
是	是	缅甸的"负面清单"		
		CPC 93123	牙医服务	允许外国服务供应商依法提供有关人卫生保健服务,包括缅甸公民的合资公司或企业有51%的外国股票是允许的,如水平承诺所示
		CPC 93191	护理疗辅助医疗服务	如水平承诺所示
			仓库及货仓服务	如水平承诺所示
			国际旅客运输(不含国内)	
			国际货物运输(不含国内)	
			海上货物装卸服务	
		CPC 7523**,7522	电传电报业务	
		CPC 7523**,7523**,7523**,7523**,843**	电子邮件系统,语音邮件服务,电子数据交换,网上信息检索和数据基础,代码和协议转换,在线信息数据处理	只能使用国家网关,如水平承诺所示
		CPC 96121	电影和录像生产	如水平承诺所示
		CPC 9615	电影剧院和电影放映服务	
		CPC 641—643	旅馆	
		CPC 7471	旅行社和导游服务	

（续表）

新西兰—中国自由贸易协定

是否包括投资开放	投资开放产业是否采用负面清单	负面清单采用的行业分类代码分类	负面清单行业（产品）内容	保障条款内容
		新西兰的"负面清单"		
是	是	CPC 8812	畜牧管理相关服务	根据乳业委员会1961年法案关于畜牧检疫的规定,由意外保障赔偿保险公司对交通工具所有者、雇主、雇员以及自我雇用者征税,未强制实施员工意外损失修复金额在每年处房产10万新西兰币以下,每人20万新西兰币以下的唯一承保人。金额可能由相关法律修订。CPC 01、02、211、213—216、22、2399和261下相关产品的营销与销售不受此条款限制
		CPC 8129	非人寿保险	根据1962年意外保障赔偿法案规定,海外保险公司需获得新西兰乳业委员会颁发的许可证,许可证数量是被限制的。地震管理委员会地震实施员工意外赔偿保险。地震管理委员会是地震导致的房产损失修复金额在每年处房产10万新西兰币以下,每人20万新西兰币以下的唯一承保人。金额可能由相关法律修订。CPC 01、02、211、213—216、22、2399和261下相关产品的营销与销售不受此条款限制 其他:商业呈现模式应遵照1993年金融报告制度和1993年公司法案。海外公司必须提交年度资产负债表、损益表和现金流量表(如果需要,并经会计标准与跨国研究委员会同意)。法案同时要求提交财务报告与相关的业务。法案要求如下:公募公司、(a)公募公司、登记办提交年审计报告;(b)有26%以上的股份被以下主体持有或控制的公司:(i)新西兰以外公司的分支机构以及分支机构常住居民;(ii)新西兰以外的公司;(iii)非新西兰常住居民

(续表)

中国—东盟(缅甸)自由贸易协定

是否包括投资开放	投资开放产业是否采用负面清单	负面清单采用的行业分类代码分类	负面清单行业(产品)内容	保障条款内容
		缅甸的"负面清单"		
是	是	CPC 8140	保险中介服务,如保险经纪或保险代理	根据1992年意外保障赔偿法案规定,由意外保障赔偿公司对交通工具所有者、雇主、雇员以及自我雇佣者征税,从而强制实施员工意外赔偿保险。根据1971年苹果和梨市场营销法案和1987年小麦生产者税收法案(或根据1990年商品税收法案相关规定),相关主体(苹果与梨委员会;联合小麦生产者(NZ LTD))有权根据种植者利益而强制性征税,以用于购买灾害保险。CPC 01,02,211,213—216,22,2399和261下相关产品的营销与销售不受此条款限制。其他:商业呈现模式应遵照1993年金融报告制度和1993年公司法案。海外公司必须提交年度资产负债表、损益表和现金流量表(如果法案同意,并经会计标准与研究委员会同意)。法案同时要求财务报告与跨国公司相关的业务。法案要求被以下主体持有或控制的公司和新西兰以外公司登记处提交年度财务审计报告:(a)公募公司;(b)有26%以上的股份被以下主体持有或控制的公司:(i)新西兰以外公司;(ii)新西兰以外公司的分支机构以及分支机构以外的公司;(iii)非新西兰常住居民

（续表）

中国—东盟（缅甸）自由贸易协定

是否包括投资开放	投资开放产业是否采用负面清单	负面清单采用的行业分类代码分类	负面清单行业（产品）内容	保障条款内容
是	是	缅甸的"负面清单"		
		CPC 7211	国际运输（货运与客运）	对经营悬挂新西兰国旗的船队的注册门的有海运服务部门。营销与销售CPC 01、02、211、213—216、22、2399和261下商品的海运服务不受限制
		CPC 7212	除附件三界定的沿海贸易	

新西兰—泰国自由贸易协定

是否包括投资开放	投资开放产业是否采用负面清单	负面清单采用的行业分类代码分类	负面清单行业（产品）内容	保障条款内容
是	是	新西兰的"负面清单"		
		CPC 62111，仅限于与 CPC 02961-02963 相关	羊毛皮相关产品	没有限制，但在出口方面：（1）涉及出口关税配额、国别优先权或其他具有相同效果的措施时，出口分销权分配方面将对服务供应商数量、交易额、交易次数或设定限制。（2）在特定政府支持行业，可能强制实施出口营销策略。这些出口营销策略不包括限制市场参与者的数量或限制出口量的措施
		CPC 62112，仅限于与 CPC 21111、21112、21115、21116、21119 和 02961-02963** 相关	牛羊杂碎和羊毛皮相关产品	同上
		CPC 62116，仅限于与 CPC 2613-2615 相关	羊毛皮相关产品	

（续表）

中国—东盟（缅甸）自由贸易协定

是否包括投资开放	投资开放产业是否采用负面清单	负面清单采用的行业分类代码的分类	负面清单行业（产品）内容	保障条款内容
		新西兰的"负面清单"		
是	是	CPC 8129	非人寿保险	根据1962年意外保障赔偿法案规定，由意外保障赔偿保险公司对交通工具所有者、雇主、雇员以及自我雇佣者征税，从而强制实施员工意外赔偿保险。地震管理委员会是地震导致的房屋损失修复金额在每处房产10万新西兰币以下，每人20万新西兰币以下的唯一承保人。金额可能与相关法律法规修订不受此条款限制。但以下有产品承诺的产品的相关产品的营销与销售：CPC 01，02，211，213—216，22，2399和261下相关的产品的营销和销售除外：CPC 21111，21112，21115，21116和21119＊＊（食用牛羊杂碎）；CPC 2613—2615＊＊（仅羊毛皮）。其他：商业呈现模式应遵照1993年金融报告制度和1993年公司法案。海外公司必须提交年度资产负债表、损益表和现金流量表。海外公司（如果需要，并经会计标准研究委员会同意）。法案同时要求提交年度财务报告与跨国公司相关的业务的业务审计报告：(a) 公募公司；(b) 有26%以上外公司的股份被以下主体持有或控制的公司：(i) 新西兰以外公司的分支机构以及分支机构以外的公司；(ii) 新西兰以外公司的分支机构以及分支机构以外的公司；(iii) 非新西兰常住居民
		CPC 8140	保险中介服务，如保险经纪或保险代理	同上

(续表)

中国—东盟(缅甸)自由贸易协定

是否包括投资开放	投资开放产业是否采用负面清单	负面清单采用的行业分类是否采用分类代码分类	负面清单行业(产品)内容	保障条款内容
是	是	**新西兰的"负面清单"**		
		CPC 7211, 7212	国际运输(货运与客运),除附件三界定的沿海贸易	对经营悬挂新西兰国旗的船队的注册公司没有限制
			空运服务的出售与营销	对 CPC 01、02、211、213—216、22、2399、261 下相关产品的营销与销售不受此条款限制。但以下所有产品承诺的营销和销售除外:CPC 21111、21112、21115、21116 和 CPC 21119**(食用牛羊杂碎);CPC 2613—2615**(仅羊毛皮);CPC 02961—02963**(仅羊毛皮)。 其他:通用条款适用于所有海运服务部门:营销与销售的海运服务不受限制,但以下所有产品承诺的营销和销售除外:CPC 21111、21112、21115、21116 和 21119**(食用牛羊杂碎);CPC 2613—2615**(仅羊毛皮);CPC 02961—02963**(仅羊毛皮)

第二章 区域贸易协定"负面清单"信息统计 | 245

（续表）

新西兰——中国香港关于建立更紧密的经济伙伴关系协定

是否包括投资开放	投资开放产业是否采用负面清单	负面清单采用的行业分类代码分类	负面清单行业（产品）内容	保障条款内容
是	是	新西兰的"负面清单"		
		CPC 8812	专利相关服务	英国或爱尔兰居民在非新西兰注册的，需满足1953年专利法案 S. 100（2）（a）所列要求，方能注册专利代理人
		CPC 8812	畜牧管理相关服务	新西兰政府相关法规与《2001年新西兰乳品行业重组法》（简称DIRA）被授权免费获得数据库。DIRA规定，所有从事奶牛检疫的企业都有提供报告的义务，以及获得相关数据的权利。根据DIRA，相关的数据查询要求可被拒绝。投资限制适用于授权，相关授权购买服务的股权持有人放松相关限制时，需得到相关管理部门的同意
		CPC 7521	公用电话服务	新西兰电信公司规定，任何超过49.9%的国外持股需要经过新西兰政府同意。董事会成员中新西兰市民须超过1/2
		CPC 7522	商业网络服务	
		CPC 7523	数据与信息转换服务	
		CPC 7525	互联服务	
		CPC 7529	其他电信服务	
		CPC 96131	无线电服务	根据1989年无线电通讯管理法案，外国政府代理人使用和管理无线电频率的权利必须经外国政府或新西兰政府同意
		CPC 96133	节目制作与传播综合服务	经济发展部主管的同意

（续表）

新西兰——中国香港关于建立更紧密的经济伙伴关系协定

是否包括投资开放	投资开放产业是否采用负面清单	负面清单采用的行业分类代码分类	负面清单行业（产品）内容	保障条款内容
是	是	新西兰的"负面清单"		
		CPC 62111	农产品原料与活动动物经纪服务	1953年初级产品市场营销法案规定，限制具有垄断权或次要垄断权的企业从事养蜂、水果种植、麋鹿养殖、山羊等行业产品的出口服务
		CPC 62112	粮食、饮料、烟草经纪服务	
		CPC 62116	纺织、服装和鞋类经纪服务	
		CPC 62118	其他未归类商品的经纪服务	
		CPC 6221,除了62213	未加工烟草相关商品外的农产品原料、活动动物的批发服务	
		CPC 62221	水果蔬菜批发贸易	
		CPC 62223	肉类、禽类和猎鸟的批发贸易	
		CPC 62226	饮料批发贸易	
		CPC 62229	食品和其他未归类商品的批发贸易	
		CPC 62231	纺织品批发贸易	
		CPC 62234	毛皮制品批发贸易	

（续表）

新西兰—新加坡自由贸易协定

是否包括投资开放	投资开放产业是否采用负面清单	负面清单采用的行业分类代码分类	负面清单行业（产品）内容	保障条款内容
是	是	新西兰的"负面清单"		
		CPC 8812	畜牧管理相关服务	根据乳业委员会1961年法案关于畜牧检疫的规定，畜牧检疫服务需获得新西兰乳业委员会颁发的许可证，许可证数量是被限制的
		CPC 8129	非人寿保险	根据1962年意外保障赔偿法案规定，由意外保障赔偿保险公司对交通工具所有者、雇主、雇员以及自我雇佣者征税，从而强制实施员工意外赔偿保险。地震管理委员会是新西兰地震导致的房产损失保险的唯一承保人。金额可能由相关法律法规修订，每人20万新西兰元以下的房产10万新西兰元以下相关的CPC 01, 02, 211, 213—216, 22, 2399产品的营销与销售不受此条款限制
		CPC 8140	保险中介服务，如保险经纪或保险代理	根据1992年意外保障赔偿法案规定，由意外保障赔偿保险公司对交通工具所有者、雇主、雇员以及自我雇佣者征税，从而强制实施员工意外赔偿保险。根据1971年苹果和梨市场营销法案和1987小麦生产者税收法案（或根据1990商品税收法案（NZ LTD））有权根据苹果与梨种植有利益而强制性征税，联合小麦委员会；以用于购买灾害保险。CPC 01, 02, 211, 213—216, 22, 2399和261下相关产品的营销与销售不受此条款限制	其他：商业呈现规模式应遵照1993年金融报告制度和1993年公司法案。海外公司必须提交年度资产负债表、损益表和现金流量表（如果需要，并经官标准会计标准委员会同意）。法案同时要求提交财务报告与跨国公司和新西兰相关的业务。法案要求如下公司向公司登记处提交年度财务审计报告：（a）公募公司。（b）有26%以上的股份被以下主体持有或控制的公司：（i）新西兰以外机构的公司分支机构以及公司的分支机构；（ii）新西兰以外机构的公司；（iii）非新西兰常住居民
			国际货运与客运（沿海运输除外）	对经营悬挂新西兰国旗的船队的注册公司没有限制

248 ｜ 区域自由贸易协定中"负面清单"的国际比较研究

（续表）

新西兰—跨太平洋战略经济伙伴协定

是否包括投资开放	投资开放产业是否采用负面清单	负面清单采用的行业分类代码分类	负面清单行业（产品）内容	保障条款内容
是	是	**新西兰的"负面清单"**		
		专利相关服务	注册专利代理人	英国或爱尔兰居民在非新西兰注册的，需满足1953年专利法案S.100（2）(a) 所列要求，方能注册专利代理人
		CPC 8812	畜牧管理相关服务	新西兰政府相关法规与DIRA可免费向LIC获得数据库。DIRA规定了所有从事奶牛检疫企业的报告义务，以及获得相关数据的权利。根据DIRA，相关数据查询要求可被拒绝。投资限制适用于LIC，在自愿愿向LIC购买服务的股权持有人放松相关限制时需得到相关管理部门的同意
		CPC 7511	邮政服务	根据1988年邮政服务法案，新西兰企业为全球邮政联盟指定的邮政运营商。根据邮政法案，限制发行含有"新西兰"的邮票（企业名中含有"新西兰"的邮票发行商除外）
		CPC 7521,7522,7523,7525,7529	公用电话服务、商业网络服务、数据与信息转换服务、交互通信服务、其他电信服务	新西兰电信公司规定，任何超过49.9%的国外持股需要经过新西兰政府同意。董事会成员中新西兰市民必须超过1/2
		CPC 96131,96133	无线电服务、节目制作与传播综合服务	根据1989年无线电通讯管理法案，外国政府或外国政府代理人使用和管理无线电频率的权利的获得必须经经济发展部主管部门同意

第二章 区域贸易协定"负面清单"信息统计 249

（续表）

新西兰—跨太平洋战略经济伙伴协定

是否包括投资开放	投资开放产业是否采用负面清单	负面清单采用的行业分类代码分类	负面清单行业（产品）内容	保障条款内容
是	是	**新西兰的"负面清单"**		
		CPC 62111,62112,62116,62118,6221,除丁 CPC 62213,62221,62223,62226,62229	农产品原料与活动物经纪服务,粮食、饮料和烟草经纪服务,其他未归类商品的经纪服务,除丁62213未加工烟草相关商品外的农产品原料,活动物的批发贸易,水果蔬菜批发贸易,肉类禽类和猎鸟的批发贸易,饮料类商品的批发贸易,食品和其他未归类商品的批发贸易	1953年初级产品市场营销法案规定,限制具有垄断权或次要垄断权的企业从事养蜂、水果种植、麋鹿养殖、山羊等行业产品的出口服务
		CPC 62231,62234	纺织品批发贸易,毛皮制品批发贸易	

（续表）

欧盟—哥伦比亚自由贸易协定

是否包括投资开放	投资开放产业是否采用负面清单	负面清单采用的行业分类代码分类	负面清单行业（产品）内容	保障条款内容
是	是	**欧盟的"负面清单"**		
		所有部门	房地产行业	奥地利、保加利亚、塞浦路斯、捷克、丹麦、爱沙尼亚、西班牙、希腊、芬兰、匈牙利、意大利、立陶宛、拉脱维亚、马耳他、波兰、罗马尼亚、斯洛伐克限制外国投资者对房地产和土地的收购
		所有部门	公共设施	欧盟整个境内
		所有部门	建立形式	欧盟：第三国子公司的建立必须符合欧盟法律和拥有法定公司注册，且不能在欧盟境内再有分支和代理机构
			投资	西班牙：外国政府或外国政府直接或间接控制的实体投资，需要西班牙政府许可。 保加利亚：中央和市级政府持有30%以上股权的企业的股权转让给第三方需要得到政府许可，外国投资不能参与私有化。 法国：第三国购买本国现有企业1/3以上资本或投票权，或者公开报价20%以上相应的法国企业时需要遵从以下管制：一是任营业额超过7600万欧元和经济事务部门有权进行数额760万欧元，可以任事先通知和查证推迟15天内进行投资默认确认。二是除特殊情况外，经济事务部门有权推迟投资默认，其余情况会在事先通知一个月的期限内得到投资被限制，取决于法国政府以任的案参与新建私有企业投资和提炼。 外国投资者和保加利亚法人可以共同投资勘探、海洋资源开发和提炼。

（续表）

欧盟—哥伦比亚自由贸易协定

是否包括投资开放	投资开放产业是否采用负面清单	负面清单采用的行业分类代码的分类	负面清单行业（产品）内容	保障条款内容
是	是	欧盟的"负面清单"		
			投资	伴基础。如果从事某些商业、工业或手工业经济活动的企业的总经理在任期内无永久居留，需要得到特定授权芬兰：外国拥有者超过 1/3 投票权的主要公司或者从事主要商业务的公司（超过 1.68 亿欧元）需要得到芬兰政府或者从负债表总额超过 1.68 亿欧元）需要得到芬兰政府确认，只有危及国家利益时确认会被否决。同时，这些限制不适用于电信服务业。 匈牙利：参与新建私有企业有权不限制。 意大利：对外国投资权有企业有权不限制。 意大利：对新建私有企业一些情况下会受到限制。新建私有企业投票权在一些情况下会受到限制。新建私有企业投票权在一些情况下会受到限制。在 5 年内，在防卫设备、交通服务、电信和能源行业较大份额股权的获得需要获得主要机关的同意
		所有部门	地理区域	芬兰：在爱兰群岛，不享有该区域居民权或者没有经过爱兰群岛当地机关许可的法人建立公司是违法的
		ISIC rev 3.1：011、012、013、014、015	农业、狩猎，除相关咨询业服务外	奥地利、匈牙利、马耳他、罗马尼亚无限制。塞浦路斯：非欧盟对农业企业或者酒庄的获得需要得到政府许可。爱尔兰：非欧盟居民从事农业面粉生产活动需要得到政府许可
		0501、0502	渔业、水产养殖业，除相关咨询业服务外	奥地利：至少 25%的船只在奥地利注册。比利时、芬兰、爱尔兰、拉脱维亚、尚兰、葡萄牙、斯洛伐克：在境内为国投资者不能合并拥有挂有本国国旗的总部。塞浦路斯、希腊：非欧盟成员国投资最高限是 49%。丹麦：非欧盟成

(续表)

欧盟—哥伦比亚自由贸易协定

是否包括投资开放	投资开放产业是否采用负面清单	负面清单采用的行业分类代码分类	负面清单行业(产品)内容	保障条款内容
是	是	欧盟的"负面清单"		
		0501，0502	渔业、水产养殖业，除相关咨询服务外	员国居民不能拥有1/3或者更多从事商业捕鱼企业的所有权，非欧盟成员国居民不能与丹麦企业合作，不能拥有挂有丹麦国旗的船只。法国：非欧盟成员国不能参与鱼类、贝类、藻类耕种的海洋国家所有权。外国投资者不能合并和拥有挂有法国国旗的船只。德国：海洋捕捞许可证只只爱沙尼亚公民拥有大多数的所有权。德国：海洋捕捞许可证只授予挂有德国国旗的船只。爱沙尼亚：爱沙尼亚公民拥有大多数的所有权。意大利：非欧盟成员国的外国人不能拥有挂有意大利国旗的船只的绝大多数收益，或者控制利益分配所在企业必须设有总部。瑞典、外国投资者所有权介有和拥有总部在瑞典的企业且挂有瑞典国旗只所有权的50%以上；斯洛维亚：当斯洛维亚居民拥有斯洛维亚国旗，船只只有权属于斯洛维亚国，人在欧盟境内有总部。英国：除非本国居民或企业(本国人所有权超过75%)所占权利被保留资超过75%的情况下，该投资可以进行，否则权利被保留
		ISIC rev 3. 1：10，1110，13，14	煤炭和褐煤开采、碳泥提取、原油和天然气提纯、金属矿石开采、其他采矿和采石	欧盟：能源供给国的投资者投资被禁止，但分公司不受限制
		22	出版、印刷和记录媒介复制	在费用和合约基础上的出版印刷除外。意大利：有国籍条件限制

第二章 区域贸易协定"负面清单"信息统计　253

（续表）

欧盟—哥伦比亚自由贸易协定

是否包括投资开放	投资开放产业是否采用负面清单	负面清单采用的行业分类代码分类	负面清单行业（产品）内容	保障条款内容
是	是	欧盟的"负面清单"		
		ISIC rev 3.1: 232	精炼石油产品制造业	欧盟：能源供给国的投资者被禁止参与投资，但直接分支机构不受限制
		4010	独立的电力传递与分配、电力生产	欧盟：能源供给国的投资者被禁止参与投资，但直接分支机构不受限制
		4020	独立的天然气原料分布和天然气生产	同上
		4030	独立的蒸汽和热水分布以及生产	同上
		CPC 861，不包括法律咨询、认证等服务	商业服务：专业服务——法律服务	奥地利、外国律师（被协议国另一方认证的）在法律企业拥有的股权不能超过25%，在决策上没有决定权。比利时：非荆事案可以在最高法院形式上决定保留。法国：对承认法国服务协会等形式的事务所的律师提供认证法国国家律师，且拥有75%以上股份的事务所才会被承认。丹麦：只有获得丹麦律师从业资格在丹麦注册的事务所才能拥有丹麦律师从业许可权。匈牙利：采取商业存在的前提是必须拥有匈牙利律师办公场所，或者办事处。波兰：其他法律形式拥国成员国律师有用时，外国律师只能通过注册合作伙伴和受限合作伙伴的形式进入

（续表）

欧盟—哥伦比亚自由贸易协定

是否包括投资开放	投资开放产业是否采用负面清单	负面清单采用的行业分类代码分类	负面清单行业（产品）内容	保障条款内容
是	是	欧盟的"负面清单"		
		非审计服务的 CPC 86212、86213、86219、86220	商业服务：专业服务——会计和会计记账服务	奥地利：外国会计师参与的股权和股票不得超过奥地利经济考人实体的 25%，即于该行业必须满足奥地利经济考验，即于行业的就业情况。塞浦路斯：丹麦：为了以合作形式进入丹麦授权的会计事务所，外国会计师必须获得丹麦商业和企业授权的许可
		非会计服务的 CPC 86211 和 86212	商业服务：专业服务——审计服务	奥地利：外国审计师参与的股权和股票不得超过奥地利经济考人实体的 25%，即于该行业必须满足奥地利经济考验，即于行业的就业情况。塞浦路斯：捷克：至少 60% 的资本或股票权归本国居民保留。丹麦：为了以合作形式进入丹麦授权的会计事务所，外国会计师必须获得丹麦商誓审计师至少拥有 50% 的资本投票。拉脱维亚：商业公司、立陶宛：不低于 75% 的股权归欧盟审计人员或审计公司所有。瑞典：在瑞典，只有被许可的审计人员才能在某一法律实体从事合法的审计服务。斯洛文尼亚：外国人在审计公司所占股权份额不能超过 49%
		CPC 863	商业服务：专业服务——税务咨询服务	奥地利：外籍税务咨询人员参与股权和股票的比例不能超过 25%，仅适用于非奥地利专业机构成员。塞浦路斯：进入该行业必须满足奥地利经济考验，即于行业的就业情况

（续表）

欧盟—哥伦比亚自由贸易协定

是否包括投资开放	投资开放产业是否采用负面清单	负面清单采用的行业分类代码分类	负面清单行业（产品）内容	保障条款内容
是	是	欧盟的"负面清单"		
		CPC 8671 CPC 8674	商业服务：专业服务——建筑设计服务，城市规划和景观设计服务	保加利亚：对具国际或区域长远意义的项目，外国投资者必须以合作方式或作为当地分包商进行投资。拉脱维亚：对于建筑服务，只有拥有3年的该领域的从事经验才能获得执行商业行为和法律责任以及项目签约的权利
		CPC 8672 CPC 8673	商业服务：专业服务——技术维护服务，综合工程服务	保加利亚：对具国际或区域长远意义的项目，外国投资者必须以合作方式或作为当地分包商进行投资
		CPC 9312，部分85201	商业服务：专业服务——医学（含心理学）和牙医服务	奥地利：除牙医，心理师和精神咨询师外不受限制。德国：进入该行业必须满足经济考验，即相关服务者在特定区域短缺。法国：欧盟投资者同时有其他可适用的法律类型，而非投资者进入只适用"行使自由社会"（société civile professionnelle）的和"专业的合作伙伴关系"（société civile liberal）的法律。拉脱维亚：保加行业必须满足经济考验，即相关服务者在特定可能性建设卫生服务计划（关于人口以及现有医疗和牙医功能性建设卫生服务计划）进入该专业者在特定服务者在特定可能性建设卫生服务计划的许可。英国：国民医疗保健者出的医生制度需符合医疗人力计划。其余欧盟成员国中，芬兰无限制

（续表）

欧盟—哥伦比亚自由贸易协定

是否包括投资开放	投资开放产业是否采用负面清单	负面清单采用的行业分类代码分类	负面清单行业（产品）内容	保障条款内容
是	是	欧盟的"负面清单"		
		CPC 932	商业服务：专业服务——兽医服务	保加利亚：进入该行业必须满足经济考验、人口和现有商业密度。法国：欧盟投资者进入只适用"行使自由社会"的法律，匈牙利：进入该行业必须满足经济考验外国投资者进入只适用"和"专业的合作伙伴关系"的法律。匈牙利：进入该行业必须满足经济考验劳动力市场条件。其余欧盟成员国中，奥地利无限制
		CPC 93191（部分）：	商业服务：专业服务——助产服务	意大利：经济需求检验被运用。主要标准：子行业的就业情况。法国：欧盟投资者同时有其他自由社会"行使自由社会"的法律，匈牙利：进入该行业必须满足经济考验国投资者进入只适用"和"的合作伙伴关系"的法律。拉脱维亚：需满足特定区域的就业情况和辅助医疗人员的检测标准：特定区域的就业情况和辅助国中，保加利亚，芬兰，匈牙利，马耳他和斯洛文尼亚无限制
		CPC 63211	商业服务：专业服务——医疗药品的零售和药剂师的其他服务	比利时，德国，丹麦，爱沙尼亚，西班牙，法国，意大利，匈牙利，爱尔兰，拉脱维亚，葡萄牙，斯洛伐克：授权必须满足经济需求检验。主要标准：人口和现有药房的地理密度。其余欧盟成员国中，比利时，德国，塞浦路斯，芬兰，马耳他波兰，罗马尼亚，瑞典和斯洛文尼亚无限制
		CPC 851,852（心理师服务除外），853	商业服务：研发服务——自然科学研发服务，跨学科学研发服务	欧盟：对于公共资助的研发服务，只有欧盟成员国和总部在欧盟境内的法人同意才可获得专有权和/或许可权

（续表）

欧盟—哥伦比亚自由贸易协定

是否包括投资开放	投资开放产业是否采用负面清单	负面清单采用的行业分类代码分类	负面清单行业（产品）内容	保障条款内容
是	是	欧盟的"负面清单"		
		CPC 83103	商业服务：无运营上的租赁服务——船舶相关	立陶宛：船只必须归立陶宛自然法人所有或者建立在立陶宛企业所有。瑞典：对挂有瑞典国旗的船只，必须是瑞典人在船只运营中占主导影响
		CPC 83104	商业服务：无运营上的租赁服务——航空器相关	欧盟：除了资本控制权外，必须在欧盟成员国内进行注册，航空器必须被特定国籍的自然人或者法人拥有
		CPC 866	商业服务：其他商业服务——管理咨询服务	匈牙利仲裁和调节服务无限制（CPC 86602）
		CPC 881（部分）	商业服务：其他商业服务——农业、狩猎和林业附带的顾问咨询服务	塞浦路斯、捷克、爱沙尼亚、立陶宛、马耳他、斯洛伐克、斯洛文尼亚不受限制
		CPC 87201	商业服务：其他商业服务——人员配置和供给服务（猎头搜寻）	比利时、法国、意大利：国家垄断。德国：授权需满足经济需求测试，主要标准：劳动力市场现状与发展
		CPC 87203	商业服务：其他商业服务——人员配置和供给服务（机关辅助人员供给服务）	意大利：国家垄断

（续表）

欧盟—哥伦比亚自由贸易协定

是否包括投资开放	投资开放产业是否采用负面清单	负面清单采用的行业分类代码分类	负面清单行业（产品）内容	保障条款内容
是	是	欧盟的"负面清单"		
		CPC 87301	商业服务：其他商业服务——调查服务	比利时，保加利亚，塞浦路斯，捷克，德国，西班牙，爱沙尼亚，法国，希腊，匈牙利，意大利，爱尔兰，拉脱维亚，立陶宛，卢森堡，马耳他，荷兰，波兰，葡萄牙，罗马尼亚，斯洛伐克，斯洛文尼亚不受限制
		CPC 87302，87303，87304，87305	其他商业服务：保安服务	丹麦：董事会成员和居所需求受限制。保加利亚，塞浦路斯，捷克，爱沙尼亚，芬兰，拉脱维亚，立陶宛，马耳他，波兰，罗马尼亚，斯洛文尼亚：许可证只能授予国民和国家注册机构。西班牙：直接分支不受限制，但是进入前需得到理事先授权
		CPC 8675	商业服务：其他商业服务——相关科技咨询服务	法国：外籍投资者需在勘探服务上得到特定授权
		CPC 8868（部分）	商业服务：其他商业服务——铁路运输设备保养和维护	拉脱维亚：国家垄断。瑞典：投资者需满足空间和容量约束的标准
		CPC 6112，6122，8867（部分），8868（部分）	商业服务：其他商业服务——机动车辆、摩托车、雪橇和道路运输设备保养和维护	瑞典：旨在建立总段基础设施的投资者需要满足空间和容量约束标准
		CPC 876	商业服务：其他商业服务——摄影服务	仅塞浦路斯、爱沙尼亚和马耳他没有约束

（续表）

欧盟—哥伦比亚自由贸易协定

是否包括投资开放	投资开放产业是否采用负面清单	负面清单采用的行业分类代码分类	负面清单行业（产品）内容	保障条款内容
是	是	欧盟的"负面清单"		
		CPC 88442	商业服务：其他商业服务——印刷和出版	立陶宛，拉脱维亚：出版业仅限于注册法人（不是分支）。瑞典：出版人和出版印刷企业拥有者必须有居住权
		CPC 87905	商业服务：其他商业服务——翻译和口译服务	丹麦：公共翻译和口译者的供给不受限制。波兰：仅宣誓翻译服务的授权仅限于活动空间。保加利亚、匈牙利、斯洛伐克：仅对官方翻译和口译不受限制
		CPC 87902	商业服务：其他商业服务——收藏品机构服务	意大利，葡萄牙：投资者需满足国籍条件
		CPC 87901	商业服务：其他商业服务——信用报告服务	比利时：对于消费者信用数据的投资者需满足国籍条件。意大利，葡萄牙：投资者需满足国籍条件
		CPC 511，512，513，514，515，516，517，518	通讯服务：卫星广播传输服务 建设和相关工程服务	欧盟：服务提供者具有超过一般利益的长远至区域成员的义务 保加利亚：对于国家乃至区域内长有长远意义的项目，外籍投资者必须以合作方式或当地分包商的形式进行投资。其余欧盟成员国仅塞浦路斯、匈牙利、马耳他、斯洛伐克不受限制
		所有子行业	配送服务（除武装、军火、爆炸物和其他战争材料）	奥地利：刺眼商品，可燃品，爆炸设备和有毒物质不受限制。药品和烟制品需要授权。芬兰：仅酒精饮料和药品配送不受限制

（续表）

欧盟—哥伦比亚自由贸易协定

是否包括投资开放	投资开放产业是否采用负面清单	负面清单采用的行业分类代码的分类	负面清单行业（产品）内容	保障条款内容
是	是	欧盟的"负面清单"		
		CPC 622，不包括能源产品批发贸易服务	配送服务：批发服务——其他批发贸易服务	法国，意大利：烟草制品由国家垄断。法国：药品的批发授权需要满足标准：人口和现有制药业的地理密度
		CPC 61112，6113（部分），6121（部分），7542（部分），631，632（不包括63211,63297）	配送服务：零售服务——机动车、摩托车、雪橇以及零部件和附件；电信终端设备零售，食品零售服务，非能源其他产品零售（出售药品、医疗和整形外科产品）	西班牙，法国和意大利：烟草制品由国家垄断。比利时，保加利亚，丹麦，法国，意大利，马耳他，葡萄牙：对百货公司的授权必须满足以下标准：对现有商店的数量和冲击，人口的地理传播以及新企业对运送条件的冲击。爱尔兰，瑞典：仅酒精饮料不受限制。瑞典：对衣物，鞋类和食品暂时贸易的授权必须满足以下方面的标准：对质疑地理区域现有商场的冲击
		CPC 921, 922, 923, 924	教育服务（仅私人资助的服务）：小学教育，初中教育，高中教育，成人教育	欧盟：参与私人运用的教育网络需要特许。奥地利：高中教育不受限制。通过无线电或电视广播媒介进行的成人和协会提供的小学和/或初中教育服务以及高中教育服务不受限制。捷克，斯洛伐克：童事会的主要学校教育服务：CPC 92310）不受限制。希腊，塞浦路斯，芬兰，马耳他，罗马尼亚和瑞典：不受限制。小学和初中学校的董事会成员大多数必须满足国籍条件。西班牙，意大利：国家承认的文凭和学位的开放私人大学须授权，其主要标准可颁发国家承认的文凭和学位。匈牙利，斯洛伐克：学校的数量为：已有学校和学位的人口和密度

第二章 区域贸易协定"负面清单"信息统计 | 261

(续表)

欧盟—哥伦比亚自由贸易协定

是否包括投资开放	投资开放产业是否采用负面清单	负面清单采用的行业分类代码分类	负面清单行业（产品）内容	保障条款内容
欧盟的"负面清单"				
是	是	CPC 921，922，923，924	教育服务（仅私人资助的服务）：小学教育，初中教育，高中教育，成人教育	受限于地方政府的授权。拉脱维亚：残疾学生相关职业技术中专学校董事会大多数成员需满足国籍条件。初中和高中学校需要特许。小学不受限制。其余欧盟成员国中、塞浦路斯、芬兰、马耳他、罗马尼亚和瑞典无限制
		CPC 929	教育服务（仅私人资助的服务）：其他教育服务	捷克、斯洛伐克：参与私人运营的教育网络需特许。初中和高中学校董事会大多数成员需满足国籍条件。其余成员国中、奥地利、比利时、保加利亚、塞浦路斯、德国、丹麦、西班牙、爱沙尼亚、芬兰、法国、希腊、匈牙利、爱尔兰、葡萄牙、立陶宛、卢森堡、马耳他、波兰、罗马尼亚、斯洛文尼亚、瑞典和英国无限制
			金融服务：保险和保险相关服务	奥地利：如果外籍保险公司在母国不合法，其分支机构许可将被否决。保险种分支代理机构之前，外籍保险公司必须获得运营这些险种至少五年的授权。希腊：授权保险公司建立该公司不包办事处或代理处已经存在的其他保险公司的推销员和董事会成员，分支或分支总部。芬兰：至少一半的董事居住处，除非董事会成理机构，分支机构以及保险公司在欧盟监管当局有居住地。意大利：建立分支运营分去运营当得合监管保险的许可。外籍保险公司没有建立分支机构需符合保监管当局的评价

262 ┃ 区域自由贸易协定中"负面清单"的国际比较研究

(续表)

欧盟—哥伦比亚自由贸易协定

是否包括投资开放	投资开放产业是否采用负面清单	负面清单采用的行业分类代码的分类	负面清单行业(产品)内容	保障条款内容
是	是	欧盟的"负面清单"		
			金融服务：保险和保险相关服务	保加利亚、波兰：保险中介需隶属于当地方保险公司而不是分支机构。葡萄牙：为了在葡萄牙建立分支机构，外籍保险公司需要至少五年的相关运营经验。斯洛伐克：外国公司可以建立保险公司联合股份公司或者在斯洛伐克境内建立下属公司(而不是分支)。瑞典：保险经纪事业只能在瑞典分支机构进行
			金融服务：银行和其他金融服务(保险除外)	欧盟：只有注册所在地在欧美的企业才能从事投资基金资产的存储。在欧盟成员国内拥有总部和注册机构的专门管理公司需要从事养老信托基金和投资公司的行为。保加利亚：养老保险公司可以通过参与保险公司(非分支机构)实施。管理委员会主席需要有保加利亚的成员长期居留权。塞浦路斯：只有塞浦路斯证券交易所的成员才适合在塞浦路斯做证券经纪。证券企业必须有总部和董事会成员以及塞浦路斯的监管的公司没有注册。芬兰：至少一半的推销员和董事会至少包括两名以反塞浦路斯的监管的公司没有注册。芬兰：至少一半的推销员和董事会至少包括两名以及塞浦路斯的监管的公司没有注册。芬兰：养老保险会在欧盟建立分支去运营许提供养老管或风险资本管理。外籍保险公司不允许分支去运营许可。匈牙利：外国机构分支不允许提供养老金管理或风险资本管理。外国国籍信托基金和可变资本公司包括两名匈牙利国籍或者拥有匈牙利居留权的成员。爱尔兰：单位信托基金和可变资本公司的共同投资计划中(而不

(续表)

欧盟—哥伦比亚自由贸易协定

是否包括投资开放	投资开放产业是否采用负面清单	负面清单采用的行业分类代码分类	负面清单(产品)内容	保障条款内容
是	是	欧盟的"负面清单"		
			金融服务：银行和其他金融服务(保险除外)	是可转让证券共同投资(非分支)，须在爱尔兰或者欧盟其他成员国境内。合作伙伴中至少有一方主体公司在爱尔兰境内。要成为爱尔兰证券交易所的成员，其实体所须满足：(1)被爱尔兰政府授权，公司主体或合作伙伴总部注册机构在爱尔兰境内；或者(2)根据欧盟投资服务指示被欧盟企业成员国授权
			金融服务：银行和其他金融服务(保险除外)	意大利：建立管理结算证券系统公司须在意大利境内。建立管理中央证券登记服务主体(非分支机构)须在意大利境内。单位信托基金和可变资本公司不是符合欧盟投资计划中(而不符合欧盟立法的公司和管理公司)的可转让证券共同投资)，受托人管理公司主体(非分支机构)须在意大利或者欧盟共同投资)，须符合欧盟立法的可转让证券共同投资。不符合欧盟共同投资的主体(非分支机构)须在意大利境内。和可转让证券共同投资的管理公司一样，只有银行、保险公司、投资公司和符合欧盟资源管理的法律总部须在欧盟境内。在提供上门推销活动中，中介公司须雇用被授权的金融销售人员且在欧盟境内有居留权。外国中介子公司的办事处不能从事投资产管理的活动。陶宛：对于资产管理，需要有从事专业管理公司而不立

（续表）

欧盟—哥伦比亚自由贸易协定

是否包括投资开放	投资开放产业是否采用负面清单	负面清单采用的行业分类	负面清单行业（产品）内容	保障条款内容
是	是	欧盟的"负面清单"		
			金融服务：银行和其他金融服务（保险除外）	是分支机构：只有在立陶宛有注册机构的企业才能从事资产存储。葡萄牙：只有在葡萄牙注册机构的专业公司，保险公司和被授权在欧盟境内从事养老保险业务实体的公司，才能提供养老基金管理服务。罗马尼亚：国外机构的分支机构不允许提供资产管理服务。斯洛伐克：投资公司，投资基金和证券交易商须由符合法律的银行提供。斯洛文尼亚：私人养老金（非强制性）（非分支机构）不受限制。瑞典：储蓄银行的创始人应是居住在欧盟境内的自然人
		CPC 641,642,643	旅游和旅行相关服务：酒店，餐厅和餐饮（不包括航空运输中的餐饮）	保加利亚：必须是公司非分支机构。意大利：酒吧，咖啡厅和餐馆必须满足以下标准：人口和已有设施的密度
		CPC 7471	旅游和旅行相关服务：旅行社和旅游运营商（包括馏回旅行管理者）	保加利亚：必须公司是实体公司非分支机构葡萄牙：符合无法的公司基地必须在葡萄牙，分支机构不受限制。捷克：需要考虑这一标准
		CPC 7472	旅游和旅行相关服务：导游服务	仅保加利亚受限制，塞浦路斯，匈牙利，立陶宛，马耳他，波兰不受限制

(续表)

欧盟—哥伦比亚自由贸易协定

是否包括投资开放	投资开放产业是否采用负面清单	负面清单采用的行业分类代码的分类	负面清单行业（产品）内容	保障条款内容
是	是	欧盟的"负面清单"		
		CPC 9619	休闲、文化和体育服务（不是音响相关的服务）：娱乐服务（包括剧院、乐队直播、马戏和迪斯科服务）	保加利亚：除了戏剧制作、歌手、乐队和管弦乐娱乐服务（CPC 96191）、作家、作曲家、艺人和其他个人艺术家（CPC 96192）以及助理娱乐服务（CPC 96199）外，都不受限制。爱沙尼亚：其他娱乐服务（CPC 96199）不受限制。拉脱维亚：除了电影服务（部分CPC 96199），均不受限制。其余成员国中，仅塞浦路斯、捷克、芬兰、马耳他、波兰、罗马尼亚、斯洛伐克不受限制
		CPC 962	休闲、文化和体育服务（不是音响相关的服务）：新闻和出版机构服务	法国：外国参与发行出版物的公司，其拥有的资本和投票权不得超过20%，并符合互惠的原则
		CPC 9641	休闲、文化和体育服务（不是音响相关的服务）：体育服务	奥地利、斯洛文尼亚：滑雪学校服务和登山向导服务不受限制。其余欧盟成员国中，仅保加利亚、爱沙尼亚、罗马尼亚、西班牙、法国、芬兰、希腊、意大利、立陶宛、拉脱维亚、马耳他、波兰、葡萄牙、罗马尼亚、斯洛文尼亚、瑞典：支线运输服务需被授权
		CPC 7211；CPC 7212	运输服务：海洋运输、国际旅客运输、国际货运	保加利亚、塞浦路斯、德国、爱沙尼亚、马耳他、法国、芬兰、希腊、意大利、立陶宛、拉脱维亚、波兰、瑞典：支线运输服务需被授权

（续表）

欧盟—哥伦比亚自由贸易协定

是否包括投资开放	投资开放产业是否采用负面清单	负面清单采用的行业分类代码分类	负面清单行业（产品）内容	保障条款内容
是	是	欧盟的"负面清单"		
		CPC 7221,7222	运输服务：国际水路运输——客运、货运	欧盟：在国家相关联合和所有权满足国籍标准的基础上，一些交通运营权受到管制。来茵河上的管制按照《曼海姆公约》实施。奥地利：由自然和监管会成员国籍公司也需满足国籍条件，而且董事会和监管会成员国籍公司也需满足国籍条件，而且董事会和监管会成员国籍公司也需满足国籍条件。公司注册地必须为奥地利，另外，绝大多数商业股权必须由欧盟居民拥有；保加利亚：公司主体和直接分支不受限制。芬兰：服务只能由挂有芬兰国旗的船只提供
		CPC 7111,7112	运输服务：铁路运输——客运、货运	保加利亚：公司主体和直接分支不受限制
		CPC 7121,7122	运输服务：陆路运输——客运、货运	欧盟：外籍投资者不能在欧盟区域成员国内（沿海运输）提供服务，除非公交运输运营者提供不定期的租赁服务；出租车运输需要满足以下标准：已有设施数量和新创造就业机会、人口密度、地理分布；交通条件的冲击和/或授权只有在被欧盟国家批准以及欧盟境内没有限制，才有效。芬兰：专有权和直接分支不受限制。保加利亚：公司主体和直接分支不受限制。拉脱维亚：需特许。所有交通工具必须到外国注册的交通工具、芬兰、拉脱维亚、瑞典；所有交通工具必须到外国注册的国家注册。CPC 7122 需满足当地需求。意大利、葡萄牙：接送旅客服务需满足当地需求

（续表）

欧盟—哥伦比亚自由贸易协定

是否包括投资开放	投资开放产业是否采用负面清单	负面清单采用的行业分类代码分类	负面清单行业（产品）内容	保障条款内容
是	是	欧盟的"负面清单"		
		CPC 7121,7122	运输服务：陆路运输——客运	以下标准：已有设施数量和冲击,人口密度,地理分布,交通条件的冲击和新创造的就业机会。法国：城际商业服务不受限制
		CPC 7123	运输服务：陆路运输——货运（不包括邮递运输）	奥地利,保加利亚：专有权和/或授权只有在欧盟国家批准以及欧盟法人在欧盟境内设有总部时,才有效。保加利亚：公司主体和直接分支不受限制,且可扩展到外国注册的交通工具。芬兰：注册的时期所有交通工具必须采取测试标准：当地需求伐兑,拉脱维亚,瑞典：注册的时期所有交通工具必须满足经济需求测试标准：当地需求
		CPC 7139	运输服务：管道货物（非原料）运输	奥地利：只有在被欧盟国家批准以欧盟法人在欧盟境内设有总部时,才能获得专有权
			辅助运输服务：海洋运输辅助服务——海上货物装卸服务,仓储和库存服务（部分 CPC 742）,报关清关服务,集装箱站和航空站服务,海事机构服务,海上货运代理服务	欧盟：含有船员的拖动和牵引船舶租赁,海洋运输配套服务不受限制。意大利：海运货物装卸服务,地理分布,人口密度和冲击的就业机会。保加利亚：海运足标准：已有设施数量和冲击的就业机会创造需求满足条件的冲击和新的交通条件的冲击和新的交通条件的冲击和新的交通条件的冲击和新的支不受限制,且只有法人在保加利亚企业持有比例不超过49%。斯洛文尼亚：只有法人在斯洛文尼亚境内建立的公司才能通关

（续表）

欧盟—哥伦比亚自由贸易协定

是否包括投资开放	投资开放产业是否采用负面清单	负面清单采用的行业分类是否代化的分类	负面清单行业（产品）内容	保障条款内容
是	是	欧盟的"负面清单"		
		CPC 741（部分），742（部分），748（部分），7223，7224，745（部分），749（部分）	辅助运输服务：国际水路运输——货物装卸服务、仓储和仓库存服务、货运机构服务、船舶租赁含员工的船舶租赁，推动和牵引服务，国际水路运输支撑服务，其他支撑和辅助服务	欧盟：在国家相关联合和所有权满足国籍标准的基础上，一些交通运营权受到管制。莱茵河上的管制按照《曼海姆公约》实施。含有船员的拖动牵引船舶租赁，海洋运输配套服务不受限制。奥地利：由自然人设立的运输公司高满足国籍条件，而且董事会和监管会成员也需满足国籍条件。公司注册地必须为奥地利。另外，绝大多数商业股权必须由欧盟居民拥有。保加利亚：公司主体和直接分支不受限制，且外国持有保加利亚企业比例不超过49%。匈牙利：允许以国家身份参与建立、斯洛文尼亚：只有法人在斯洛文尼亚境内建立的公司才能通关
		CPC 741（部分），742（部分），748（部分），7113，743，749（部分）	辅助运输服务：铁路运输——货物装卸服务、仓储和仓库存服务、货运机构服务、推动和牵引服务、铁路运输支撑服务，其他支撑和辅助服务，通关服务	保加利亚：公司主体和直接分支不受限制，且外国持有保加利亚企业比例不超过49%。斯洛文尼亚：只有法人在斯洛文尼亚境内建立的公司才能通关。匈牙利：通关服务不受限制。波兰：直接通关服务国家机构，只有在欧盟境内居留权的人才能进入海关国家机构。法国：公司主体和直接分支不受限制。芬兰：公司主体在过去五年内有不可撤销的违法行为，其申请通关相关活动之前，若企业在过去五年内有不可撤销的违法行为，其申请通关相关活动之前，否决。在作为一个被认可的海关代表前被许可之前，荷兰：在荷兰境内的海关代表需常有在荷兰居民的海关相关或固定任所

（续表）

欧盟—哥伦比亚自由贸易协定

是否包括投资开放	投资开放产业是否采用负面清单	负面清单采用的行业分类代码的分类	负面清单行业（产品）内容	保障条款内容
是	是	**欧盟的"负面清单"**		
		CPC 741（部分），742（部分），748（部分），7124,744,749（部分）	辅助运输服务：陆路运输货物装卸服务、仓储和库存服务，货运机构陆路交通工具的商业陆路运输操作员租赁，铁路运输装备支撑服务，其他支撑和辅助服务，通关服务	奥地利：对于含有操作员的商业陆路运输工具租赁，只有欧盟国家和奥地利陆路法人才能被授权。保加利亚：公司总部在欧盟境内的欧盟企业和奥地利持有保加利亚企业比例不超过49%。芬兰：对于含有操作员的商业陆路交通工具租赁活动需要被授权。斯洛文尼亚：只有法人在斯洛文尼亚国内建立的公司才能通关。匈牙利：只有在完全互惠国家限制，通关境内居留满足才能不受限制。法国：只有企业在过去五年内有不可撤销的违法行为，其申请将被否决。荷兰：若企业作为一个被认可的海关代表实施相关活动之前，不是荷兰居民的海关代表需要有住宅或固定场所
			辅助运输服务：航空运输——地面保障服务（包括餐饮）	欧盟：活动的种类取决于机场的规模。每一个机场提供的数量受限于可行空间，而且不低于两个供给者
		CPC 742（部分）	辅助运输服务：航空运输——仓储和库存服务	保加利亚：公司主体和直接分支不受限制。波兰：对于冷冻或冷藏货物的仓储服务以及液体或气体的散装仓储服务，活动的类型取决于可行空间。每一个机场提供仓储者的数量受限于可行空间，而且不低于两个供给者

（续表）

欧盟—哥伦比亚自由贸易协定

是否包括投资开放	投资开放产业是否采用负面清单	负面清单采用的行业分类代码分类	负面清单行业（产品）内容	保障条款内容
是	是	欧盟的"负面清单"		
		CPC 748（部分）	辅助运输服务：航空运输——货运机构服务	保加利亚：公司主体和直接分支不受限制。斯洛文尼亚：只有法人在斯洛文尼亚境内建立的公司才能通关
		CPC 734（部分）	辅助运输服务：航空运输——含有机组人员的航天器租赁	欧盟：欧盟航空公司所用的飞机必须在欧盟成员国境内进行许可注册。可以注册符合相关资本和控制权的特定法人；有符合特定国籍标准或者符合相关资本和控制权的特定法人。飞机必须由符合特定国籍或者符合相关资本和控制权的特定航空公司所拥有的航空公司运行
			辅助运输服务：航空运输——销售和市场营销	欧盟：投资者运营计算机预定系统的特殊义务被航空公司拥有或控制
			辅助运输服务：航空运输——机场管理	保加利亚：公司主体和直接分支不受限制。波兰：外国参与比例不高于49%
			辅助运输服务：航空运输——海关通关服务	保加利亚：公司主体和直接分支不受限制。斯洛文尼亚：只有法人在斯洛文尼亚境内建立的公司才能通关。波兰：直接通关受国家限制。只有在欧盟境内有居留权的人才能进入海关机构。法国：只有完全互惠被满足才能不受限制。法国：只有完全互惠被满足才能不受限制。荷兰：若企业在过去五年内有不可撤销的违法行为，其申请将被否决。荷兰：只有被认可的海关代表实施相关活动之前，不是荷兰居民的海关代表需要在荷兰有任何固定场所

第二章 区域贸易协定"负面清单"信息统计 | 271

(续表)

欧盟—哥伦比亚自由贸易协定

是否包括投资开放	投资开放产业是否采用负面清单	负面清单采用的行业分类代码分类	负面清单行业（产品）内容	保障条款内容
是	是	欧盟的"负面清单"		
		CPC 7131	能源服务：燃料管道运输	奥地利,比利时,保加利亚,塞浦路斯,捷克,德国,丹麦,西班牙,爱沙尼亚,芬兰,法国,希腊,意大利,拉脱维亚,卢森堡,马耳他,马其顿,荷兰,波兰,罗马尼亚,斯洛伐克,斯洛文尼亚,瑞典,英国不受限制
		CPC 742（部分）	能源服务：通过管道运输服务相关的仓储和库存服务	塞浦路斯,捷克,匈牙利,马耳他,波兰,斯洛伐克,斯洛文尼亚,来自能源供给国的投资者被禁止获得活动的控制权。公司主体和直接分支不受限制
		CPC 613,63297	能源服务：固体、液体和气体燃料以及相关产品的批发贸易服务（CPC 62271）；电力、蒸汽和热水的批发贸易服务	欧盟：电力、蒸汽和热水的批发贸易服务不受限制
			能源服务：发动机燃料、燃油、瓶装燃气体、煤和木材气体的零售服务；电力、非瓶装气体、蒸汽和热水的零售服务	欧盟：发动机燃料,电力,非瓶装蒸汽和热水的零售服务不受限制。比利时,保加利亚,丹麦,法国,意大利,葡萄牙：对于从事燃油,瓶装气体,煤和木材的零售的百货公司需要授权,且满足以下标准：已有设施数量和新创造的就业机会人口密度,地理分布,交通条件的冲击和新创造的就业机会
		CPC 887	能源服务：附带能源配送服务	奥地利,比利时,保加利亚,塞浦路斯,捷克,德国,丹麦,意大利,西班牙,爱沙尼亚,芬兰,法国,希腊,匈牙利,罗马尼亚,斯洛文尼亚,卢森堡,立陶宛,马耳他,波兰,英国：除咨询服务外不受限制。斯洛伐克,瑞典：除了附带气体配送服务外不受限制

（续表）

欧盟—加勒比论坛国家的经济合作协定

是否包括投资开放的负面清单	投资开放产业是否采用负面清单	负面清单采用的行业分类代码分类	负面清单（产品）内容	保障条款内容
是	是	欧盟的"负面清单"		
		CPC 97021	其他服务：美发服务	意大利：经济需求测试应用在国民待遇基础上，对企业数量有限制，其标准：人口和已存在商业的密度
		CPC 97022	其他服务：化妆、修指甲和足疗服务	同上
		CPC 97029	其他服务：其他美容服务	同上
		所有部门	房地产	奥地利、保加利亚、塞浦路斯、捷克、丹麦、爱沙尼亚、西班牙、希腊、芬兰、匈牙利、爱尔兰、立陶宛、意大利、拉脱维亚、马耳他、波兰、罗马尼亚、斯洛文尼亚、斯洛伐克：限制外国投资各购置各国土地和房地产
		所有部门	公共事业	欧共体及其成员国：国家级或者地方被视为是欧共体的经济活动可以由政府垄断或者准予私人经营各享有专有权
		所有部门	公司建立的类型	欧共体及其成员国给予按照一成员国法律固定（第三国公司的）子公司的待遇（如果其注册机构、管理中心或者主要营业地在欧共体内部，则享有)，不得扩展到第三国公司在一成员国成立的分支机构或者代理机构。保加利亚：分支机构的建立需要经过批准。爱沙尼亚：至少一半的管理委员会成员应当是欧共体合伙人的外国人从事贸易。芬兰：作为芬兰的有限合伙或者普通合伙企业合伙人的永住居人民，除了电信业务以外的所有贸易许可证应当是欧共体成员的普通以及代理成员中，至少有一半应符合国籍和居住部门。董事会的普通以及代理成员中，至少有一半应符合国籍和居住

第二章　区域贸易协定"负面清单"信息统计 ┃ 273

（续表）

欧盟—哥伦比亚自由贸易协定

是否包括投资开放	投资开放产业是否采用负面清单	负面清单采用的行业分类代码分类	负面清单行业（产品）内容	保障条款内容
是	是	欧盟的"负面清单"		
		所有部门	公司建立的类型	地要求。但公司豁免也可能得到批准。如果一家外国机构计划在芬兰设立分支机构或者一个非欧共体居民个人如果要成立一家有限责任公司，需要得到贸易许可证。对于电信业务，创立者中有一半须为永久居留权，董事会成员中有一半须经过许可。意大利：从事该业务的批准。保加利亚：办事处的经营范围仅包括为其国外母公司做广告活动和进行促销。波兰：除了金融服务以外，对分支机构没有限制。非欧盟投资者只能以有限股份合伙公司，有限股份制合伙公司，有限公司和股份制公司的形式开展经济活动的形式。罗马尼亚（法律服务）独立管理人员必须是罗马尼亚居民，除非公司的审计师和有限公司的章程中有相反规定。商业公司：未在瑞典居住的分支机构负责人及其副手中多数人实体的外国公司，应当通过注册在瑞典独立经营，具有独立的账户。瑞典：商业公司也必须是罗马尼亚居民。瑞典：未在瑞典成立的外国机构或者在瑞典成立的分支机构应当独立经营，具有独立的账户。瑞典：商业公司也必须成立分支机构或者在当地居民代表已命一年期以下的建筑项目可免除成立分支机构或者当地居民代表的要求。董事会成员至少有50%必须居住在瑞典。想在瑞典

274 区域自由贸易协定中"负面清单"的国际比较研究

（续表）

欧盟—哥伦比亚自由贸易协定

是否包括投资开放	投资开放产业是否采用负面清单	负面清单采用的行业分类是否采用负面清单代码分类	负面清单行业（产品）内容	保障条款内容
是	是	欧盟的"负面清单"		
		所有部门	公司建立的类型	从事商业活动的外国居民或者不居住在瑞典居民，应当任命一个居民代表负责这些业务，并在当地方当局登记，如能证明在特定情况下居住状况并非必需，这一要求可以免除。斯洛文尼亚：外国公司若要成立分支机构，母公司应在原产国法庭登记至少一年以上。斯洛伐克：外国自然人要想在商业注册处注册从而成为有权代表企业创办者行事的人，应当提交斯洛伐克共和国的居留证
		所有部门	投资	西班牙：外国政府和外国公共实体在西班牙进行的投资，外国政府直接投资或受政府直接或间接控制的企业或其他实体进行的投资，需事先得到西班牙政府的批准。保加利亚：在国家或市政股份占股本金比例超过30%的企业，这些股份的转让需经批准。涉及开采使用国有或公共财产的特定经济活动需得到特许权授予的授权。外国投资者不得参与私有化。外国投资者和控制外资股份的保加利亚法人从事以下业务需要得到上述任一活动的授权，或自然资源开发控股从事属经济海域勘探、开发或采取土范围内大陆架的缝隙或自然专属经济海域勘探、开发或采取自然资源：（1）从事下业务以下业务需要得到上述任一活动的授权；（2）收购控股外资企业33.33%以上的股权或表决权。法国：（1）对营业额不超过7600万欧元的法国上市公司20%的股份，应当符合下列规定：低于760万欧元

第二章 区域贸易协定"负面清单"信息统计 | 275

（续表）

欧盟—哥伦比亚自由贸易协定

是否包括投资开放	投资开放产业是否采用负面清单	负面清单采用的行业分类代码的分类	负面清单行业（产品）内容	保障条款内容
是	是	欧盟的"负面清单"		
		欧盟所有部门	投资	的投资是自由的，事先通知和确认这些金额无误15天之后才能执行。（2）事先通知和确认这些金额无误1个月之后仍未完成收购，则授权自动转移给其他投资者，除非在特殊情况下经济部部长行使了推迟投资的权利。外资参股限制由法国政府根据新设立的私有企业有金额限制，这一金额限制由法国政府根据具体情况未确定。建立特定的商业、工业或者手工艺企业，需要得到特定的授权，如果总经理没有永久居留权。芬兰：外资收购一家大型芬兰公司或者一家大型商业企业（员工数超过1000或者营业额超过16800万欧元，或者资产负债总额超过16800万欧元）超过1/3的表决权，有待芬兰当局确认。只有重要的国家利益会受到损害时，这一确认才可能被否决。这些限制不适用于电信业务。匈牙利：对外资参股有专有权，表决权私有企业有限制。意大利：新设立后五年内，对国防、交通服务、电信和能源领域收购的企业，收购多数股权需经主管当局的批准

（续表）

欧盟—哥伦比亚自由贸易协定

是否包括投资开放	投资开放产业是否采用负面清单	负面清单采用的行业分类代码分类	负面清单（产品）内容	保障条款内容
是	是	欧盟的"负面清单"		
		1. 农业，捕猎，林业		
		ISIC rev 3.1: 011, 012, 013, 014, 015	A. 农业，捕猎，相关的咨询服务除外	奥地利，匈牙利，马耳他，罗马尼亚：对农业活动没有限制。塞浦路斯：非欧盟的参股最高49%。法国：非欧盟国民建立农业企业，以及非欧盟投资者收购葡萄园都需要经过批准。爱尔兰：非共同体居民设厂加工面粉须经批准。
		020	B. 林业和伐木，相关的咨询服务除外	保加利亚：对伐木没有限制
		2. 渔业和水产养殖		
		0501, 0502	相关的咨询服务除外	奥地利：至少25%的船舶注册地在奥地利。比利时，芬兰，爱尔兰，拉脱维亚，荷兰，葡萄牙，斯洛伐克共和国：未在上法国家成立公司或者总办事处的外国投资者，不能拥有该国的旗舰。塞浦路斯，希腊：非欧盟的参股最高49%。丹麦：非欧共体居民不能拥有商业捕鱼旗船，除非在丹麦成立公司。法国：非共同体国民不得拥有用于麦拥有丹麦船旗，贝类，藻类养殖的外国投资者，不得拥有一只法国旗船或者拥有总分的德国。海上捕捞许可证仅发放给有权悬挂德国旗的船只。这些获得许可证的船只，其多数股权由共同体公民或者根据共同体规则成立并在其中一成员国设有主要营业地的公

第二章　区域贸易协定"负面清单"信息统计 277

(续表)

欧盟—哥伦比亚自由贸易协定

是否包括投资开放	投资开放产业是否采用负面清单	负面清单采用的行业分类代码分类	负面清单行业(产品)内容	保障条款内容
是	是	欧盟的"负面清单"		
		0501、0502	相关的咨询服务除外	司持有。船只的使用必须由居住在德国的人率领并指挥。为了获得捕捞许可证,所有渔船必须在有船籍港的相关沿海国家注册登记。爱沙尼亚:如果船只位于爱沙尼亚,且任一个普通合伙企业,有限合伙企业,或者其他位于爱沙尼亚所有权归爱沙尼亚国民,多数投票表决权由爱沙尼亚的法律实体企业,管理委员会的多数股票由爱沙尼亚国民持有,那么这些船只就能够悬挂爱沙尼亚国旗。保加利亚、匈牙利、立陶宛、马耳他、罗马尼亚:无限制。意大利:非共同体居民不得拥有意大利旗船的多数股权或者意大利船舶总部意大利旗船的控制股权。在意大利水域捕鱼是保留给意大利旗船的。瑞典:未在瑞典境成立公司或者船舶拥有总办事处的外国投资者收购瑞典水域从事捕捞的公司50%及以上的股权,需经过批准。斯洛文尼亚拥有、或者能够悬挂斯洛文尼亚国旗的船只,必须由某一欧洲共体成员国设有的所有权由欧共体居民拥有,船只能够悬挂斯洛文尼亚国旗,除非该投资文尼亚国民拥有。英国:保留对英国公民拥有船进行收购的权利,除非是由英国公民拥有,并且(或者)收购方是由英国公民拥有至少75%权益的公司。船只必须在英国国内受管理控制和指挥

278 ｜ 区域自由贸易协定中"负面清单"的国际比较研究

（续表）

欧盟—哥伦比亚自由贸易协定

是否包括投资开放	投资开放产业是否采用负面清单	负面清单采用的行业分类代码的分类	负面清单行业（产品）内容	保障条款内容
是	是	欧盟的"负面清单"		
		3. 采矿和采石业		
		10,1110,13,14	A. 煤和褐煤的开采、泥煤的提取；B. 原油和天然气的提取；C. 金属矿的开采；D. 其他采矿和采石业	欧共体及其成员国：来自能源供给国的投资者严禁取得该业务的控制权。对直属分支机构无限制（要求注册成立）。意大利：出版和印刷企业对原油和天然气的提取无限制
		4. 制造业		
		22	H. 出版、印刷及资料存储媒体复制业	付费或根据合同出版印刷除外。所有各要满足国籍条件
		232	J. 精炼石油产品的制造加工	欧共体及其成员国：来自能源供给国的投资者严禁取得该业务的控制权。对直属分支机构无限制（要求注册成立）
		5. 电、气和水供应	不包括核电发电	
		4010（部分）	A. 电的生产、输电和配电	同上
		4010（部分）	B. 气体加工，气体燃料通过输电干线配送	同上
		4030（部分）	C. 蒸汽和热水的生产及传输	同上

(续表)

欧盟—哥伦比亚自由贸易协定

是否包括投资开放	投资开放产业是否采用负面清单	负面清单采用的行业分类代码分类	负面清单行业(产品)内容	保障条款内容
是	是	**欧盟的"负面清单"**		
		6. 商业服务		
		A. 专业服务		
		CPC 861	法律服务	奥地利:外国律师(必须在他们本国有从业资格)参股和在任何一家法律事务所的分红都不得超过25%。他们不能在决策过程中起决定性作用。丹麦:只有获得丹麦执业许可证的律师和在丹麦注册的律师事务所,才能拥有丹麦律师事务所的股权。只有获得丹麦律师执业许可证才能参与庭审或者成为丹麦律师事务所管理层成员。要获得该许可证必须通过丹麦的法律考试。法国:一些商业律师的公司形式是保留给欧共体推准法律服务的律师执行业务的,包括其他形式的律师。法国完全获准法律服务的律师事务所,在提供法国或欧共体法律服务时必须以合伙或者公司形式存在。匈牙利:商业律师在匈牙利至少有75%必须以合伙或者与一个匈牙利公司对欧共企业的律师的合伙人中至少有75%必须以合伙或者与一个匈牙利公司对欧共企业的合伙,包括办事处或代表处。波兰:尽管其他形式的律师是可行的,外国律师也只能通过注册的合伙企业和有限合伙的形式进入

280 \| 区域自由贸易协定中"负面清单"的国际比较研究

（续表）

欧盟—哥伦比亚自由贸易协定

是否包括投资开放	投资开放产业是否采用负面清单	负面清单采用的行业分类代码分类	负面清单行业（产品）内容	保障条款内容
是	是	欧盟的"负面清单"		
		CPC 86212（除审计服务外），8613、8619、86220	会计和簿记服务	奥地利：外国的会计师，如果不是奥地利专业团体成员，参股和在任何一家实体分红的比例不得超出 25%。塞浦路斯：进入需经过经济需要测试。主要标准：子行业的就业情况。丹麦：要想成为丹麦会计师合伙人，外国会计师必须取得丹麦商业和公司机构的许可
		CPC 86211、86212（除审计服务外）	审计服务	奥地利：外国的审计师，如果不是奥地利专业团体成员，参股和在任何一家实体分红的比例不得超出 25%。主要标准：子行业的就业情况。捷克共和国和斯洛伐克共和国：至少 60% 的股本或表决权保留给本国国民。丹麦：要想成为丹麦会计师合伙人，外国会计师必须获得丹麦商业和公司机构的许可。芬兰：一家芬兰公司的审计师至少有一名代表须是本国居民。拉脱维亚：审计师或者欧共体法律实体审计师或特定的法律实体能够任一些审计业务。只有这样的审计企业才能成为有资质的审计企业的股东或者合伙人。有居住要求。瑞典：不少于 75% 的股份应属于欧共体审计师或者审计企业。立陶宛：审计企业的法律形式应为有限责任公司或者有限公司。斯洛文尼亚：审计企业的股份的外国人股权不得超过 49%

第二章　区域贸易协定"负面清单"信息统计　281

（续表）

欧盟—中美洲自由贸易协定

是否包括投资开放	投资开放产业是否采用负面清单	负面清单采用的行业分类代码的分类	负面清单行业（产品）内容	保障条款内容
是	是	**欧盟的"负面清单"**		
		所有部门	房地产行业	奥地利、保加利亚、塞浦路斯、捷克、丹麦、爱沙尼亚、西班牙、希腊、芬兰、匈牙利、意大利、立陶宛、拉脱维亚、马耳他、波兰、罗马尼亚、斯洛文尼亚、斯洛伐克。限制外国投资者对房地产和土地的收购
		所有部门	公共设施	欧盟整个境内
		所有部门	建立形式	欧盟：第三国子公司的建立必须符合欧盟法律和拥有法定总公司注册，且不能在欧盟境内再有分支和代理机构
			投资	西班牙：外国政府直接或间接控制的实体进行，需要西班牙政府许可。保加利亚：中央和市级政府持有30%以上股权的企业参与的投资者与第三方需要得到政府许可。外国投资者不能参与私有化。外国投资者和保加利亚法人可以共同投资勘探、海洋资源开发和提炼。法国：外国购买本国现有法国企业1/3以上资本或投票权以下管制：(1)在营业额超过7600万欧元的法国企业投资时需要遵从1/3以下管制，可以事先通知和查证迟延投资与额确认。(2)除特殊情况，其余事先通知一个月的期限内得到政府默认迟投资与数额确认。(2)除特殊情况，其余事先通知一个月的期限内法国政府可以任何案件的基础上新建私有企业投资被限制，取决于法国工业经济活动总经理拥有任何期内无如果从事些商业、工业或特定授权。芬兰：需要得到特定授权。芬兰：外国拥有主要投票权的公司（超过1/3投票权的主要业务公司或者外国拥有1000人雇员永久居留许可，需要得到特定授权。芬兰：外国拥有主要业务公司或者外国拥有主要从事商业）

（续表）

欧盟—哥伦比亚自由贸易协定

是否包括投资开放	投资开放产业是否采用负面清单	负面清单采用的行业分类代码分类	负面清单行业（产品）内容	保障条款内容
是	是	欧盟的"负面清单"		
		所有部门	投资	或者销售额或资产负债表总额超过1.68亿欧元）需要得到芬兰政府的授权许可确认，只有危机国家利益时会被否决。匈牙利：对外国参与有企业的专有权不适用于电信服务业。意大利：对新建私有企业投票权在一些情况下不会受到限同意或主张。新建私有企业投票权在一些情况下不会受到限制。在五年内，在防卫设备、交通服务、电信和能源行业较大份额股权需要得到主要机关的同意
		地理区域	芬兰：在爱兰群岛，不享有区域居民权或者没有经过爱兰群岛当地机关许可的法人建立公司是受限制的
		ISIC rev 3.1: 011, 012, 013, 014, 015	农业、狩猎，除相关咨询业服务外	奥地利，匈牙利，马耳他，罗马尼亚：无限制。塞浦路斯：非欧盟成员国企业酒庄的获得需要得到政府许可。爱尔兰：对农业企业或者葡萄牙和斯洛伐克境内为国投资对非欧盟居民从事面粉生产活动需得到政府许可
		0501, 0502	渔业，水产养殖业，除相关咨询服务业外	奥地利：至少25%的船只在奥地利注册。比利时、芬兰、爱尔兰、拉脱维亚、荷兰、葡萄牙、斯洛伐克：在比利时、芬兰、爱尔兰、拉脱维亚、荷兰、葡萄牙的获得需要得到总部。葡萄牙和斯洛伐克酒庄的获得需要得到总部。丹麦：非欧盟成员国居民不能拥有1/3或者更多从事商业捕鱼船只的所者不能合并拥有本国投资最高限是49%。希腊：非欧盟成员国居民不能拥有1/3或者更多从事商业捕鱼船只的所

（续表）

欧盟—哥伦比亚自由贸易协定

是否包括投资开放	投资开放产业是否采用负面清单	负面清单采用的行业分类代码分类	负面清单行业（产品）内容	保障条款内容
\multicolumn{5}{欧盟的"负面清单"}
是	是	0501，0502	渔业，水产养殖业，除相关咨询服务业外	有权。非欧盟成员国居民除了与丹麦企业合作外，不能拥有挂有丹麦国旗的船只。法国：非欧盟成员国不能参与鱼类、贝类、藻类耕种的海洋国家所有权。外国投资者不能合并拥有挂有法国国旗且总部在法国的企业超过50%比例的所有权。爱沙尼亚。德国：海洋捕捞许可证只授予挂有德国国旗的船只。爱沙尼亚：位于爱沙尼亚、爱沙尼亚公民拥有大多数所有权的船只其有挂爱沙尼亚国旗的外国人不能拥有意大利国旗船只的绝大多数收益，或者控制利益分配的船只所限制。意大利：非欧盟成员国人不能拥有挂意大利国旗的船只。瑞典：外国投资者不能合并所有和拥有总部在意大利有总部。瑞典：当斯洛维尼亚企业总部在欧盟或斯洛维尼亚境内，该船只有权所占投资一半所有权以上。斯洛维尼亚：当斯洛维尼亚法人所有权超过75%以上或挂斯洛维尼亚国旗。英国：除非本国权超过75%（本国人所有权超过75%）的情况下，该投资可以进行，否则权利被保留
		10,1110,13,14	煤炭和褐煤开采；碳泥提取；原油和天然气提纯；金属矿石开采；其他采矿业	欧盟：能源供给国的投资者投资被禁止，但分公司不受限制

(续表)

欧盟—哥伦比亚自由贸易协定

是否包括投资开放	投资开放产业是否采用负面清单	负面清单采用的行业分类代码分类	负面清单（产品）内容	保障条款内容
是	是	欧盟的"负面清单"		
		22	出版、印刷和记录媒介复制	在费用和合约基础上的出版印刷除外。意大利：有国籍条件费用和合约基础上的出版印刷除外，但直接分支机构不受限制
		232	精炼石油产品制造业	欧盟：能源供给国的投资者被禁止参与投资，但直接分支机构不受限制
		4010	独立的电力传递与分配、电力生产	同上
		4020	独立的天然气原料分布和天然气生产	同上
		4030	独立的蒸汽和热水分布以及生产	同上
		CPC 861（不包括法律咨询、认证等服务）	商业服务：专业服务——法律服务	奥地利：外国律师（被协议国另一方认证的）在法律企业拥有的股权不能超过25%，在决策上没有决定权。比利时：非刑事案可以提交最高法院之前申请配额。法国：对法国律师协会等形式的法律服务承认有所保留。法国或者当地法律之下提供法律服务的律师事务所所有的合伙律师事务且拥有75%以上的律师从业资格证和法律企业任丹麦注册的事务所才能拥有丹麦律师事务所所有的股权。丹麦：只有获得丹麦律师资格承认的律师才会被承认。非当地律师之下提供法律服务的事务所拥有75%的合伙人当地律师且拥有75%以上的律师从业资格证和法律企业任丹麦支付律师事务所所有的股权

第二章 区域贸易协定"负面清单"信息统计 | 285

（续表）

欧盟—哥伦比亚自由贸易协定

是否包括投资开放	投资开放产业是否采用负面清单	负面清单采用的行业分类代码分类	负面清单行业（产品）内容	保障条款内容
是	是	欧盟的"负面清单"		
		CPC 861（不包括法律咨询、认证等服务）	商业服务：专业服务——法律服务	支律师从业资格证的律师才能进入事务所的董事会。匈牙利：商业存在必须拥有匈牙利律师对欧律师或办公室办事处才可以。波兰：当其他法律形式对欧盟成员国律师有用时，外国律师只能通过注册合作形式对欧盟成员国律师和受限合伙伴的形式进入
		非审计服务的CPC 86212, 86213 86219 86220	商业服务：专业服务——会计和会计记账服务	奥地利：外国会计师参与股权和股票不得超过奥地利法人实体的25%。塞浦路斯：进入该行业必须满足经济考验，即子行业的就业情况。丹麦：为了以合作形式进入丹麦授权的会计事务所，外国会计师必须获得丹麦商业和企业机构的许可
		非会计服务的CPC 86211, 86212	商业服务：专业服务——审计服务	奥地利：外国审计师参与股权和股票不得超过奥地利法人实体的25%。塞浦路斯：进入该行业必须满足经济考验，即子行业的就业情况。捷克、斯洛伐克、丹麦：为了以合作形式或股票权归本国国民保留。外国审计师必须获得本国的许可。拉脱维亚：商业公司的宣誓审计人员或审计公司所拥有50%的投票权或股票。立陶宛：不低于75%的股权归欧盟审计人员或有被许可的审计师才能在某一法律实体从事审计服务。斯洛文尼亚：外国人在审计公司所占股份额不能超过49%

（续表）

欧盟—哥伦比亚自由贸易协定

是否包括投资开放	投资开放产业是否采用负面清单	负面清单采用的行业分类代码的分类	负面清单（产品）内容	保障条款内容
是	是	欧盟的"负面清单"		
		CPC 863	商业服务：专业服务——税务咨询服务	奥地利：外籍税务咨询人员参与股票和股权的比例不能超过25%，仅适用于非奥地利专业机构成员，即子行业的就业情况
		CPC 8671 CPC 8674	商业服务：专业服务——建筑设计服务，城市规划和景观设计服务	保加利亚：对具国际或当地分包商形式远程意义的项目，外国投资者必须以合作者作为当地分包商形式进行投资，只有拥有3年在该领域从事的经验才能获得执行商业行为和法律责任以及项目签约的权利
		CPC 8672，8673	商业服务：专业服务——技术维护服务，综合工程服务	保加利亚：对具国际或当地分包商形式远程意义的项目，外国投资者必须以合作者作为当地分包商形式进行投资
		CPC 9312，85201（部分）	商业服务：专业服务——医学（含心理学）和牙医服务	奥地利：除牙医、心理师和精神咨询师外不受限制。德国：进入该行业必须满足经济考验，即相关服务者在特定区域短缺。法国：欧盟投资者同时有其他可使用自由社会"和"专业"的法律。拉脱维亚：进入该行业短缺。外国投资者进入只需"行业自由社会"和"专业必须满足外国投资者进入只需的法律。拉脱维亚：进入该区域短缺。保加利亚：人口以及现有伙伴关系"，即相关服务得到功能性建设卫生服务计划。英国：国民医疗保健指务提供必须得到功能性建设卫生服务者）基础上的许可。芬兰：制度符合医疗成员国中，医疗和牙医服务者）基础上的许可。芬兰：无限制

(续表)

欧盟—哥伦比亚自由贸易协定

是否包括投资开放	投资开放产业是否采用负面清单	负面清单采用的行业分类代码分类	负面清单行业（产品）内容	保障条款内容
是	是	**欧盟的"负面清单"**		
		CPC 932	商业服务：专业服务——兽医服务	保加利亚：进入该行业必须满足经济考验：人口和现有商业密度。法国：欧盟投资者同时有其他可适用的法律类型，而外国投资者进入只适用"行使自由社会"和"专业必须满足经济考验"的法律。匈牙利：进入该行业必须满足经济合作伙伴关系"的法律。其余欧盟成员国中，奥地利无限制劳动力市场条件。
		CPC 93191（部分）	商业服务：专业服务——助产服务	意大利：经济需求检验被运用，主要标准：子行业的就业情况。法国：欧盟投资者同时有其他可适用的法律类型，而外国投资者进入只适用"行使自由社会"和"专业的合作伙伴关系"的法律。拉脱维亚：需满足对外籍物理治疗师和辅助医疗人员的检测标准：特定区域的就业情况。其余欧盟成员国中，保加利亚，芬兰，匈牙利和斯洛文尼亚无限制
		CPC 93191（部分）	护士、物理治疗师和辅助医疗人员提供的服务	奥地利：外籍投资者仅限于以下行业：护士、物理治疗师、职业理疗师，牙医和营养师。芬兰：欧盟投资者进入只适用"行使自由社会"的法律，而外国投资者进入只适用"行业"和"专业的合作伙伴关系"的法律。立陶宛：拉脱维亚：经济需求测试被运用，主要标准：子行业的就业情况。对外籍物理治疗师和辅助医疗人员进行经济需求标准：给定区域的就业情况

（续表）

欧盟—哥伦比亚自由贸易协定

是否包括投资开放	投资开放产业是否采用负面清单	负面清单采用的行业分类代码分类	负面清单行业（产品）内容	保障条款内容
是	是	欧盟的"负面清单"		
		CPC 63211	商业服务：专业服务——医疗药品的零售和药剂师的其他服务	比利时，德国，丹麦，爱沙尼亚，西班牙，法国，意大利，匈牙利，爱尔兰，拉脱维亚，葡萄牙，斯洛伐克：授权必须满足经济需求检验。主要标准：人口和现有药房的地理密度。其余欧盟成员国中，比利时，德国，塞浦路斯，芬兰，马耳他，波兰，罗马尼亚，瑞典和斯洛文尼亚无限制
		CPC 851, 852（心理师服务除外），853	商业服务：研发服务——自然科学研发服务，跨学科研发服务	欧盟：对于公共资助的研发服务，只有被欧盟成员国和总部在欧盟境内的法人同意才可获得专有权和或许可权
		CPC 83103	商业服务：无运营上的租赁服务——船舶相关	立陶宛：船只必须由立陶宛自然法人或者公司建立在立陶宛的企业所有。瑞典：挂有瑞典国旗的船只必须是瑞典人在船只运营者中占主导影响
		CPC 83104	商业服务：无运营上的租赁服务——航空器相关	欧盟：除了资本控制权外，必须在欧盟成员国籍标准的自然人或者法人拥有
		CPC 832	商业服务：无运营上的租赁服务——有关个人和家庭商品	奥地利，比利时，德国，丹麦，西班牙，芬兰，法国，希腊，爱尔兰，捷克，卢森堡，马耳他，荷兰，波兰，葡萄牙，罗马尼亚，意大利，斯洛文尼亚，瑞典和英国无限制
		CPC 866	商业服务：其他商业服务——管理咨询服务	匈牙利仲裁和调节服务无限制（CPC 86602）

(续表)

欧盟—哥伦比亚自由贸易协定

是否包括投资开放	投资开放产业是否采用负面清单	负面清单采用的行业分类代码分类	负面清单行业（产品）内容	保障条款内容
是	是	**欧盟的"负面清单"**		
		CPC 87201	商业服务：其他商业服务——猎头	欧盟成员国中，保加利亚、塞浦路斯、捷克、爱沙尼亚、德国、芬兰、拉脱维亚、立陶宛、马耳他、葡萄牙、罗马尼亚、斯洛伐克和斯洛文尼亚无限制
		CPC 87202	商业服务：其他商业服务——人员配置服务	奥地利、塞浦路斯、捷克、爱沙尼亚、芬兰、拉脱维亚、立陶宛、马耳他、波兰、葡萄牙、意大利、比利时、法国、意大利：国家垄断。德国授权满足经济需求检验。主要标准：劳动力市场的现状和发展
		CPC 87203	商业服务：其他商业服务——机关辅助人员供给服务	欧盟成员国中，奥地利、保加利亚、塞浦路斯、捷克、爱沙尼亚、芬兰、拉脱维亚、立陶宛、马耳他、波兰、斯洛伐克和斯洛文尼亚无限制。意大利：国家垄断
		CPC 87301	商业服务：其他商业服务——调查服务	比利时、保加利亚、塞浦路斯、爱沙尼亚、立陶宛、拉脱维亚、罗马尼亚、马耳他、葡萄牙、匈牙利、爱尔兰、西班牙、荷兰、波兰、斯洛伐克和斯洛文尼亚无限制
		CPC 87302, 87303, 87304, 87305	商业服务：其他商业服务——安全服务	丹麦：董事会成员有国籍和居留权要求。保加利亚、塞浦路斯、爱沙尼亚、芬兰、拉脱维亚、立陶宛、马耳他、罗马尼亚、斯洛文尼亚和西班牙无限制。西班牙：公司主体和直接分支机构。机场保安服务限制。进入需事先授权。斯洛伐克：许可证只授予本国公民和国家注册机构

(续表)

欧盟—哥伦比亚自由贸易协定

是否包括投资开放	投资开放产业是否采用负面清单	负面清单采用的行业分类代码分类	负面清单行业（产品）内容	保障条款内容
是	是	欧盟的"负面清单"		
		CPC 8675	商业服务：其他商业服务——科技咨询服务相关	法国：外籍投资者从事开采和勘探服务需特定授权
		PCP 8868（部分）	商业服务：其他商业服务——铁路运输设备保养和维护	拉脱维亚：国家垄断。瑞典：投资者需满足空间和容量约束的标准
		CPC 6112, CPC 6122, CPC 8867（部分），CPC 8868（部分）	商业服务：其他商业服务——机动车辆，摩托车、雪橇和车道路运输设备保养和维护	瑞典：旨在建立总基础设施的投资者需要满足空间和容量约束标准
		CPC 88442	商业服务：其他商业服务——印刷和出版	立陶宛，拉脱维亚：出版业仅限于注册法人（不是分支）。波兰：仅出版人和出版印刷企业拥有必须有居住权
		CPC 87905	商业服务：其他商业服务——翻译和口译服务	丹麦：公共翻译和口译服务的授权受限于活动空间。波兰：仅宣誓翻译服务的供给不受限制。保加利亚，匈牙利，斯洛伐克：仅官方翻译和口译不受限制
		CPC 87902	商业服务：其他商业服务——收藏品机构服务	意大利，葡萄牙：投资者需满足国籍条件
		CPC 87901	商业服务：其他商业服务——信用信息报告服务	比利时：对于消费者信用数据的投资者需满足国籍条件。意大利，葡萄牙：投资者需满足国籍条件
			通讯服务：卫星广播传输服务	欧盟：服务提供者需承担满足一般利益目标的义务，满足互惠条件。其余欧盟成员国仅比利时无限制

（续表）

欧盟—哥伦比亚自由贸易协定

是否包括投资开放	投资开放产业是否采用负面清单	负面清单采用的行业分类代码分类	负面清单行业（产品）内容	保障条款内容
		欧盟的"负面清单"		
是	是	所有子行业	配送服务（除武装、军火、爆炸物和其他战争材料）	奥地利：测眼商品，可燃品，爆炸设备和有毒物质不受限制。药品和烟制品需要授权。芬兰：仅酒精饮料和药品配送不受限制
		CPC 622（不包括能源产品批发贸易服务）	配送服务：批发贸易服务——其他批发贸易服务	法国，意大利：烟草制品由国家垄断。法国：药品的批发授权要满足标准。人口和现有制药业的地理密度
		CPC 61112, 6113（部分），6121（部分），7542（部分），631，632（不包括 63211 和 63297）	配送服务：零售贸易服务——机动车、摩托车、雪橇以及零部件和附近，电信终端设备零售，食品零售、非能源最终产品零售，医疗和整形外科产品）	西班牙，法国和意大利：烟草制品由国家公司的垄断。比利时，加拿大，丹麦，法国，意大利，马耳他，葡萄牙：对百货公司的授权必须满足以下标准：对现有商店的数量的冲击。爱尔兰，瑞典：地理传播以及对运送条件的冲击。爱尔兰：对衣物，鞋类食品暂时不受限制。瑞典：对质疑地理区域现有商场的贸易的授权不受限制。瑞典：仅酒精饮料授权必须满足以下标准：对现有商场的冲击
		CPC 921, 922, 923, 924	教育服务（仅私人资助的服务）：小学教育、初中教育、高中教育，成人教育	欧盟：参与私人运用的教育网络需要特许。奥地利：高中教育不受限制。通过无线电视电或电广播媒介进行的成人教育小学和/或初中教育以及高中教育需满足国籍要求。保加利亚：由外籍自然人和协会提供的小学和/或初中教育服务以及高中教育服务不受限制。捷克，斯洛伐克和匈牙利的主要学校教育服务需满足国籍要求，即 CPC 92310）不受限制。高中教育（除大专和技术学校教育服务，芬兰，马耳他，罗马尼亚和瑞典：不受限制。希腊，塞浦路斯，芬兰的成人教育应满足国籍条件。可颁小学和初中学校董事会大多数成员应满足国籍条件。可颁

(续表)

欧盟—哥伦比亚自由贸易协定

是否包括投资开放	投资开放产业是否采用负面清单	负面清单采用的行业分类代码分类	负面清单行业(产品)内容	保障条款内容
是	是	欧盟的"负面清单"		
		CPC 921、922、923、924	教育服务(仅私人资助的服务):小学教育,初中教育,高中教育,成人教育	发国家承认的文凭的高中教育机构不受限制。意大利:颁发文凭和学位的私人大学须授权,其主要标准:已有学校的人口和密度。匈牙利、斯洛伐克:学校的数量受限于当地方政府的授权。拉脱维亚:残疾学生相关职业技术中专学校不受限制。斯洛文尼亚:小学不受限制。初中和高中学校童事会大多数成员需满足国籍条件。其余欧盟成员国中、塞浦路斯,芬兰,马耳他、罗马尼亚和瑞典无限制
		CPC 929	教育服务(仅私人资助的服务):其他教育服务	捷克、斯洛伐克:参与私人运营的教育网络需特许。初中和高中学校童事会大多数成员需满足国籍条件。其余成员国、奥地利、比利时、保加利亚、丹麦、西班牙、爱沙尼亚、芬兰,法国、希腊,卢森堡、德国、爱尔兰、葡萄牙,波兰,斯洛文尼亚、瑞典、马耳他和英国无限制
			金融服务:保险和保险相关服务	奥地利:如果外籍保险公司在母国不合法,其分支机构许可被否决。保加利亚、西班牙:在保加利亚或西班牙建立提供某些险种的分支或代理机构之前,外籍保险公司必须获得运营这些险种至少五年的授权。希腊:公司建立权利不包括办事处或者已经存在的其他保险公司,除非该公司是代理机构,分支或总部。芬兰:至少一半的推销员和董事会

（续表）

欧盟—哥伦比亚自由贸易协定

是否包括投资开放	投资开放产业是否采用负面清单	负面清单采用的行业分类代码分类	负面清单行业（产品）内容	保障条款内容
是	是	欧盟的"负面清单"	金融服务：保险和保险相关服务	成员以及保险公司的监事会在欧盟有居住地,外籍保险公司没有建立分支运营夫去运动养老保险局豁免。外籍保险公司在欧盟有居住处,非主管当局的许可。意大利：分支机构的建立授权需符合监管当局的评价。保加利亚、波兰：保险中介需求属于当地方保险公司而不是分支机构。葡萄牙：为了在葡萄牙建立分支保险公司需要至少五年的相关运营经验。斯洛伐克：外籍保险公司联合股份公司或者斯洛文尼亚分支机构成员国内可以建立保险公司的下属公司(而不是分支)实施。斯洛文尼亚：外国投资者不允许化机构(而不是分支分支)须在斯洛文尼亚且由斯洛伐克境内允许建立。互助保险机构成员国内自然人建立。对于咨询和理赔服务,公司主体(非分支机构)需为一个合法的实体。对于独资企业所有者,必须拥有斯洛文尼亚国内的居留权。瑞典：保险经纪事业只能通过瑞典的分支机构进行
			金融服务：银行和其他金融服务(保险除外)	欧盟：只有注册所在地在欧美的企业才能从事投资基金产品的存储。在欧盟成员国内拥有总部和注册基金的专门管理公司的建立信托基金。意大利：养老保险公司可以通过参与养老保险公司的主体需要有保加利亚进行实施。管理委员会和董事会,非分支机构亚的长期居留权。塞浦路斯：只有塞浦路斯证券交易所所的

(续表)

欧盟—哥伦比亚自由贸易协定

是否包括投资开放	投资开放产业是否采用负面清单	负面清单采用的行业分类代码分类	负面清单（产品）内容	保障条款内容
是	是	欧盟的"负面清单"	金融服务：银行和其他金融服务（保险除外）	成员才能在塞浦路斯证券交易所做证券经纪。证券企业必须在塞浦路斯证券交易所注册。芬兰：至少一半的推销员和董事会成员以及保险公司的监事会在欧盟当局事主管当局员以及保险公司的监事会在欧盟有居住处，除非主管当局豁免。外籍保险公司没有建立分支运营去保险金局的许可。匈牙利：外国机构分支不允许提供私人养老金资产管理或匈风险资本管理服务，金融机构董事会至少包括两名匈牙利国籍或拥有在匈牙利至少一年居留权的成员。爱尔兰：任单位信托基金和可变资本公司的共同投资计划中（而不是分支）须在爱尔兰或欧盟其他成员国境内。要成为爱尔兰投资伴中至少有一方主体的成员，其实体须满足：(1) 被爱尔兰政府授权，要求公司合作伙伴总部或注册机构在爱尔兰境内（非分支）须在爱尔兰或欧盟其他成员国境内。合作伙伴中至少有一方主体的成员，其实体须满足：(1) 被爱尔兰政府授权，要求公司合作伙伴总部或注册机构在爱尔兰境内（非分支）或者 (2) 根据欧盟投资服务授权建立管理结算的欧盟指示被授权企业成员国内。为了意大利主体（非分支）机构）须在意大利被授权建立证券登记服务。为了意大利主体（非分支）或者欧盟被授权主体公司的被授权主体公司的共同投资计划中（而不可变资本公司的可转让证券共同投资计划中（而不可变资本公司立法符合欧盟立法的）。在单位信托基金立法符合欧盟立法的，受托人和管理公司主体（非分支）须在意大利或者

第二章 区域贸易协定"负面清单"信息统计 295

(续表)

欧盟—哥伦比亚自由贸易协定

是否包括投资开放	投资开放产业是否采用负面清单	负面清单采用的行业分类代码分类	负面清单行业（产品）内容	保障条款内容
是	是	欧盟的"负面清单"		
			金融服务：银行和其他金融服务（保险除外）	欧盟其他成员国境内。不符合欧盟立法可转让证券共同投资的管理公司，其主体（非分支机构）须在意大利境内。和可转让证券共同投资公司主体在意大利境内可从事养老基金资源管理一样，只有银行、保险公司、投资公司和符合欧盟立法可转让证券共同投资的管理公司的法律总部须在欧盟境内。在提供上门推销活动中，中介公司须雇用被授权的金融销售人员且在欧盟服务内有居留权。外国中介公司的办事处专业资产管理机构不能从事投资管理的活动。立陶宛：有居留权。外国中介公司的办事处专业资产管理机构进行运营，只有在立有注册机构的专业公司才能从事资产存储。葡萄牙：只有在葡萄牙有注册机构的企业才能从事资产存储。葡萄牙：罗马尼亚：国外机构的分支的公司，保险公司和被授权在欧盟境内从事保险业务的公司，才能提供资产管理服务。罗马尼亚：国外机构的分支不允许提供证券交易商（非分支机构）提供。斯洛伐克：斯洛伐克境内的投资服务须由符合法律的银行、投资公司、投资基金管理公司（非强制性的养老基金）不受限制。斯洛文尼亚：私人养老金（非强制性的养老基金）不受限制。瑞典：储蓄银行的创始人应是居住在欧盟境内的自然人

（续表）

欧盟—哥伦比亚自由贸易协定

是否包括投资开放	投资开放产业是否采用负面清单	负面清单采用的行业分类代码分类	负面清单行业（产品）内容	保障条款内容
		欧盟的"负面清单"		
是	是	CPC 9311,93192,93193,933	卫生和社会服务（仅限于斯人自助服务）：医院服务，救护车服务，住宅卫生服务（而不是医院服务），社会服务	欧盟：私人运营者参与卫生和社会网络须特许。需通过经济需求测试，主要标准：已有设施的数量和影响，交通基础设施扩散人口密度，地理扩散和新创造的就业。奥地利和斯洛文尼亚：救护车服务无限制。保加利亚：医院服务、住宅卫生服务和社会服务无限制。匈牙利和英国：救护车服务，住宅卫生服务和社会服务无限制。比利时和英国：救护车服务，住宅卫生服务和社会服务无限制（不含康复病人，招待所和老人居所）无限制。塞浦路斯：医院服务，救护车服务，住宅卫生服务和社会服务（不含康复病人，招待所和老人居所）无限制。其余欧盟成员国中，捷克、芬兰、马耳他、瑞典和斯洛伐克无限制
		CPC 641,643	旅游和旅行相关服务：酒店，餐厅和餐饮（不包括航空运输中的餐饮）	保加利亚：必须是公司直接分支机构而非其他分支机构。意大利：酒吧，咖啡厅和餐厅必须满足以下标准：人口和已有设施的密度
		CPC 7471	旅游和旅行相关服务：旅行社和旅游运营商（包括循回旅行管理者）	保加利亚：必须是公司直接分支机构而非其他分支机构。葡萄牙：符合笔法的公司基地必须在葡萄牙，分支机构不受限制

（续表）

欧盟—哥伦比亚自由贸易协定

是否包括投资开放	投资开放产业是否采用负面清单	负面清单采用的行业分类代码分类	负面清单(产品)内容	保障条款内容
是	是	欧盟的"负面清单"		
		CPC 9619	休闲、文化和体育服务（不是音响相关的服务）：娱乐服务（包括剧院、乐队直播、马戏和迪斯科服务）	保加利亚：除了戏剧制作、歌手、乐队和管弦乐娱乐服务（CPC 96191），作家、作曲家、雕塑家、艺人和其他个人艺术家（CPC 96192）以及助理服务（CPC 96194）外，都不受限制。爱沙尼亚：其他娱乐服务（CPC 96199，不包括电影剧场运营服务（部分 CPC 96199），均不受限制。其余成员国仅塞浦路斯、芬兰、马耳他、波兰、罗马尼亚、斯洛伐克不受限制
		CPC 962	休闲、文化和体育服务（不是音响相关的服务）：新闻和出版机构服务	法国：外国参与发行出版物的公司拥有的资本和投票权不得超过 20%，并需要符合互惠的原则
		CPC 9641	休闲、文化和体育服务（不是音响相关的服务）：体育服务	奥地利、斯洛文尼亚：滑雪学校服务和登山向导服务不受限制。其余欧盟成员国仅保加利亚、塞浦路斯、捷克、爱沙尼亚、拉脱维亚、马耳他、波兰、罗马尼亚、斯洛伐克不受限制

（续表）

欧盟—哥伦比亚自由贸易协定

是否包括投资开放	投资开放产业是否采用负面清单	负面清单采用的行业分类代码的分类	负面清单行业（产品）内容	保障条款内容
是	是	欧盟的"负面清单"		
		CPC 7211,7212	运输服务：海洋运输——国际旅客运输,国际货运	保加利亚,塞浦路斯,爱沙尼亚,匈牙利,立陶宛,拉脱维亚,马耳他,和罗马尼亚：国际海洋运输服务商业存在的其他形式的建立不受限制。奥地利,比利时,保加利亚,塞浦路斯,捷克,德国,丹麦,西班牙,爱沙尼亚,法国,芬兰,希腊,匈牙利,爱尔兰,拉脱维亚,卢森堡,荷兰,波兰,葡萄牙,罗马尼亚,斯洛伐克,斯洛文尼亚,瑞典和英国：运营挂有国国旗船队的注册公司的建立不受限制。德国,西班牙,法国,芬兰,意大利,拉脱维亚,马耳他,波兰,葡萄牙,斯洛文尼亚和瑞典：支线运输需被授权
		CPC 7221,7222	运输服务：国际水路运输——客运,货运	欧盟：在国家相关联合和所有权满足国籍标准的基础上,一些交通运营权受到管制。莱茵河上的管制按照《曼海姆公约》实施。奥地利,比利时,保加利亚,塞浦路斯,德国,丹麦,西班牙,爱沙尼亚,法国,芬兰,希腊,匈牙利,爱尔兰,拉脱维亚,卢森堡,荷兰,波兰,葡萄牙,罗马尼亚,斯洛伐克,斯洛文尼亚不受限制：运营挂有国国旗船队的运输公司的注册公司的建立不受限制。奥地利：由自然人设立绝大多数会成员国籍船队也需满足国籍条件,而且董事会必须为奥地利,另外绝大多数商业股权必须由欧盟居民拥有。保加利亚：服务只能由挂有芬兰国旗的船只提供受限制。芬兰：服务只能由挂有芬兰国旗的船只提供

（续表）

欧盟—哥伦比亚自由贸易协定

是否包括投资开放	投资开放产业是否采用负面清单	负面清单采用的行业分类代码分类	负面清单行业（产品）内容	保障条款内容
是	是	欧盟的"负面清单"		
		CPC 7111,7112	运输服务：铁路运输——货运	保加利亚：公司主体和直接分支不受限制
		CPC 7121,7122	运输服务：陆路运输——货运	欧盟：外籍投资者不能在欧盟成员国内（沿海运输）提供服务，除非公交运输运营者需提供不定期的租赁服务。出租车运输需要满足以下标准：已有设施数量和冲击、人口密度、地理分布、交通条件的冲击和新创造就业机会。奥地利、保加利亚：专有权利和/或授权只有在被欧盟国家批准以及欧盟法人在欧盟境内设有总部时，才有效。保加利亚：公司主体和直接分支不受限制。芬兰、拉脱维亚、瑞典：所有交通工具必须到外国注册的交通工具。西班牙：CPC 7122需满足以下标准：当地需求。意大利、葡萄牙：接送旅客服务需满足以下标准：已有设施数量和冲击、人口密度、地理分布、交通条件的冲击和新创造的就业机会。法国：城际商业服务不受限制

（续表）

欧盟—哥伦比亚自由贸易协定

是否包括投资开放	投资开放产业是否采用负面清单	负面清单采用的行业分类代码分类	负面清单（产品）内容	保障条款内容
是	是	欧盟的"负面清单"		
		CPC 7123	运输服务：陆路运输——货运（不包括邮递运输）	奥地利、保加利亚：专有权利和/或授权权只有在被欧盟国家批准以及欧盟法人在欧盟境内设有总部时，才有效。保加利亚、公司主体和直接分支不受限制。芬兰：拉脱维亚、瑞典：需许可，且不能扩展到外国注册的交通工具。芬兰：拉脱维亚、瑞典：需满足经济需求测试标准：当地需求
		CPC 7139	运输服务：管道货物（非原料）运输	奥地利：只有在被欧盟国家批准以及欧盟法人在欧盟境内设有总部时，才能获得专有权
			辅助运输服务：海洋运输装卸服务——海上货物装卸服务、仓储和库存服务（部分CPC 742）、报关清关服务，集装箱站和航空港服务、海事机构服务、海上货运代理服务、含有有机组成货船只租赁服务（CPC 7213）、推动和牵引服务（CPC 7214）、海洋运输支持服务（部分CPC 745）、其他支持和辅助服务，含餐饮（部分CPC 749）	意大利：海运货物装卸服务需满足经济需求测试标准：已有设施数量和冲击，人口密度，地理分布交通条件的冲击和新创造的就业机会。保加利亚：公司主体和直接分支不受限制，且外国持有保加利亚企业股份比例不超过49%。斯洛文尼亚：只有法人在保加利亚斯洛文尼亚境内建立的公司才能通关。芬兰：推动和牵引服务只能由持有芬兰境内挂有芬兰国旗标志的船只提供。奥地利、比利时、保加利亚、塞浦路斯、捷克、德国、丹麦、西班牙、爱沙尼亚、芬兰、希腊、匈牙利、爱尔兰、意大利、立陶宛、卢森堡、马耳他、荷兰、波兰、葡萄牙、罗马尼亚、斯洛伐克、斯洛文尼亚、瑞典和英国：挂有该国国旗国籍船队运营的注册公司，在推动和牵引服务、海洋运输支持服务方面无限制

(续表)

欧盟—哥伦比亚自由贸易协定

是否包括投资开放	投资开放产业是否采用负面清单	负面清单采用的行业分类代码分类	负面清单行业（产品）内容	保障条款内容
是	是	欧盟的"负面清单"		
		CPC 741（部分），742（部分），748，7223，7224，745，749（部分）	辅助运输服务：国际水路运输——货物装卸服务、仓储和存储服务、货运机构租赁、船舶租赁和含员工的船舶租赁、推动和牵引服务、国际水路运输支撑服务、其他辅助服务	欧盟：在国家相关联合和所有权满足国籍准的基础上，一些交通运营权受到管制。莱茵河上的管制按照《曼海姆公约》实施。奥地利、比利时、保加利亚、塞浦路斯、捷克、德国、丹麦、西班牙、丹麦、爱沙尼亚、芬兰、希腊、波兰、葡萄牙、爱尔兰、意大利、立陶宛、卢森堡、马耳他、荷兰、罗马尼亚、斯洛伐克、斯洛文尼亚、瑞典和英国：推动和牵引服务、国际水路运输支持服务满足国籍条件。公司注册地需居民拥有。保加利亚：国际水路运营公司需满足商业股权不受限制，外国持有保加利亚企业股份比例不超过49%。公司主体和直接分支不受限制，允许以国家会员地设立的运输公司由欧盟居民拥有。保加利亚：国际水路运营公司需满足商业股权不受限制，另外，绝大多数商业股权公司需满足商业居民拥有。匈牙利：只允许以国旗分支的运营参与建立。芬兰：推动和牵引服务只能由挂有芬兰国旗的运营船只提供。斯洛文尼亚：只有法人在斯洛文尼亚境内建立的公司才能通关
		CPC 741（部分），742（部分），748，7113，743（部分），749	辅助运输服务：铁路运输——货物装卸服务、仓储和存储服务、货运机构服务、推动和牵引服务、铁路运输支撑服务、通关服务	保加利亚：公司主体和直接分支不受限制，外国持有保加利亚企业股份比例不超过49%。斯洛文尼亚：只有法人在斯洛文尼亚境内建立的公司才能通关

（续表）

欧盟—哥伦比亚自由贸易协定

是否包括投资开放	投资开放产业是否采用负面清单	负面清单采用的行业分类代码分类	负面清单行业（产品）内容	保障条款内容
是	是	欧盟的"负面清单"		
		CPC 741（部分）、742（部分）、748、7124、744、749（部分）	辅助运输服务：陆路运输——货物装卸服务、仓储和库存服务，货运机构服务，含有操作员的商业陆路交通工具的租赁，铁路运输装备支撑服务、其他支撑和辅助服务，通关服务	奥地利：对于含有操作员的商业陆路工具租赁，只有欧盟国家和总部在欧盟境内的欧盟法人才能被授权。保加利亚：公司主体和直接分支不受限制，且外国持有保加利亚企业股份比例不超过49%。芬兰：含有操作员的商业陆路工具租赁活动需要被授权，且不能拓展到保加利亚籍注册运输工具。斯洛文尼亚：只有法人在斯洛文尼亚境内建立的公司（非分支机构）才能通关
		CPC 742（部分）	辅助运输服务：航空运输——地面保障服务（包括餐饮）	欧盟：仅有以下约束：一是承诺需满足互惠条件。二是活动的种类取决于机场的规模，服务提供者的数量受限于可行空间，每一个机场不低于两个。保加利亚：公司主体和直接分支不受限制
		CPC 742（部分）	辅助运输服务：航空运输——仓储和库存服务	保加利亚：公司主体和直接分支不受限制。波兰：对于冷冻或冷藏货物的仓储服务以及散装或液态气体的仓储服务，活动的类型取决于机场的现模，每一个机场，服务提供者的数量受限于可行空间，而且不低于两个
		CPC 748（部分）	辅助运输服务：航空运输——货运机构服务	保加利亚：公司主体和直接分支不受限制。斯洛文尼亚：只有法人在斯洛文尼亚境内建立的公司才能通关。其余欧盟成员国中，仅匈牙利无限制

第二章　区域贸易协定"负面清单"信息统计 | 303

（续表）

欧盟—哥伦比亚自由贸易协定

是否包括投资开放	投资开放产业是否采用负面清单	负面清单采用的行业分类代码分类	负面清单行业（产品）内容	保障条款内容
是	是	欧盟的"负面清单"		
		CPC 734	辅助运输服务：航空运输——含有机组人员的航天器租赁	欧盟：欧盟航空公司所用的飞机必须在欧盟成员国境内进行许可注册。可以注册的飞机的所有者符合相关资本和控制权的特定国籍标准的所有者或者符合相关资本和控制权的特定国籍法人必须由符合特定国籍或者特定国籍法人所拥有的航空公司运行。保加利亚：公司直接分支不受限制
			辅助运输服务：航空运输——销售和市场营销	欧盟：投资者运营计算机预定系统的特殊义务被航空公司拥有或控制。加利利亚：公司直接分支不受限制
			辅助运输服务：航空运输——计算机预订系统	同上
			辅助运输服务：航空运输——机场管理	保加利亚：公司主体直接和直接分支不受限制。波兰：外国参与比例不高于 49%
		CPC 7131	能源服务：燃料管道运输	奥地利，比利时，保加利亚，塞浦路斯，捷克，德国，丹麦，西班牙，爱沙尼亚，芬兰，法国，希腊，爱尔兰，意大利，拉脱维亚，卢森堡，马耳他，荷兰，波兰，葡萄牙，罗马尼亚，斯洛伐克，斯洛文尼亚，瑞典，英国不受限制

(续表)

欧盟—哥伦比亚自由贸易协定

是否包括投资开放	投资开放产业是否采用负面清单	负面清单采用的行业分类代码分类	负面清单行业（产品）内容	保障条款内容
是	是	**欧盟的"负面清单"**		
		CPC 742（部分）	能源服务：通过管道运输燃料的仓储和储存服务	波兰：来自能源供给国的投资者被禁止获得活动的控制权。公司主体和直接分支不受限制
			能源服务：固体、液体和相关产品的批发贸易服务（CPC 62271），电力、蒸汽和热水的批发贸易服务	欧盟：电力、蒸汽和热水的批发贸易服务不受限制
		CPC 613、63297	能源服务：发动机燃料的零售服务，燃油、瓶装气体、煤和木材、电力、非瓶装气体、蒸汽和热水的零售服务	欧盟：发动机燃料，电力，非瓶装蒸汽和热水的零售服务不受限制。比利时、保加利亚、丹麦、法国、意大利、葡萄牙：从事燃油、瓶装气体、煤和木材零售的百货公司需要被授权，且满足以下标准：已有设施数量和冲击、人口密度、地理分布、交通条件和新创造的就业机会
		CPC 887	能源服务：附带能源配送服务	奥地利、比利时、保加利亚、法国、希腊、捷克、塞浦路斯、德国、丹麦、意大利、西班牙、爱沙尼亚、芬兰、马耳他、荷兰、波兰、葡萄牙、罗马尼亚、斯洛文尼亚、卢森堡、立陶宛、瑞典、英国：除咨询服务外不受限制。斯洛伐克：除了附带气体能源配送服务外不受限制

（续表）

欧盟—哥伦比亚自由贸易协定

是否包括投资开放	投资开放产业是否采用负面清单	负面清单采用的行业分类代码分类	负面清单行业（产品）内容		保障条款内容
是	是	欧盟的"负面清单"			
		CPC 97021	其他服务：美发服务	意大利：经济需求测试应用在国民待遇基础上，对企业数量有限制，其标准：人口和已存在商业的密度
		CPC 97022	其他服务：化妆、修指甲和足疗服务	同上	
		CPC 97029	其他服务：其他美容服务	同上	

欧盟—智利自由贸易协定

是否包括投资开放	投资开放产业是否采用负面清单	例外行业和免责条款	保障条款内容		其他
是	否	欧盟的"负面清单"：（1）金融服务；（2）视听服务；（3）海上沿海运输服务；（4）航空运输服务，包括国内和国际航空运输，定期和不定期航空服务，以及直接与国家领空权相关的服务，但不包括飞机故障后的维修和保养，航空运输机销售和营销以及计算机订座系统（CRS）服务；（5）电信服务	关于国际海运、电信服务、金融服务各方设立了一个专门的章节，来集中讨论两国关于以上三个行业的开放及合作模式		作为保证条款，该服务贸易协定同时规定合作双方应在协定实施三年后，以加深自由化、减少或消除贸易限制的视角，重新审视本协定。协议委员会也应当每三年检查一次协定的履行情况，并提出适当修改建议

（续表）

欧盟—阿尔巴尼亚贸易自由协定

是否包括投资开放	投资开放产业是否采用负面清单	例外行业和免责条款	保障条款内容	其他
是	否	欧盟的"负面清单"：（1）航空运输服务；（2）内陆水路运输服务；（3）海上沿海运输服务，以上三个行业并不适用于本协定		

欧洲自由贸易联盟

是否包括投资开放	投资开放产业是否采用负面清单	负面清单行业（产品）内容	负面清单采用的分类代码分类	保障条款内容
是	是	挪威的"负面清单"：所有部门	如果出现严重的产业、地区经济以及社会和自然环境的恶劣影响，成员国可以单方面采取适当的措施。但是这些措施必须限制于特定的时间范围内，并且适用于所有成员国	对于股份控制公司来说，成员国必须居住在挪威，这一条款并不适用于欧洲经济区成员国公民。母公司必须是一家挪威公司，该公司的董事会总经理及至少一半的公司的董事会成员必须居住在挪威。只有在挪威设立的法人才能被视为一家挪威企业集团。只有在挪威的研究机构享受挪威的补贴，研发机构除外

(续表)

欧洲自由贸易联盟

是否包括投资开放	投资开放采用产业是否采用负面清单	负面清单采用的行业分类代码分类	负面清单(产品)内容	保障条款内容
是	是	挪威的"负面清单"		
			法务服务	外国的辩护律师只能在面对国际法和外国法律时履行职责
		CPC 9312	会计及审计服务	执行法定审计的审计人员必须在挪威拥有长期的办公地点,并且应该是欧洲经济区的居民
			医疗服务	必须讲挪威语,并在不同领域通过一定的国家考试,国外学试配以对等程度的认可
			飞机租赁	必须是在挪威注册的飞机,并属于挪威的自然人或者法人
			保安服务	经理和董事会股份公司的董事会成员必须是欧洲经济区成员国公民
			固体废物处理服务	对于一些特种类的废物处理,可以垄断
		CPC 9404	废气清理服务	政府垄断汽车和卡车废气控制服务,这些服务必须在非营利基础上提供
			保险服务	没有任何单一或一组投资人可能获得或持有挪威的保险公司超过10%的股份,财政及海关部门在特殊情况下可以对以上限制实施一定程度的豁免。这种机构的所有全资子公司。外资机构对于那些其他所有非自资的金融机构或挪威的金融机构,包括信用保险公司以及非寿险公司可采取投资的非国民待遇。挪威保险、寿险、非寿险和董事会中至少有一半必须是挪威的永久居民,其经理和董事会成员必须在非欧洲经济区范围内居民,工业和贸易部拥有豁免权。这一要求并不适用于欧洲经济区范围内居民、国外的非挪威保险公司的金融机构不得拥有挪威保险公司的股权

(续表)

欧洲自由贸易联盟

是否包括投资开放	投资开放产业是否采用负面清单	负面清单采用的行业分类代码分类	负面清单行业（产品）内容	保障条款内容
是	是	挪威的"负面清单"		
			除保险外的银行及其他金融服务	没有任何单一或一组投资人可能获得持有挪威的商业银行或者是金融资机构超过10%的股份，或储蓄银行超过10%的股权证书。财政及海关部给予豁免权。外国银行和融资机构可以在挪威建立部分或全资子公司。证券机构必须符合挪威国内相关法规。募集公共投资的股份公司、证券公司是银行或相应的其他金融机构。募集机构的商业银行、证券公司和管理公司都必须在挪威注册成立股份公司和管理公司的挪威商业银行、融资公司和管理公司都必须是挪威永久居民。工业和共投资的挪威商业银行、融资股份公司必须是欧洲经济区范围内居民。没有成立股份公司的成员一半是欧洲经济区范围内永久居民。这一要求并不适用于欧洲经济区范围内永久居民。其决策与不适用于欧洲经济区范围内永久居民，财政及海关部门拥有豁免权
		CPC 7211, 7212	海运服务	用于运输挪威的船舶必须归属于挪威公民或一家挪威公司，而该公司挪威必须拥有超过60%的股份。若运输公司是有限责任公司，其总部必须居在挪威境内，主席和大部分董事会成员必须是居在挪威的公民，并且任在公司成立之前两年居住在挪威。超过40%的外国所有权的船舶必须注册于总部设在挪威的一家挪运公司，或一家挪威船舶管理公司。若船舶由一家外国公司直接注册于 NIS，则需要一名挪威代表

第二章 区域贸易协定"负面清单"信息统计 | 309

（续表）

欧洲自由贸易联盟

是否包括投资开放	投资开放产业是否采用负面清单	负面清单采用的行业分类代号的分类	负面清单行业（产品）内容	保障条款内容
挪威的"负面清单"				
是	是		渔业	只有挪威公民或者挪威公司能够购或者和公司共享一艘渔船。这个公司成员必须办公地点应设在挪威，并且主席和大部分的董事会成员必须居住在挪威的公民。挪威公民至少拥有60%的股份，并被授予不少于60%的投票权。捕鱼船队的所有权应该归属于专业渔民，这些专业渔民必须在过去五年内，至少有三年活跃的专业捕鱼记录。禁止挪威之外的国家或个人在挪威经济区内从事捕鱼类，甲壳类动物和软体动物的生产，包装，运输。这也适用于国外船只。在特殊情况下可以豁免
瑞士的"负面清单"				
			不动产	非居民收购和租赁二手房受到限制
			所有部门	股份制公司的多数董事会成员必须是瑞士居民，并居住在瑞士
			不动产	外国居民和公司总部在国外的企业在瑞士购买不动产需要经过授权，个人住房需求，专业用途和商业活动被视为合理的需求，但禁止纯粹的商业投资，房地产经营，非酒店非农业地产假公寓（例如公寓住宅，露营，运动区）以及农业地产

(续表)

欧洲自由贸易联盟

是否包括投资开放	投资开放产业是否采用负面清单	负面清单采用的行业分类代码分类	负面清单行业（产品）内容	保障条款内容
是	是	瑞士的"负面清单"		
		CPC 83103（部分）	海运	船只悬挂瑞士国旗，船舶的所有权和控制权必须100%属于瑞士国民。船只拥有3/4瑞士籍的居住权。若船只属于瑞士公司，并悬挂瑞士国旗，则公司的董事会和管理者必须由瑞士公民构成，并要求其中大部分居住在瑞士
		CPC 83103（部分）	内陆水运	为了悬挂瑞士国旗，船只必须归属于瑞士公司，且该公司由瑞士国民控股（66%以上的投资和投票权），或者符合《曼海姆公约》的规定
		CPC 514，516	安装与组装服务	在能源、供热、供水、通信和电梯行业不承诺
			保险	外国或外资控股的保险公司可以投资房地产。具有在保险行业直接从事保险业务三年以上经验
			除保险外的银行及其他金融服务	在破产或清盘时，作为按揭贷款担保的情况下，外国或外资控股的银行可以投资房地产。外国募集投资基金需缴纳印花税。外国金融服务提供者的商业存在形式与外国募集存在有关，其商业存在的法规的名称和该外国金融制度有关，其商业存在可能会被那些最终股东或者实际受益人是非居民所拒绝
		CPC 7223（部分）	船舶租赁	为了悬挂瑞士国旗，船只必须归属于瑞士公司，且该公司由瑞士国民控股（66%以上的投资和投票权），或者符合《曼海姆公约》的规定

（续表）

欧洲自由贸易联盟

是否包括投资开放	投资开放产业是否采用负面清单	负面清单采用的行业分类代码的分类	负面清单行业（产品）内容	保障条款内容
是	是	列支敦士登的"负面清单"		
			所有部门	管理企业的法定代表至少有一人是列支敦士登公民，并居住在列支敦士登，他/她必须拥有律师、审计师或者其他资格的专业执照。对建立企业时间的要求。购买不动产都需要得到列支敦士登政府机构认证的个人在列支敦士登居住时间的要求，非列支敦士登公民不得购买不动产
		CPC 8621（部分）	会计和审计服务	外资股权及外资投票权不得超过49%，对建立企业时间的要求或者机构都有列支敦士登国籍和在列支敦士登居住时间的要求
		CPC 863	税收服务	同上
			电信服务	以下行业免责：电子邮件、语音邮件、在线信息和检索、电子数据交换（EDI），增值传真服务，代码和协议转换，在线信息或数据处理，可视图文，基于认证无线网络的增值服务
			非义务教育的高中教育服务、成人教育及其他教育形式	在根据列支敦士登法律组织了法人形式后，外国个人可建立企业组织
			保险	外国资本在列支敦士登建立保险监管机构必须联合机构或受端土保监机构监督。基本保险的提供方必须联合机构或受端土保监机构监督；对保险公司有基金国籍要求。对外国投资监督公司有从业经验的要求

(续表)

欧洲自由贸易联盟

是否包括投资开放	投资开放产业是否采用负面清单	负面清单采用的行业分类代码分类	负面清单行业（产品）内容	保障条款内容
是	是	瑞士的"负面清单"		
			除保险外的银行及其他金融服务	银行和金融公司获授牌照必须由列支敦士登议会批准。董事成员及管理人员至少有一名是列支敦士登公民非拥有居住权。外资股权及外资投票权不得超过49%。外国金融服务提供者的商业存在形式与该企业原籍国的法规制度有关和该国金融制度有关
		冰岛的"负面清单"		
		与瑞士的条款相同，只是对于航空运输的外国投资必须符合冰岛国内法律规定		
		所有部门CPC 8671，8674，852，不包括心理学服务	（1）不动产；（2）城市规划、景观建筑服务；（3）研发和人文服务；（4）通信服务；（5）金融服务；（6）银行和其他金融服务（不含保险）	（1）所有国家，除了奥地利、比利时、塞浦路斯、丹麦、爱尔兰、芬兰、匈牙利、意大利、立陶宛、马耳他、波兰、罗马尼亚、斯洛文尼亚、斯洛伐克之外。（2）所有服务贸易利用酬金来自国外。（3）欧盟：对于政府资助的研发服务，专有权利只能授予成员国的国民和限制，以保障传送利益。（4）欧盟：对服务供应商和航天发射货运（包括卫星）等保险风险机构，强制航空运输保险只能由欧盟公司包销。（5）对海上运输、商业航空运输保险只能由欧盟或中介机构。（6）不允许代表欧盟设立子公司或分支运输业务不作承诺。（7）提供和转让金融数据处理和相关软件，要求使用公共电信信息，金融数据处理和相关软件

(续表)

欧洲自由贸易联盟

是否包括投资开放	投资开放产业是否采用负面清单	负面清单采用的行业分类代码分类	负面清单行业（产品）内容	保障条款内容
是	是	冰岛的"负面清单" 所有部门 CPC 8671,8674,852,不包括心理学服务	（1）不动产；（2）城市规划、景观建筑服务；（3）研发和人文服务；（4）通信服务；（5）金融服务；（6）银行和其他金融服务（不含保险）	网络，或其他经授权的运营商的网络。（8）只有在欧盟注册办事处的公司可以作为专门履行投资基金托管的公司。斯洛文尼亚投资公司必须在斯洛文尼亚注册成立外商投资公司或银行的分支。罗马尼亚：对融资租赁、货币市场工具等资产管理以及金融资产结算和清算服务不作承诺，支付和汇划服务只通过建立在罗马尼亚的一家银行操作

注释：（a）"ISIC rev"即《全民经济活动的国际标准产业分类》，它是由联合国1989年制定并审议通过，推荐各国政府进行国际统计数据比较时使用的统计分类标准。（b）"CPC"即主要产品分类（central products classification），由联合国秘书处统计处统一制定，包括所有货物和服务，是迄今为止唯一一套包括国内外交易活动产出的各种产品，以及非生产的有形和无形资产的国际标准分类体系，其中包括工业生产，国民账户，服务账户，国内外商品贸易，国际服务贸易，国际收支，消费及物价统计。

附录 1

部分国家自由贸易协定概况与"负面清单"特征

一、澳大利亚和新西兰签订的自由贸易协定概况及"负面清单"特征

1. 总体特征

澳大利亚和新西兰两个国家签订的自由贸易协定的明显特征是:

第一,负面清单的设定主要遵照 CPC 分类规则。CPC 是一种涵盖货物和服务的完整产品分类,意在充当一种国际标准,用以汇集和以表格列出各种要求,给出产品细目的数据,其中包括工业生产、国民账户、服务业、国内外商品贸易、国际服务贸易、国际收支、消费及物价统计。它也为国际比较提供一种框架,促进有关货物和服务的各种统计的统一。CPC 能够同时涵盖货物和服务,具有广泛的国际影响力,而在自由贸易协定中往往同时涉及产品和服务,因此比较适用。

第二,澳大利亚和新西兰都是发达国家,倾向于使用负面清单来签订自由贸易协定(FTA),除了和个别国家的部分服务项目,基本上都采用负面清单的模式。另外,一国的服务开放承诺对其贸易伙伴国存在很大的相似性,当然也有一些国别差异。

第三,在负面清单显示的行业中,往往包含两类:一类是关系国家基础行业、具有公共服务性质、影响国家安全的产业;另一类是具有战略意义的产业。此外,负面清单的行业和服务项目有些是这些国家具有竞争优势的产业,比如新西兰的畜牧业。

第四，即使是发达国家在市场开放的进程中，也采取相关保障措施机制来防范开放的风险。比如，新西兰的准入通用条款，对绝大多数的行业，尤其是畜牧业、金融业和国际运输行业，保留了在 GATT 协定允许的限度内，实施各种条款以保障国家、行业企业利益的权利。

2. 澳大利亚的概况及特征

（1）澳大利亚自由贸易协定的整体情况

澳大利亚共签订了9个区域贸易协定。从伙伴国是区域还是单个国家来看，作为区域的贸易协定有：澳大利亚—东盟—新西兰；南太平洋区域贸易和经济合作协定；作为国家的有：智利、新西兰、巴布新几内亚、新加坡、马来西亚、泰国、美国。此外，除了澳大利亚—巴布新几内亚、南太平洋区域贸易和经济合作协定只涉及商品贸易，其他7个区域贸易协定都涉及服务贸易和投资领域。

对部分行业完全开放，区域贸易协定没有具体规定开放细则，只简单写明"无限制"，如专业服务，具体包括：税收服务、建筑服务、工厂服务、集成工程服务、牙医服务、兽医服务、计算机及相关服务、社会科学和人类研发服务等。

（2）澳大利亚"负面清单"的特征

纵观澳大利亚与新加坡、美国、新西兰、东盟、泰国和智利签订的FTA，虽然对不同国家开放的服务业有所不同，但是对于开放的服务业仍存在如下几个特征：

第一，除了与泰国和东盟的部分服务之外，澳大利亚的服务业开放基本上都使用负面清单。

第二，负面清单主要集中于如下行业：专业服务中的律师服务、移民咨询服务、会计审计服务、医疗服务与海关清关服务；通信服务中的邮政服务、电信；批发零售服务中的医疗产品、化学品、酒精饮料和香烟产品的贸易；金融服务中的吸收存款业务、人寿保险服务、非人寿保险服务、金融市场服务、托管投资服务；健康服务；传媒、娱乐、文化及体育服务（包括报纸、广播、商业电视等视听服务、博彩业）；运输服务中的内河运输、海运运输、航空运输；教育服务中的初等教育、其他教育。

第三,澳大利亚与有些国家签订的 FTA 带有非常明显的国别特征。比如,泰国与澳大利亚签订的 FTA 同泰国作为东盟成员国与澳大利亚签订的 FTA,存在大量的重叠的开放行业(如商业服务、环境服务、金融服务、通信服务等),体现出高度的一致性。

第四,对于重点行业或政治经济上较为重要的行业,要求较为严格,比如,对于医疗服务的要求非常严格,如果医生不是澳大利亚境内注册的执业医师,对其工作地点和医保开具权利均有所保留。对于邮政服务,澳国内邮政公司仍然具有投递轻信件(低于 250 克)的垄断权,即使对于较重邮件的投递,对外国公司的定价也有特殊规定。对于电信服务,不仅规定了外国总持股比例,还规定单独个人或法人的持股比例,以防公司控制权旁落。对于两类产品的批发零售有特殊规定:第一类为香烟、酒精饮料产品以及枪支弹药的批发零售服务,澳大利亚保留采取相关措施的权利;第二类为医疗和化工产品的批发零售服务,产品的注册地必须为澳大利亚。对于金融服务的吸收本地存款业务(不包括外国注册实体及其员工的资金业务,该业务因国家不同而不同),均规定了外国存款机构的首笔最低存款金额,并且不可以为存款业务做广告。如果地处海外的外国银行需要在澳募集资金,只能通过发行债券的方式,并且不得低于 50 万澳元。对于健康服务和航空运输,要求董事会主席为澳大利亚公民、2/3 或更多的股东为澳大利亚公民,该规定比其他行业中只要求是澳大利亚居民的规定更加严格。对于传媒业,对不同级别的报纸以及商业电视广播的总体和单个个体外资持股比例有强制规定,并且对商业电视中的澳大利亚要素含量的最低要求作了规定。这些规定主要针对传媒业竞争力比较强的新加坡、美国和新西兰作出,而对泰国、东盟和智利,并没有谈及此项。

尽管澳大利亚对新加坡和美国开放了有关教育服务(包括初等教育与其他教育)、博彩业、联邦租赁机场和内河运输这几个敏感行业,但是均未作详细规定,只是简单提及"澳大利亚保留采取相关措施的权利",而对新西兰、东盟、泰国和智利,FTA 中甚至没有提及这些行业。

第五,对于不太敏感的行业,如酒店餐饮、环境保护、税收服务、技术服务、广告服务、管理咨询服务、保洁服务、会议服务、电话应答服务、翻译服务、仓库服务、摄影服务、室内设计、旅游、文化及体育服务等服务业,基本没有限制。

第六,对于与智利签署的 FTA,绝大部分的服务业开放,如信托、审计、房地产销售、健康等服务,澳大利亚联邦政府或各州或不同地区的规定有所不同。

3. 新西兰的概况及特征

(1) 新西兰自由贸易协定的整体情况

目前,新西兰对外签署的自由贸易协定主要有两个区域性协议:一是新西兰—澳大利亚—东盟的自由贸易协定,包含的国家有澳大利亚、文莱、缅甸、马来西亚、柬埔寨、印尼、老挝、马拉西亚、菲律宾、新加坡、越南、泰国;二是跨太平洋战略经济伙伴自由贸易协定,包括文莱、智利、新加坡。与单一国家或地区签署的自由贸易协定有 6 个,分别为与马来西亚、新加坡、泰国、中国、中国台北、中国香港的自由贸易协定。

在所有的自由贸易协定中,与泰国、中国台北的自由贸易协定并没有就具体某个行业的服务贸易准入给出具体明确的规定。因此,在负面清单的统计中没有实施。

(2) 新西兰"负面清单"的特征

考虑到单一国家协定与区域性国家协定之间存在国家的重叠,因此一国在服务贸易准入负面清单方面往往比较统一。比如,泰国、新加坡和马来西亚作为东盟的成员国与新西兰签署了自由贸易协定,同时,作为单一国家也与新西兰签署了自由贸易协定。但比较两个框架内的负面清单,不难看出,二者存在高度的一致性。由于新加坡还参与了跨太平洋战略经济伙伴自由贸易协定,此协定可能考虑到了智利这一南美国家的特性,因此负面清单存在一定的差异。

在具体的行业分布上,最集中的主要是 CPC 8812(畜牧管理相关服务)、CPC 8129(非人寿保险)、CPC 8140(保险中介服务如保险经纪或保险代理)、CPC 7211 和 CPC 7212(国际运输(货运与客运),除附件三界定的沿海贸易)这四个方面。对保险行业的进入限制,设定了两个方面。在非人寿保险方面,主要是考虑到了针对机动车辆所有者、雇佣者和被雇佣者、自我雇佣者强制保险的专营问题。而在中介方面,除上述强制保险外,还增加了小麦生产者法案所规定的由行业协会决定的强制性保险内容。

当然,还应看到,保险作为金融行业的一部分,受到金融业通用条款的限制。在经营中必须遵照1993年金融报告制度和1993年公司法案,提交年度资产负债表、损益表和现金流量表(如果需要,并经会计标准研究委员会同意)。法案同时要求提交财务报告和跨国公司与新西兰相关业务。法案要求如下公司向公司登记处提交年度财务审计报告:① 公募公司;② 公司有25%以上的股份被以下主体持有或控制:新西兰以外公司的分支机构以及分支机构的分支机构,新西兰以外的公司和非新西兰常住居民。

畜牧管理方面的规定主要是强调了Z乳业委员会在畜牧检疫许可证发放方面的权威。运输方面,所适用的是通用条款。针对国际运输服务,除沿海贸易外的货运与客运,只要船队悬挂新西兰国旗,则相应的公司注册没有限制。

此外,还涉及:公用事业类的行业,包括CPC 7511(邮政服务)、CPC 7521(公用电话服务)、CPC 7522(商业网络服务)、CPC 7523(数据与信息转换服务)、CPC 7525(交互通信服务)、CPC 7529(其他电信服务)、CPC 96131(无线电服务)、CPC 96133(节目制作与传播综合服务)。此类行业的市场准入主要体现在:一是节目制作与传播必须经过主管部门审批同意;二是通信行业的企业持股超过1/2必须经政府同意,且董事会成员中新西兰市民必须超过1/2。三是邮政不能发行含有"New Zealand"字样的邮票,除非公司本身的名字中含有"New Zealand"。

农产品经纪服务方面。CPC 62111 仅限于与 CPC 02961-02963(羊毛皮)相关产品;CPC 62112 仅限于与 CPC 21111、21112、21115、21116、21119(牛羊的使用杂碎)和 02961-02963**(羊毛皮)相关产品;CPC 62116 仅限于与 CPC2613-2615(羊毛皮)相关产品。在相关的市场准入方面没有限制,但若从事出口业务,则要求:首先,对于涉及出口关税配额、国别优先权或其他具有相同效果的措施时,出口分销权分配方面将设定对于服务供应商数量、交易额、交易次数方面的限制。其次,在特定政府支持行业,可能强制实施出口营销策略。这些出口营销策略不包括限制市场参与者的数量或限制出口量的措施。

新西兰负面清单的主要特点有:第一,通信领域的准入有较为严格的限制;第二,在新西兰主要的经济行业中具有一定的强制性举措,典型的是畜牧业和国际运输行业;第三,金融行业的准入相对较为严格;第四,新西兰在准入通用条款中,保留了在 GATT 协定允许的限度内,对绝大多数的行业,尤其是畜牧业、金融业和国际运输行业实施各种条款以保障国家、行业企业利益的权利。

二、欧盟签订的自由贸易协定概况及"负面清单"特征

1. 欧盟概况

欧盟的发展经历了漫长的历史过程,每一次成员国的增加,欧盟内部都会签订一个新的区域贸易协定(RTA),即表 1 中的欧盟扩大协定。欧盟从 1958 年签署欧共体条约(EC Treaty),到 2013 年克罗地亚加入欧盟,其成员国已经达到了 28 国。而在这一过程中,欧盟区域内成员国相互之间也签订了一些其他贸易协定,如欧洲经济区(EEA)区域内既有协定。

表 1 欧洲地区所签订的区域贸易协定一览表

RTA Name	Coverage	Date of entry into force
EC Treaty	Goods & Services	1-Jan-58
EC (9) Enlargement	Goods	1-Jan-73
EC (10) Enlargement	Goods	1-Jan-81
EC (12) Enlargement	Goods	1-Jan-86
EC (15) Enlargement	Goods & Services	1-Jan-95
EC (25) Enlargement	Goods & Services	1-May-04
EC (27) Enlargement	Goods & Services	1-Jan-07
EU (28) Enlargement	Goods & Services	1-Jul-13
European Economic Area (EEA)	Services	1-Jan-94

从《欧共体条约》到欧盟多次吸纳成员国而签署的扩大协定,其中涉

及的服务和投资条款基本都以正面清单为主,鼓励成员国消除国别歧视、增加透明度,以促进贸易和投资自由化。

2. 欧洲自由贸易联盟

欧洲自由贸易联盟最初在 1959 年 7 月由英国、瑞士、丹麦、挪威、瑞典、奥地利和葡萄牙 7 国在瑞典首都斯德哥尔摩举行部长级会议提议成立的。同年 11 月签订《欧洲自由贸易联盟条约》,1960 年 5 月 3 日正式生效,1961 年芬兰加入,1970 年冰岛加入。后来,该条约的成员先后加入欧共体及后来的欧盟,并随之退出欧洲自由贸易联盟。目前,《欧洲自由贸易联盟协定》(EFTA)由冰岛、挪威、列支敦士登和瑞士四个国家签订。该协定涉及货物贸易和服务贸易,其服务贸易条款于 2002 年 6 月 1 日开始实施。四个国家在相互协商的基础上,根据自己国家的产业发展特点,进行了服务贸易和投资条款的免责说明,即该协定的附录 L-O。虽然在协定中并没有直接出现"负面清单"一词,但其实质上即为欧洲自由贸易联盟的服务贸易与投资的限制性条款,与负面清单的本质是相同的。所签署的免责条款十分详实,下表列举了各国免责条款所涉及的行业,具体的细则可见第二章欧盟部分。

表 2 欧洲自由贸易联盟(EFTA)投资与服务贸易免责条款

国家	免责条款所涉及的行业
冰岛	航空运输业
列支敦士登	商业服务(包括法律服务、会计和审计服务、税务服务、工程服务、医疗服务、动物医疗、研发服务、不动产服务、租赁借贷服务、广告服务)、通信服务(邮政、快递、电信、视听)、建筑与相关工程服务、分销服务、教育服务、环境、金融、健康及相关服务、旅游及相关服务、娱乐及运动、运输、能源行业
瑞士	商业服务、通信服务、分销服务、教育服务、环境、金融、健康及相关服务、旅游及相关服务、娱乐及运动、运输
挪威	商业服务、通信服务、建筑及工程服务、分销服务、教育服务、环境、金融、健康及相关服务、旅游及相关服务、娱乐及运动、运输、能源

资料来源:根据欧洲自由贸易联盟协定文件整理。

EFTA 协定所采取的方式基本涵盖了服务业所有的部门,各个国家对自己每个部门的开放提出特殊要求,其中规定得最为详实的是保险和金融行业,集中于保险、金融机构的国外投资者身份认定问题,例如,挪威规定外国银行和融资机构可以在挪威建立部分或全资子公司,而其所有者必须是银行或相应的其他金融机构;募集公共投资的挪威商业银行、融资机构、投资公司和管理公司的经理和董事会中至少有一半的成员都必须是挪威的永久居民等,更多具体规定可见第二章。

3. 欧盟—智利

欧盟与智利于 2005 年签订双边服务贸易协定。该协定同样没有对成员国相互进行服务贸易和投资活动列出具体的负面清单,只是列举一些例外和免责条款。例如,在欧盟—智利服务贸易协定的总则中定义了服务贸易的概念和范畴,并明确指出以下行业并不适用本协定:金融服务;视听服务;海上沿海运输服务;航空运输服务,包括国内和国际航空运输,定期和不定期航空服务,以及直接与国家领空权相关的服务,但不包括飞机故障后的维修和保养,航空运输服务的销售和营销,以及计算机订座系统(CRS)服务;电信服务。其中,对国际海运、电信服务、金融服务各设立了一个专门的章节,集中讨论两国关于以上三个行业的开放以及合作模式。

作为保障条款,该服务贸易协定同时规定合作双方应该在协定实施三年后,以加深自由化、减少或消除贸易限制的视角,重新审视本协定。而协议委员会也应当每三年检查一次协定的履行情况,并提出适当修改建议。

4. 欧盟—阿尔巴尼亚共和国

欧盟—阿尔巴尼亚共和国于 2009 年签订服务贸易协定,该协定是以正面清单的形式签署的。协定在服务贸易总则的框架下,对商务服务、通信服务、建筑及相关工程服务、教育服务、环境服务、金融服务、卫生及相关社会服务、旅游及相关服务、娱乐、文化及运动服务、运输服务以及其他服务每一项都作出了特殊承诺。此外,协定也列出了例外行业,即航空运输服务、内陆水路运输服务以及海上沿海运输服务三个行业并不适用本协定。

保障条款:在协定实施的前五年内,可以对阿尔巴尼亚企业实施照顾措施,但必须满足以下条件之一:第一,正在经历改组或者面临着严重困难,特别是严重社会问题的企业;第二,面临市场份额大幅度缩减,甚至市场份额即将消失的企业;第三,新兴产业。但是这些政策照顾最多只能延迟到协议实施的第七年,超过期限后,只有在稳定和联合委员会的授权下才能实施。

缔约国双方应该尽量减少限制措施,特别是以限制进口或国家收支平衡为目的的限制措施。但是,当欧盟一国或者多国处于严重的国际收支困难时,它可能会在符合WTO协定规定的条件基础上,采取限制措施,但这些措施应是有期限的。

5. 欧盟—中北美、欧盟—哥伦比亚—秘鲁

欧盟—中北美洲国家、欧盟—哥伦比亚—秘鲁的自由贸易协定均签署于2013年,除了某些个别负面清单条款在极少数细节有点差异外,在形式框架上极为相似。需要注意的是,本报告是以欧盟为政策制定的主体,对两个协议要求欧盟合作伙伴受到限制的负面清单进行研究,主要涉及以下几方面:

第一,协定签署双方。这两份协定的保留条款提出者是欧盟或者欧盟成员国;协定对保留条款的受约束方没有进行细化,而是作为一个整体。

第二,产业分类标准。在这两个协定中,所采用的产品分类标准是ISIC rev 3.1和CPC,前者指联合国统计办公室所指出的包括所有经济活动的国际标准产业分类,后者则是联合国统计办公室所指出的中心产品分类。两个协定中,ISIC rev 3.1标准只用于八种情况,且所涉及产业都是在两位数到四位数之间:农业、狩猎,除相关咨询业服务外;渔业、水产养殖业,除相关咨询业服务外;煤炭和褐煤开采,碳泥提取;原油和天然气提纯;金属矿石开采;其他采矿和采石;出版、印刷和记录媒介复制;精炼石油产品制造业;独立的电力传递与分配、电力生产;独立的天然气原料

分布和天然气生产；独立的蒸汽和热水分布以及生产。其余子产业的负面清单都是基于 CPC 标准，而且分类区间是三位数到五位数之间。

第三，大类产业的负面清单。这两个协定都对房地产行业、公共设施、公司建立形式、投资形式以及地理区域几个方面提出了保障条款，其中涉及对外国投资者的权利、合法性以及最高投资比例的限制。此类负面清单提出的可能性目的是防止形成垄断，从而影响欧盟自身经济以及民生安全。

第四，子产业的负面清单。上述产业分类标准采用 ISIC rev 3.1 标准的子产业保留条款的设置主要基于欧盟能源和自然资源安全、媒介传播安全，其余的保留条款主要涉及商业服务、配送服务、通信服务、教育服务、金融服务、卫生和社会服务、旅游和旅行相关服务、休闲文化和体育服务、运输服务、辅助运输服务、能源服务（运输、仓储、配送等）以及其他服务。其中，保留条款的主要限制内容有：投资者的国籍限制；投资者股权和参与权限制；投资者的合法性要有保障；进入某些子产业的权利限制，如进入相关行业的年限；某些危险系数较高、易形成垄断的产业需政府授权或完全禁止进入；需考虑到已有产业的规模、就业、人口密度以及可能形成的冲击等情况。提出保留条款的可能性目的是：考虑各产业的经济安全问题，防止外国投资者形成垄断；通信、教育则出于信息安全考虑；能源服务主要考虑活动运行安全性；从国家某些特色，如意大利是时尚之国，因此对其他服务提出保留条款等。

第五，以欧盟为整体提出保留条款的产业。以欧盟为整体提出保留条款的产业有：公共设施、建立形式、能源和自然资源相关产业、商业服务中的研发服务、通信服务中的卫星广播传输服务、教育服务、金融服务中的银行和其他金融服务、卫生和社会服务、（国际）运输服务以及辅助运输服务、能源服务。提出保留条款的可能性目的是：欧盟是一个经济体，需要从整体上进行规划，如区域内的民生问题、经济安全问题、信息安全问题以及技术优势和能源优势保护问题等。

综上所述，欧盟—中北美洲国家、欧盟—哥伦比亚—秘鲁的自由贸易协定既考虑到欧盟的整体性，又不缺欧盟成员国的特性。负面清单的制定主要是基于整体上的民生、经济和信息安全、技术优势和能源优势保护等方面。欧盟各成员国在整体的基础上又考虑到了自身特点。加之这两个协定是 2013 年签署并执行,因此,对今后各国特别是中国多边协议的负面清单的制定具有一定的参考价值。

6. 欧盟—韩国、欧盟—墨西哥、欧盟—黑山共和国

因 WTO 网站中欧盟和墨西哥 2001 年签署的自由贸易协定,没有关于负面清单的文件,而欧盟和黑山共和国 2012 年签署的自由贸易协定没有附录,因此这里就欧盟和韩国 2006 年签定的负面清单进行分析。从负责清单看,主要针对跨境供应服务行业,权利和义务直接赋予自然人或法人,涉及不动产、金融服务、卫生服务和社会服务、旅游业和旅游相关服务、娱乐、文化和体育服务、运输服务、辅助运输服务、能源服务、其他等 20 个方面。

第一,产业分类标准。欧盟和韩国的协定所采用的产品分类标准是 CPC,即联合国统计办公室所指出的中心产品分类。

第二,大类产业的负面清单。欧盟与韩国、欧盟与黑山这两个协定都对房地产行业、公共设施、公司建立形式、投资形式以及地理区域下所有的部门提出保障条款,其中涉及对外国投资者的权利限制、合法性以及最高投资比例的限制。此类负面清单提出的可能目的:防止形成垄断,从而影响欧盟自身经济以及民生安全。

第三,欧盟和韩国签订的负面清单的特点。保留条款的主要限制内容有:研发服务专有权利权属、服务供应商限制、设立子公司或分支机构资格、航空运输保险承销限制、空中和海上运输保险中介机构资质、投资基金资产托管的专门管理公司的资格、提供和转让金融信息、金融数据处理和相关软件运营商授权。上述保留条款的提出可能是出于行业的经济安全和信息安全考虑。欧韩自贸协定兼顾欧盟的整体性和欧盟成员国的特性。"法无禁止即合法"的"负面清单"管理模式,即政府不应进行太过严格的监管,已成为国际投资规则发展的新趋势。

7. 欧盟与加勒比论坛、前南斯拉夫

（1）清单简要情况

欧盟与加勒比论坛国家之间的经济合作伙伴协定，采取"正面清单"和"负面清单"相结合的形式，根据服务贸易的各种提供模式，规定各国的开放领域。

欧盟方面的清单中，关于商业存在、跨境提供等，采用"正面清单"的形式，列出了各方的开放承诺与保留条款；关于主要人员和毕业实习生、履约服务人员与独立专业人员，采用负面清单的形式，列出各方的保留条款。在该协定的主要人员和毕业实习生负面清单中，行业分类代码为 ISIC rev 3.1①、CPC② 以及 CPC ver 1.0③；在履约服务人员与独立专业人员负面清单中，行业分类代码为 CPC。

加勒比论坛及加勒比论坛签约国的清单，包括不属于服务贸易的对其他行业进行的投资开放，以及服务部门的开放承诺，这两方面的承诺都采用"正面清单"作出了具体规定。协定涉及的其他行业包括：农业、狩猎、林业、渔业，采矿采石业，制造业，自营性电力/天然气/蒸汽热水的生产、传输与分配。

欧盟与前南斯拉夫马其顿共和国之间的稳定和伙伴关系协定，采取"正面清单"的方式，承诺开放的金融领域，同时保障条款规定：在欧共体和前南斯拉夫马其顿共和国之间的资本流动，导致或有可能导致欧共体或者前南斯拉夫马其顿共和国执行外汇政策或货币政策严重困难的情况下，如果保障措施确实有必要，双方可以各自单独采取与资本流动相关的保障措施，但最长不得超过 6 个月。

---

① "ISIC rev"即《全民经济活动的国际标准产业分类》，由联合国 1989 年制定并审议通过，推荐各国政府进行国际统计数据比较时使用的统计分类标准。此处 ISIC rev 3.1 指的是 2002 年修订版。

② CPC 主要产品分类 1991 年版本，由联合国秘书处统计处统一制定，包括所有的货物和服务，是迄今为止唯一一套包括国内外交易的产品和经济活动产出的各种产品，以及非生产的有形和无形资产的国际标准分类体系，其中包括工业生产、国民账户、服务业、国内外商品贸易、国际服务贸易、国际收支、消费及物价统计。

③ CPC ver 1.0 为联合国秘书处统计处制定的主要产品分类 1998 年版本。

(2)"负面清单"的特点

第一,规定国籍限制。协定中有些国家对一些关键人员的国籍情况作出了规定,比如意大利对出版商有国籍要求,波兰对报纸和杂志的主编有国籍要求。

第二,规定居留条件。在该协定中,所有部门的总经理和审计师被看作非常关键的人员,若干国家对他们规定了永久居留条件。其中,奥地利规定,法人分支机构的总经理必须是奥地利居民;根据奥地利贸易法,法人或分支机构负责人必须在奥地利有永久居住地。芬兰规定,作为私人企业家从事贸易的外国人需要获得贸易许可证,且必须是欧共体永久居民。瑞典规定法人或分支机构的总经理应该是瑞典居民。罗马尼亚要求商业企业审计师中的大多数人以及他们的副手应该是罗马尼亚居民。也有的国家规定得相对灵活些,例如,法国规定,从事工业、商业和手工艺的总经理,如果没有居住许可,需要经过特定审批。除此以外,若干行业的清单中都涉及居留条件。如瑞典对出版商和出版印刷企业的所有者有居住要求。

第三,同时规定国籍限制和居留条件。该协定在有些情况下,对一些人员同时限定了国籍和居留条件。例如,芬兰对于所有部门,除了电信服务业,都要求有限责任公司的总经理满足国籍和居住要求。

第四,规定从业许可或经验。对于一些行业,不少国家除了要求外国从业者在自己国家获得相关的执业资格,还要求他们通过当地的考试以获取当地的从业许可证。例如,丹麦规定,律师要进行法律咨询的市场推广,必须持有丹麦许可证。该许可证要求申请人通过丹麦的法律考试。有些行业还会要求从业者具有一定时间的工作经验。例如,在建筑设计和工程服务领域,保加利亚规定,外国专业人员必须至少有两年在建筑领域的从业经验。到奥地利进行专业实习的助产士必须有至少三年的经验。

总的来看,欧盟与别国签订的自由贸易协定所提"负面清单"或例外条款,都体现出对本地区或本国的公共服务事业的保护,防止被外商垄断或操纵。对服务行业,特别是金融等高技术、高附加值的服务业,还体现出强调本国对从业资格标准的规定和对本国居民就业的保护。对信息行业及文化宣传媒体则体现出防止外国人控制的局面。这些都值得我们借鉴。

三、东盟、中国、日本、韩国签订的自由贸易协定的"负面清单"特征

1. 总体特征

东盟十国和中、日、韩三国签订的自由贸易协定(FTA)存在明显特征：

一是行业分类代码不同。有的按照海关分类代码，即 HS 编码(International Convention for Harmonized Commodity Description and Coding System)，有的按照联合国秘书处编制的国际产品编码标准 CPC，还有的按照签署国国内的行业分类标准。其中，日本最为典型，它所签订的 FTA 均采用"负面清单"，双方均采用各自国内的行业分类标准。

二是经济发达程度高的国家倾向于使用"负面清单"，发展中国家与这些国家签订 FTA 往往不得不使用"负面清单"，但发展中国家之间往往倾向于使用"正面清单"。前者如日本、韩国，这些国家与其他国家签订的 FTA 中，"负面清单"使用率高。这说明，与经济发展程度高的国家签订 FTA，在"负面清单"的使用上，发展中国家的话语权不大。

三是在"负面清单"显示的行业中往往包含两类：一类是关系国家基础行业、具有公共服务性质、影响国家安全的产业；另一类是具有战略意义的产业。与直觉不一致的是，负面清单上的并非都是幼稚产业，往往是该国具有竞争优势的产业，如日本的渔业、生物医药、智利的钍矿石等。

2. 各国特征

(1) 日本

日本签订的 FTA 已执行的有 13 个，主要为东亚国家和智利等少数拉美国家。日本签订的 FTA 基本上都有"负面清单"，"负面清单"采用的行业分类代码为其国内行业分类代码，或者为对方国家国内分类代码。

日本对外签订的 FTA 的主要限制行业分为两类：

一类是对大部分国家实行限制开放的行业,集中体现在国家基础行业、具有公共服务性质、影响国家安全的农业、金融、国防、交通运输等行业。印度、智利、墨西哥等与日本签订 FTA 的国家也大多将这些行业列入限制行业中。具体如下表所示:

表3 印度、智利、墨西哥等与日本签订的 FTA 中限制进入的行业

行业大类	子行业
金融	银行业
信息、通信及网络服务	区域电信,除有线广播电话;有关电信服务;长距离通信;其他固定电信;移动通信;网络基础服务
能源及相关产业	电力公用事业行业;燃气公用事业行业;核能产业;采矿业;石油开采、提炼、仓储、批发等各环节
供热	
医疗、健康服务及福利事业	各种社会保险、福利服务
与农、林、渔相关的初级产业	农业、林业、渔业、水产养殖、农业合作社、渔业和渔业加工合作社、农、林、渔业合作协会制造业
交通运输业	空运、飞机服务、海关经纪服务、货运代理服务、铁路运输、公路客运、运输有关的服务业、水运
专业服务	律师办公室、专利律师办公室、公证及司法裁量办公室、注册会计师办公室、审计办公室、建筑设计服务、注册房地产估价师、行政人士的办公室、其他专业服务、注册社会保险及劳动咨询办公室
房地产相关	销售中介、土地分包及开发、房产中介及经纪、房地产管理者、注册房地产估价师
武器和爆炸物产业	武器和爆炸物的生产、设备、供给等
视听服务	生产、分销及电视节目和电影作品的投影;生产的电视节目和电影作品分布;通过广播渠道传播视听产品

另一类为具有本国特色或本国战略中考虑限制国外进入的行业,不同国家有所不同。比如,日本的渔业、汽车维修、生物医药等行业;印度对动物养殖业进行特别限制;智利对其出口的重要资源,如铀和钍矿石等矿石类进行特别限制;墨西哥对出版行业和宗教组织服务进行特别限制;秘鲁对少数民族事物、出版行业、手工业进行特别限制。据此,我们可以根据中国经济特色和战略梳理一部分需要重点管制或扶持的行业,对投资准入进行限制。

（2）韩国

韩国与其他国家或组织共签订 8 个 FTA，其中对秘鲁、智利、新加坡没有制定"负面清单"或者制定了较小范围的"负面清单"，对美国、印度、欧盟、东盟大国或者国际组织则制定了"负面清单"，这说明在面对较大经济体签订 FTA 时，由于面对更加全面和强大的竞争，需要制定"负面清单"。

韩国对所有商品普遍承诺，在"负面清单"中明确表明限制对能源和航空等领域表现优秀的股票进行的收购，外国投资新近私有化的公司也受到限制，由此对能源和航空以及新进私有化的行业实行最普遍的和特殊的保护，使其免受冲击。韩国的"负面清单"主要是针对金融、保险、投资、交通运输服务、通信服务、文化娱乐服务和法律服务的，对这些领域作出限制或者禁止性条令。其中，金融方面主要是对银行设立、外汇买卖进行限制，对保险和投资的限制较少，要求公司高管必须居住在韩国。对于关系到国家安全稳定的交通运输、通信、文化娱乐和法律服务有较多的限制，定了较为严格的监管要求。

韩国对欧盟、东盟国家和印度的"负面清单"的服务种类和具体要求几乎完全一样，清单中涉及具体服务的种类大类接近 100 种，体现出韩国在对外制定"负面清单"时对国内具体产业有明确和统一的保护。

值得一提的是，接近 100 种大类是韩国在列"负面清单"时的列表分类，并非按照 CPC 进行分类，有时会有几种按照 CPC 分类的产品同属一个分类列表的情况。所以若按照 CPC 进行分类，"负面清单"会远大于 100 种。

（3）新加坡

新加坡签订的 FTA 共有 20 个，其中亚洲国家和地区有 11 个，大洋洲 3 个，欧洲 1 个，北美洲 1 个，拉丁美洲 3 个，跨洲 1 个，可谓地域覆盖面广。其中与澳大利亚、新西兰、中国、韩国、日本、印度签订的 FTA 既有双边的，也有新加坡作为东盟成员签订的多边的。

与新加坡签订 FTA 的多为亚太和拉美地区的国家，法国、德国等发达的西欧国家不在其列。在东亚区域内，作为东盟的成员之一，新加坡同时与区域内大国中、日、韩签署了 FTA 协定，实现东亚范围内的贸易自由化。这些国家是新加坡的主要贸易伙伴。

在跨区域 FTA 上,新加坡主要与海湾阿拉伯国家合作委员会、澳大利亚等资源丰富的国家签订,保证资源供给的意图十分明显。

为了获得更加大的贸易区或者贸易市场,新加坡积极地寻求与美国、加拿大、墨西哥签署自由贸易协定。新加坡在签订国的选择上更倾向于利用已有的 FTA 网络,例如基于澳新协定与澳大利亚签订 FTA;与加拿大、墨西哥的 FTA 是基于北美自由贸易区;与约旦签署 FTA 是由于约旦已经与美国签署了 FTA。

新加坡签署的 FTA 中一般没有单独列出投资方面的"负面清单",只有与日本、澳大利亚等少数国家的贸易协定中有这方面的"负面清单",且内容较少,即在投资方面的限制较少。以新加坡—日本贸易协定为例,该协定列出了投资方面的"负面清单",在水平内容方面对企业补贴和奖励、企业注册、国有资产私有化的国民待遇和业绩要求有限制,同时对购买住房、新加坡货币交易的国民待遇方面也有限制。在横向产业方面,印刷和出版行业、武器和炸药行业、制造业部门的一些产业(爆竹、拉钢产品、生铁和海绵铁、轧钢产品、钢锭、方坯、大方坯和板坯、啤酒和黑啤、CD、CD-ROM、VCD、DVD、DVD-ROM、口香糖、泡泡糖、香烟、火柴)有国民待遇和业绩要求方面的限制。

从行业特点上看,大部分 FTA 都在"投资保留""具体承诺"和"服务限制"中采用"正面清单"和"负面清单"相结合的形式对特殊行业进行限制。其中,日本、秘鲁通过例外明确规定了不允许进入的行业和部门。

新加坡签署的 FTA 中的限制行业以金融和交通运输业以及一些社会福利业为主,其他行业几乎无限制或不作承诺。金融业的主要限制为:外资金融机构必须通过其分支机构才能在新加坡开展金融服务;对 ATM 机的网络系统和设置场所有限制;对外资持股比例的限制;对用新币投机进行限制;对金融信息服务提供者的资格限制;规定在新加坡进行证券、期货交易和资产管理的公司必须以分支机构形式开展活动,对其分支机构的注册地也有限制;对保险业有外资持股比例限制,且一些强制险不允许从国外公司购买。

交通运输业的主要限制为:外资持股比例的限制;海运船只注册地的

限制;对航空运输、内陆交通、公共运输均保留权利。对于与健康相关的服务和社会服务的非本地居住服务提供者有经营权限制。房地产领域,对住宅用地的所有权有国籍限制。对电信服务有外资持股限制,且其中的网络增值服务须得到相关管理局的批准。由于其经济结构和开放政策无农业政策的考虑,因此农业方面未作规定。对安保服务方面有从业人员国籍限制。对超过一定额度的电力零售有外资经营权限制。对娱乐、旅游、文化产业、广告、租赁、研究开发、环境、教育、分销等商业服务方面无限制或不作承诺,其中以无限制居多。

在时间上,新加坡在签订国的时间顺序上基本按照由远及近、由易到难的顺序,例如先从新西兰开始,再逐步延伸到澳大利亚、日本、美国等经济开放程度比较大的国家,继而是地理位置上较近的亚太国家和印度,然后是相对较远、开放度相对较小的拉美国家和海湾国家。

(4) 马来西亚

马来西亚作为东盟成员国的一员,分别与澳大利亚、新西兰、中国、印度、日本、韩国六国签订了 FTA,也签订了东盟成员国内部的 FTA,以及《发展中国家全球贸易优惠制》(GSTP)。此外,作为一个独立的国家,马来西亚又分别与巴基斯坦、澳大利亚、日本、新西兰、智利、印度六国签订了 FTA。而与欧盟的协议还在协商当中。这些协定中有"负面清单"的为三个,分别为马来西亚与中国、韩国、新西兰签订的 FTA。其中,马来西亚对中国和韩国的"负面清单"类似,但是在外资持股比例和外国管理者方面的限制比对新西兰更为严格,如金融机构中新西兰企业部分业务可达 51%,且对其从业者、金融机构准入年限一般不作限制。而在外资公司对马来西亚公司的并购方面,则对中国公司要求更严格,如被并购的公司总价值超过 500 万林吉特需得到批准,而韩国和新西兰为 1000 万林吉特。

从"负面清单"的行业限制看,对于相关计算机硬件安装的咨询服务、软件实现、数据处理、数据库一般不作限制。限制最严格的是金融服务业,对外资股份持有比例、资金额度、中国和韩国中高层国外人员的数量和职位、金融机构准入年限都作出了相应的限制。境外银行在纳闽获准只接受外币存款,境外投资银行在纳闽不得接受存款;贷款业务若超过

2500万林吉特等值的任何货币,必须与马来西亚的商业银行或商人银行共同进行,所有支付和汇划服务的电子资金转账系统需要审批,充值卡仅限于在马来西亚注册成立的公司,需中央银行批准。外国保险公司分支机构必须在马来西亚当地注册成立,宣传和广告在马来西亚是不允许的。在马来西亚证券交易所交易必须通过本交易所的参与机构在马来西亚注册成立的公司进行交易,新的许可证受条件限制,包括地理位置、数值配额及其他待确定条件,且金融机构高级管理者数目职位受限;公司进入最大期限为5年。涉及为各种证券和安置作代理的服务需要授权,参与境外银行和境外投资银行在纳闽仅限于非居民客户和马来西亚境外发行证券。提供承销的境外银行和境外投资银行获准承销、创建外币计价的证券,需通过在纳闽离岸公司和外国公司发行。离岸投资银行和离岸公司的资产管理仅限于非居民客户和外币资产。证券经纪服务需获得代表处批准,体育赛事管理只能通过马来西亚控股公司作为当地的赞助商。外国人不可成为工程行业的管理者。其他行业一般只能通过办事处、地区办公室或建立包括马来西亚人的合资公司或马来西亚控股公司或两者兼而有之进行,且外资持股比例受到限制,技术培训需要额外的许可证。

（5）菲律宾

菲律宾签订的FTA已执行的有9个。在东亚区域内,与区域内大国中、日、韩均签署了FTA协定。与菲律宾签订FTA的多为发达国家或者经济发展较快的国家,美、澳、欧盟、印度均在其列。菲律宾与之签订FTA的国家,基本上是其主要的进出口市场或者主要的贸易伙伴国。

在菲律宾签署的FTA中,除印度外,都包括投资开放内容,但在投资方面只有与日本、澳大利亚、新西兰等少数发达国家的FTA采用"负面清单"形式,且内容较少,列出具体行业限制的较少。

菲律宾签署的FTA中的限制行业以制造业、采矿业、交通通信业以及农林渔业为主,其他行业几乎无限制或不作承诺。菲律宾根据第五项《外国投资正式否定名单》(第139号行政命令,2002年10月2日),不允许持有外国股权的行业有：大众媒体(录制业除外)、某些行业经营(工程、机器和相关的行业)、零售贸易(资本少于2500万美元)、合作社、私人保安机构、小型矿业、海上资源利用、斗鸡场所有权与经营、核武器、生物武器与化学武器以及鞭炮的制造与销售。在私人无线电通信网方面只允许持有20%的外国股权,在招聘机构和本地资金的公共工程建筑方面允许持有25%,在广告业方面持有30%,在自然资源勘探业方面持有40%,允许外国持有40%的私人土地所有权,以及对公共设施与教育机构、制造那些要求具备国防部证明的枪炮与其他武器所需要的成分的经营权。

市场准入限制明确规定保留给菲律宾人的行业,外国股权限定为少数股份;土地购置权保留给菲律宾人。对国民待遇的限制在国内信贷准入方面,比索借款应该符合50:50的债务产权比率。在通信服务方面,获得"特许证书批准"的条件是,菲律宾所有权应占至少60%。在金融服务方面,制定规章制度来确定公益与经济状况,以便证明其有资格从事商业活动或其扩展;在银行业,菲律宾银行系统的70%资金或资产在任何时候都应由菲律宾持有多数所有权的国内银行所拥有。在运输服务中的海上运输方面,公用事业必须有60%的菲律宾所有权;在公路运输方面,经营权必须向陆上运输特许与管理局申请获得。

(6) 缅甸

缅甸作为东盟成员国的一员分别与澳大利亚、新西兰、中国、印度、日本、韩国六个国家签订FTA,东盟成员国内部签订了FTA,此外还签订了GSTP。所有FTA中有"负面清单"的有两个,分别为与中国和韩国签订的FTA。

缅甸与中国签订的"负面清单"中,牙医服务、护理理疗辅助医疗服务中外资可以达到51%,其他大部分如水平承诺所示或不作限制。水平承诺包括:被允许入境的外国商业服务提供者应遵照缅甸1914年的《公司法》、1932年的《合伙法》、1950的《特殊公司法》、1988年的《缅甸联邦外国投资法》、1994年的《缅甸联邦公民投资法》。当有财务风险的时候,拟议的投资可能被拒绝。公司和分支机构最低股本要求相当于30万美元价值;工业公司最低相当于100万美元价值,如果投资国有企业,则规定更为严格。按照1953年的《国有土地法》和1987年的《限制不动产转移法》,外国机构和个人在缅甸不允许拥有土地,国家是土地的唯一拥有者。可依照商业类型和投资金额长期租赁土地。按照缅甸《联邦外国人投资法》,1947年《缅甸移民(紧急条款)法》、1864年《外国人法》、1940

年《外国人登记法》、1948年《外国人登记规则和移民法》,外国人可待一年,要延期时需得到相关机构的批准。按照《国有企业公司法》第3节,12种经济活动是被限制的,但是按照律法的第4节,这些活动可能可以被内阁批准。所有外资企业和外国工作人员需遵守缅甸关于商务签证的规定,许可签证有效期限为70天,延长签证许可期限需得到有关部门批准。在税收方面,根据缅甸《联邦外国投资法》第21节,为了促进外国投资者在国内投资,委员会应当给予免税或减税。按照劳工部规定,那些已经获得缅甸投资委员会许可的海外工作人员需在劳工部登记,登记时间是6个月,费用是5FEC(外汇兑换券)。

而与韩国签订的FTA中,飞机维修和保养、航空运输服务的销售和市场营销行业中全资外资公司和本地人持股超过35%的合资公司可以进入,外资最低注册资本300000美元,遵守缅甸专门的法律。电影和录像生产、国际货物运输(不含国内)、海上货物装卸服务、仓库及货仓服务、工程、民事建筑工程行业中全资外资公司和本地人持股超过35%的合资公司可以进入,外国人不允许拥有土地,遵守缅甸法律。外国管理者、专家技术人员等可以在缅甸待一年,超过一年需要申请,部分行业甚至要求非技术人员不允许呆在缅甸。电传电报业务、电子邮件系统、语音邮件服务、电子数据交换、网上信息检索和数据基础、代码和协议转换、在线信息或数据处理只能使用国家网关和邮政,只有技术和管理人员可以进入,且这些人员不允许从事其他商业活动。其他不作限制或如水平承诺所示。

(7)越南和柬埔寨

由于越南和柬埔寨同属东南亚联盟,所以大部分的FTA是以东盟的名义签署的。

这些FTA中"负面清单"涉及的行业有:在东盟—澳大利亚—新西兰,是农业、建筑业、城市规划业、兽医服务业、机器制造业、广告业、市场调研业、咨询业、技术检测、采矿业、相关的科学技术咨询业、机械修理业、电信行业、有附加值的服务业、电影制片业、加工业、批发业、下水道服务、清洁服务业、部分保险业、部分银行业、部分证券业、医疗业;在东盟—中国,是越南对钛矿等矿业实行负面清单;在东盟—印度,是印度在其农产品及农民生计等行业进行保护;在东盟—韩国,越南对矿业、投资业等实行负面清单;在越南—日本,对证券投资和海运代理服务实行负面清单;在东盟—日本,负面清单的谈判仍在进行中。

(8) 泰国

泰国签署的 FTA 共有 11 个,其中单独签署的有 4 个(澳大利亚、新西兰、日本、老挝)。作为东盟成员国共同签署的有六个以及《发展中国家全球贸易优惠制》。签署"负面清单"的协定共有三个,包括泰国—新西兰、泰国—澳大利亚、东盟—韩国。综合泰国与各国所签订的 FTA 协定,可以发现该国限制的行业大同小异,主要集中在商业服务、通信服务、教育服务和金融服务等领域。各行业具体细则如下:

第一,商业服务。对于该项服务所涉及行业,泰国仅对自然人状态(即相关服务提供商的一般状况)做了附加要求,即入境服务承包商应满足一定数量限制,同时符合国家信息通信技术部相关资格要求。

第二,通信服务。服务提供商在泰国境内开展的每一种服务都需要获得政府颁发的特定执照;许可证仅授予依泰国法律合法成立的服务提供商,且提供商总部应设在泰国境内,并在国内进行各项管理工作;由于资源稀缺,许可证数量可能有限;服务提供商应基于承诺表内容开展各项服务;服务提供商应为在泰注册公司,注册资本中外资参与比例不得超过 20%,且外国股东数量不得超过总股东数量的 20%;政府将向公共通信服务业引入并按规定施行各项承诺,这些承诺基于 FTA 文本内容以及 2006 迄今所生效的所有通信法案。

第三,教育服务。泰国仅对该项服务相关外国自然人做了一定要求——外国自然人应受到在泰国境内合法成立的教育机构的邀请或雇佣;外国自然人应具备特定教育机构所要求的经验与资格,并满足教育部的其他要求。

金融服务:在经营范围以及所提供的各项服务方面,政府允许各类金融机构从事银行业务或银行业下辖的子行业,所从事的其他金融服务应受各类法规制约;对金融机构注册资本中外资持股比例进行限制;外资金融机构的设立应获部长及内阁允许;对从业人员资格作出限制,如保险行业,国家保险委员会仅允许高级管理人员、专家及技术助理参与机构运营;董事会 3/4 以上成员为泰国公民;限制已在泰运营的金融机构可以设立的新分支数。

(9) 文莱

文莱共签订 8 个 FTA,协议国分别是澳大利亚、新西兰、日本、韩国、中国、印度、智利以及东盟成员国,囊括了 4 个先进经济体、3 个新兴市场和发展中经济体,主要集中于亚太地区。其中,6 个协定是以东盟成员国身份签的。在 8 个 FTA 中,涉及投资开放的共有 4 个,但都未采用"负面清单"的形式。

(10) 老挝

老挝共签订 9 个 FTA,分别是美国、澳大利亚、新西兰、日本、韩国、中国、印度、孟加拉、斯里兰卡,以及东盟成员国,包括 5 个先进经济体、4 个新兴市场和发展中经济体,主要集中于亚太地区。其中,6 个协定是以东盟成员国身份签的。在 9 个 FTA 中,涉及投资开放的共有 3 个,2 个未采用负面清单形式,另一个与中国的协定中,规定在处理投资时对各自此前规定的敏感性领域具有灵活性。

四、北美自由贸易协定"负面清单"概念的灵活运用

"负面清单"是指在国际协定中,缔约方在承担若干义务的同时,以列表的形式将与那些与义务不符的特定措施或某些行业列入其中,保留在协议生效后采取不符措施的权利。"负面清单"一般在国际投资协议中明确指出,哪些是不允许或限制投资的领域。但在覆盖商品和服务的自由贸易协定或/和经济一体化协定中,"负面清单"常以"例外条款""保障条款""措施列表""行业列表"等形式出现。

1. 美国与他国签订的自由贸易协定

根据 WTO 网站美国上报的信息,目前,美国与他国签订并生效的自由贸易协定或与经济一体化协定并上报给 WTO 的有 15 个,正在进行谈判的有一个,即欧盟—美国跨大西洋贸易与投资伙伴关系协定(EU-US TTIP)。(见表 4)

表 4 美国与他国签订的自由贸易协定或与经济一体化协定

协议名称（中文）	协议名称（英文及简称）	目前签署的国家或地区	签署日期	生效日期	覆盖面	类型及实施期结束
北美自由贸易协定	North American Free Trade Agreement (NAFTA)	美国 加拿大 墨西哥	1992-12-17	1994-01-01	商品与服务	自由贸易协定与经济一体化协定，2008年实施期结束
多明尼加共和国—中美洲—美洲自由贸易协定	Dominican Republic-Central America-United States Free Trade Agreement (CAFTA-DR)	哥斯达黎加 多明尼加 萨尔瓦多 危地马拉 洪都拉斯 尼加拉瓜 美国	2004-08-05	2009-01-01, 哥斯达黎加；2007-03-01, 多明尼加；2006-04-01, 洪都拉斯和尼加拉瓜；2006-03-01 萨尔瓦多和美国	商品与服务	自由贸易协定与经济一体化协定，2025年实施期结束
韩国—美国	Korea, Republic of - US	韩国 美国	2007-06-30	2012-03-15	商品与服务	自由贸易协定与经济一体化协定，2031年实施期结束
美国—澳大利亚	US-Australia	美国 澳大利亚	2004-05-18	2005-01-01	商品与服务	自由贸易协定与经济一体化协定，2023年实施期结束
美国—巴林	US-Bahrain	美国 巴林	2005-09-14	2006-08-01	商品与服务	自由贸易协定与经济一体化协定，2015年实施期结束
美国—智利	US-Chile	美国 智利	2003-06-06	2004-01-01	商品与服务	自由贸易协定与经济一体化协定，2016年实施期结束
美国—哥伦比亚	US-Colombia	美国 哥伦比亚	2006-11-22	2012-05-15	商品与服务	自由贸易协定与经济一体化协定，2030年实施期结束

（续表）

协议名称（中文）	协议名称（英文及简称）	目前签署的国家或地区	签署日期	生效日期	覆盖面	类型及实施期结束
美国—以色列	US-Israel	美国 以色列	1985-04-22	1985-08-19	商品与服务	自由贸易协定，1995年实施期结束
美国—约旦	US-Jordan	美国 约旦	2000-10-24	2001-12-17	商品与服务	自由贸易协定与经济一体化协定，2010年实施期结束
美国—摩洛哥	US-Morocco	美国 摩洛哥	2004-06-15	2006-01-01	商品与服务	自由贸易协定与经济一体化协定，2030年实施期结束
美国—阿曼	US-Oman	美国 阿曼	2006-01-19	2009-01-01	商品与服务	自由贸易协定与经济一体化协定，2018年实施期结束
美国—巴拿马	US-Panama	美国 巴拿马	2007-06-28	2012-10-31	商品与服务	自由贸易协定与经济一体化协定，2025年实施期结束
美国—秘鲁	US-Peru	美国 秘鲁	2006-04-12	2009-02-01	商品与服务	自由贸易协定与经济一体化协定，2014年实施期结束
美国—新加坡	US-Singapore	美国 新加坡	2003-05-06	2004-01-01	商品与服务	自由贸易协定
欧盟—美国跨大西洋贸易与投资伙伴关系协定	EU-US Transatlantic Trade and Investment Partnership (EU-US TTIP)	欧盟 美国	谈判中			

资料来源：See World Trade Organization, Trade Topics, Regional Trade Agreements, NAFTA Secretariat, https://www.nafta-sec-alena.org/Default.aspx? tabid = 97&ctl = FullView&mid = 1588&language = en-US&#bb771460-967f-4458-8243 − d3137e3290ec.

附录1 部分国家自由贸易协定概况与"负面清单"特征 | 339

观察上述签署的协定,可以发现有这样两个特点:

一是时效性。到期结束,根据实施状况调整,或延续或再签署新的协定或补充条款。其中与欠发达国家签订的双边协定期限较短。

二是战略性。表现为:第一,通过双边协定的签署来推进区域自由贸易与经济的一体化,如协定中与中南美洲国家签署的较多;第二,通过与处于战略性地理位置的国家贸易与经济一体化来推进全球战略的实施,如与位于巴拿马运河的巴拿马、马六甲海峡的新加坡、阿拉伯半岛的约旦(北与叙利亚、东北与伊拉克、东南和南部与沙特阿拉伯、西与巴勒斯坦接壤)、波斯湾的巴林、大洋洲的澳大利亚,以及世界最发达地区欧盟签订或正在谈判拟定协议。

2. 协定中负面清单的情况

这里重点考察《北美自由贸易协定》。该协定共分八个部分、二十二章、七个附件。从整个协定来看,无专门的"负面清单",但却有:

一是"限制列表"。比如,对汽车行业二手车的进口限制规定了取消该规定的时间表,这意味着在规定时间内是可以进行限制的:

附录 300-A.1(Appendix 300-A.1)
加拿大
4. 加拿大可以采取或维持禁止或限制进口墨西哥的二手车,但以下情况除外:
(a) 自 2009 年 1 月 1 日起,加拿大不能采取或维持禁止或限制原产于墨西哥至少使用 10 年的车;
(b) 自 2011 年 1 月 1 日始,加拿大不能对原产于墨西哥至少使用八年的二手车辆的进口采取或维持禁止或限制;
(c) 自 2013 年 1 月 1 日始,加拿大不能对原产于墨西哥至少使用六年的二手车辆的进口采取或维持禁止或限制;
(d) 自 2015 年 1 月 1 日始,加拿大不能对原产于墨西哥至少使用四年的二手车辆的进口采取或维持禁止或限制;
(e) 自 2017 年 1 月 1 日始,加拿大不能对原产于墨西哥至少使用两年的二手车辆的进口采取或维持禁止或限制;以及
(f) 自 2019 年 1 月 1 日始,加拿大不能对原产于墨西哥的二手车辆的进口采取或维持禁止或限制。
5. 第 4 款不得解释允许加拿大依据第十二章(跨境服务贸易)下有关陆路运输服务义务的减少,包括其附表,附件一。

二是严格定义。在附件中对"现有车辆生产商""新车辆生产商""二手车"以及"车辆"的概念以协定签署前后时间进行严格的定义,定义

范围内的车辆可以在规定的时间内进行限制。

> **附件 300-A:汽车行业的贸易和投资**
> 4. 除非在附录另有规定,本附件针对:
>   现有车辆生产商(existing producer of vehicles)是指在有关缔约方领土上生产 1992 年前车型的车辆制造商;
>   新车辆生产商(new producer of vehicles)是指在有关缔约方领土上生产 1991 年后车型的车辆制造商;
>   二手车(used vehicle)是指下列车:
> (a) 已经出售,出租或出借的;
> (b) 已经开过
>   (i) 载重不足五公吨、多于 1000 公里的车辆,或
>   (ii) 载重五吨或以上、多于 5000 公里的车辆;或
> (c) 本年度之前制造,自生产之日起至少已经过去了 90 天;
>   车辆(vehicle)是指汽车、卡车、公共汽车或特殊用途的机动车辆,但不包括摩托车。

三是准入后"例外条款"。在过渡期关税削减及最后取消的进程中,指定一些税目的例外,规定其使用税率。比如:

> **附表 2.1. B**
> **对附录 2.1 中所指定的关税淘汰方案的例外(Exceptions to Tariff Phaseout Formula? Specified in Appendix 2.1)**
>
> 1. 美国在过渡期,税目 5111.11.70,5111.19.60,5112.11.20 和 5112.19.9 应适用以下税率:
>
> | 年份 | 税率 | 年份 | 税率 | 年份 | 税率 |
> | --- | --- | --- | --- | --- | --- |
> | 1994 | 25.0% | 1996 | 18.0% | 1998 | 6.0% |
> | 1995 | 24.1% | 1997 | 12.0% | 1999 及此后 | 0.0% |
>
> 2. 墨西哥在过渡期,税目 5111.11.01,5111.19.99,5112.11.01 和 5112.19.99,应适用于下列税率,如修改,要对应于美国税目第 1 款:
>
> | 年份 | 税率 | 年份 | 税率 | 年份 | 税率 |
> | --- | --- | --- | --- | --- | --- |
> | 1994 | 15.0% | 1996 | 10.8% | 1998 | 3.6% |
> | 1995 | 14.5% | 1997 | 7.2% | 1999 及此后 | 0.0% |
>
> 3. 美国在过渡期,税目 5111.20.90, 5111.30.90, 5112.20.30, 5112.30.30, 5407.91.05, 5407.92.05, 5407.93.05, 5407.94.05, 5408.31.05, 5408.32.05, 5408.33.05, 5408.34.05, 5515.13.05, 5515.22.05, 5515.92.05, 5516.31.05, 5516.32.05, 5516.33.05 and 5516.34.05,应适用于下列税率:
>
> | 年份 | 税率 | 年份 | 税率 | 年份 | 税率 |
> | --- | --- | --- | --- | --- | --- |
> | 1994 | 25.0% | 1996 | 20.0% | 1998 | 6.7% |
> | 1995 | 25.0% | 1997 | 13.3% | 1999 及此后 | 0.0% |

4. 墨西哥在过渡期,税目 5111.20.99、5111.30.99、5112.20.01、5112.30.01、5407.91.99、5407.92.99、5407.93.99、5407.94.99、5408.31.99、5408.32.99、5408.33.99、5408.34.99、5515.13.01、5515.22.01、5515.92.01、5516.31.01、5516.32.01、5516.33.01 and 5516.34.01,应适用于以下税率,如修改,要对应于美国税目第 3 款:

年份	税率	年份	税率	年份	税率
1994	15.0%	1996	12.0%	1998	4.0%
1995	15.0%	1997	8.0%	1999 及此后	0.0%

5. 墨西哥在过渡期,除了勾状尼龙袋(nylon handhooked),副标题货物税目 5703.20 和 5703.30 测量面积不超过 5.25 平方米,应适用于下列税率:

年份	税率	年份	税率	年份	税率
1994	20.0%	1996	10.0%	1998	3.3%
1995	20.0%	1997	6.6%	1999 及此后	0.0%

四是措施例外。比如,对"国民待遇条款"(301 条款)和非关税措施中的"进出口限制条款"(309 条款)的例外:

附件 301.3:301 条款和 309 条款的例外
A 节 —— 加拿大措施
1. 301 条款和 309 条款不适用于加拿大对各种原木的出口管制。
2. 301 条款和 309 条款不适用于加拿大在现行法规下(类似 1992 年 8 月 12 日修订的那些法规)对**未加工鱼**的出口控制。
3. 301 条款和 309 条款不适用于:a) 加拿大依据 1985 年《海关税则》(Customs Tariff)RSC 附表七列举或提及的**任何产品的进口措施**;b) 加拿大白酒出口交货到任一国家,依据 1985 年《出口法》(Export Act)禁止白酒进口的措施;c) 加拿大在现行的《海运运价法》(Maritime Freight Rate Act)下对**某些货运的优惠税率的措施**;d) 加拿大有关依据 1985 年《消费税法》(Excise Tax Act)对绝对酒精生产加消费税的规定;e) 加拿大在沿海贸易中有关**禁止使用外国的或未完税船舶的措施**,除非根据 1992 年《沿海航行贸易法》(Coasting Trade Act)授予了上执照。加拿大这些条款是强制性的法规,在加拿大加入 GATT 时并没有被要求修改。
4. 301 条款和 309 条款不适用于**原产于美国境内的产品的数量进口限制**,考虑到操作执行,或者原材料获得来自墨西哥或非成员国,在《加美自由贸易协定》(Canada United States Free Trade Agreement)第 89 章附件 401.2(加拿大关税表)用星号表示出来。只要在《1920 年商船法》(Merchant Marine Act of 1920)下采取措施,应用定额可以比较加拿大原产货物的出售,或根据美国市场出售的影响。
5. 301 条款和 309 条款**不适用于延续的条文**或对第 2 项或第 3 项所提及的不符合要求的任何法规的**及时更新的条文**;以及对第 2 项或第 3 项不符合任何法规要求的修订,而该修正案并没有降低组织章程细则第 301 和 309 条款的一致性。

在 B 节墨西哥措施例外中,除了包括原木、船只服务和运营外,还有二手货的进口限制:

B 节 —— 墨西哥措施(Section B-Mexican Measures)
1. 301 条款和 309 条款不适用于墨西哥对各种**原木的出口**实行管制。
2. 301 条款和 309 条款不适用于:a) 在现行《**通信法一般方法**》(General Ways of Communication Act)192 章至 194 章条款下的措施,保留对墨西哥**船只的所有服务和运营**不授权外国船只的例外,并且赋予墨西哥交通运输部拒绝外国船只有权行使授权服务的权利,如果他们的原籍国不授予相等权利给墨西哥货船的话。b) 出口许可证措施适用于实行数量限制或采取关税配额的另一缔约方的出口货物,或由其他缔约方维持的出口货物。
3. 301 条款和 309 条款不适用于:a) 延续或对不符合第 2 项(a)规定所作的及时更新。b) 对第 2 项任何不符合法规条文的修订,而该修改没有减少第 301 和 309 条款的一致性。
4. a) 虽然有 309 条款,自由贸易协定生效之日起第 10 个年头,墨西哥可以对 1992 年 8 月 12 日的《一般进口关税法案》(General Import Duty Act)税则提供的项目二手货的进口采取或维持禁令或限制。这些项目如下载列:

项目(item)	描述(description)		所属产业或部门
	英文	中文	
8407.34.99	gasoline engines of more than 1000 cm^3, except for motorcycles	超过一千立方厘米的汽油发动机(摩托车汽油发动机除外)	制造业/交通运输设备
8413.11.01	distributors fitted with a measuring device even if it includes a totalizing mechanism	包括累加机制、分销装的计量装置	制造业/测量等
8413.40.01	trailer type, from 36 up to 60 m^3/hr capacity; without hydraulic elevator for the discharge hose	36 至 60 立方米/时容量、拖拉式、排放软管的无液压电梯	制造业/工业和商业机械等
8426.12.01	mobile portals on tires and straddle carriers	轮胎制跨运车式的移动门	同上
8426.19.01	other (overhead travelling cranes, bridge cranes and straddle carriers)	其他(桥式滑动机、桥式起重机和跨运车)	同上
8426.30.01	portal cranes	门座起重机	同上

(续表)

项目(item)	描述(description)		所属产业或部门
	英文	中文	
8426.41.01	cranes with structural iron jib (lattice) with mechanical working, self-propelled, with unit weight up to 55 tons	具有结构性铁吊臂(格子)与机械加工,自走式,单位重量可达55吨的起重机	同上
8426.41.02	cranes with hydraulically actuated rigid jib, selfpropelled with maximum capacity above 9.9 tons and not exceeding 30 tons	液压驱动刚性臂,自行式,9.9吨以上,不超过30吨最大容量的起重机	同上
8426.41.99	other (machinery and apparatus, Self-propelled, on tires)	其他(机械及设备,自行式,装有轮胎)	同上
8426.49.01	cranes with structural iron jib (lattice) with mechanical working, with unit weight up to 55 tons	结构铁吊臂(栅栏),机械加工,单位重量可达55吨的起重机	同上
8426.49.02	cranes with hydraulically actuated rigid jib, selfpropelled, with load capacity above 9.9 tons and not exceeding 30 tons	液压驱动刚性臂,自行式,负载力9.9吨以上,不超过30吨的起重机	同上
8426.91.01	cranes, other than those provided for in items 8426.91.02, 8426.91.03 and 8426.91.04	起重机,不是项目8426.91.02、8426.91.03和8426.91.04提供的	同上
8426.91.02	cranes with hydraulic working, with articulated or rigid booms, with capacity up to 9.9 tons at 1 meter radius	起重机,液压工作,铰接式或刚性围油栏,1米半径容量,高达9.9吨	同上
8426.91.03	isolated elevating cranes, basket type, with carrying capacity equal to or less than 1 ton and up to 15 meters lift	孤立的升降起重机,斗式,承载能力等于或小于1吨,升高可达至15米	同上
8426.91.99	other (machinery and apparatus; designed for mounting on road vehicles)	其他(机械及设备,道路车辆设计安装)	同上

(续表)

项目(item)	描述(description)		所属产业或部门
	英文	中文	
8426.99.01	cranes, other than those provided for in items 8426.91.02	起重机,不是项目 8426.91.02 提供的	同上
8426.99.02	swivel cranes	旋转式起重机	同上
8426.99.99	other (cranes and air cables ("blondines"); overhead travelling cranes, handling or unloading frames, bridge cranes, straddle carriers and straddle cranes)	其他(起重机和空中电缆;上空移动起卸架,搬运或装卸架,桥式起重机,跨运车及跨座式起重机)	同上
8427.10.01	with load capacity up to 3500 kilograms, measured at 620 millimeters from the frontal surface of the forks, without battery or loader	负载能力可达至 3500 公斤,从货叉的前表面 620 毫米测量,不带电池或装载机	同上
8427.20.01	with explosion or internal combustion engine, with carrying capacity up to 7000 kilograms, measured at 620 millimeters from the frontal surface of the forks	拥有轰响或内燃机,承载能力可达 7000 公斤,从货叉的前表面 620 毫米测量	同上
8428.40.99	other (escalators and moving walkways)	其他(自动扶梯和自动人行道)	同上
8428.90.99	other (machinery and apparatus for lifting, loading, unloading or handling)	其他(机械和设备起重,装卸或处理)	同上
8429.11.01	caterpillar type	履带式车辆	同上
8429.19.01	other (bulldozers and angledozers)	其他(推土机和侧铲)	同上
8429.20.01	graders	平地机	同上
8429.30.01	scrapers	铲运机	同上
8429.40.01	tamping machines	捣固机	同上
8429.51.02	frontend loader with hydraulic working, wheeltype, with capacity equal or less than 335 HP	液压前端装载机,轮型,容量等于或小于 335 HP	同上

(续表)

项目(item)	描述(description)		所属产业或部门
	英文	中文	
8429.51.03	mechanical shovels, other than those provided for in item 8429.51.01	机械铲，不是项目8429.51.01提供的	同上
8429.51.99	other (mechanical shovels, excavators, loaders and frontend shovel loaders)	其他（机械铲，挖掘机，装载机和前铲装载机）	同上
8429.52.02	draglines or excavators, other than those provided for in item 8429.52.01	索斗铲或挖掘机，不是项目8429.52.01提供的	同上
8429.52.99	other (machinery with a 360 degree revolving superstructure)	其他（机械带有360°旋转上盖）	同上
8429.59.01	trenchers	挖沟机	同上
8429.59.02	draglines, with dragging load capacity up to 4000 kilograms	吊斗铲，拖动的负载能力可达4000公斤	同上
8429.59.03	draglines or excavators, other than those provided for in item 8429.59.04	索斗铲或挖掘机，不是项目8429.59.04提供的	同上
8429.59.99	other (selfpropelled bulldozers, angledozers, graders, scrapers, mechanical shovels, excavators, loaders, shovel loaders, tamping machines and road rollers)	其他（自行式推土机，平土机，铲运机，机械铲，挖掘机，装载机，铲装载机，捣固机械及压路机）	同上
8430.31.01	rotation and/or percussion perforators	旋转或和敲击打孔器	同上
8430.31.99	other (selfpropelled cutters, pullers or wrenchers and machines to open tunnels or galleries)	其他（自走式切刀，打开隧道或坑道的拉或拧的机器）	同上
8430.39.01	boring shields	防护盾牌	制造业/杂项制造行业

(续表)

项目(item)	描述(description)		所属产业或部门
	英文	中文	
8430.39.99	other (not selfpropelled cutters, pullers or wrenchers and machines to open tunnels or galleries)	其他(非自行式,用于打开隧道和坑道的拉或拧的机器)	制造业/工业和商业机械及计算机设备
8430.41.01	boring or sinking machinery, other than those provided for in item 8430.41.02	钻探或凿井机械,不是项目8430.41.02提供的	同上
8430.41.99	other (selfpropelled probing or boring machinery)	其他(自行式探测或掘进机)	同上
8430.49.99	other (not selfpropelled probing or boring machinery)	其他(非自走式探测或掘进机)	同上
8430.50.01	excavators, frontal carriers with hydraulic mechanism, with capacity equal to or less than 335 h.p	挖掘机,正面的载体与液压机构,容量等于或小于335马力	同上
8430.50.02	scrapers	铲运机	同上
8430.50.99	other (selfpropelled machinery and apparatus)	其他(自走式机械及设备)	同上
8430.61.01	graders (pushers)	平地机(按钮)	同上
8430.61.02	tamping or compacting rollers	捣固或压实滚轮	同上
8430.61.99	other (machinery and apparatus, not selfpropelled)	其他(机械及设备,非自走式)	同上
8430.62.01	scarification machine (ripping machine)	松土机(划开机)	同上
8430.69.01	scrapers, not selfpropelled	铲运机,非自走式	同上
8430.69.02	trencher machine, other than those provided for in item 8430.69.03	挖沟机,不是项目8430.69.03的其他	同上
8430.69.99	other (trenchers, other than those provided for in items 8430.69.01, 8430.69.02 and 8430.69.03)	其他(挖沟,项目8430.69.01,8430.69.02和8430.69.03除外)	同上

(续表)

项目(item)	描述(description)		所属产业或部门
	英文	中文	
8452.10.01	sewing machines of the household type	家用型缝纫机	同上
8452.21.04	industrial machines, other than those provided for in items 8452.21.02, 8452.21.03 and 8452.21.05	工业机器,不是项目8452.21.02,8452.21.03和8452.21.05规定的其他	同上
8452.21.99	other (automatic sewing machines)	其他(自动缝纫机)	同上
8452.29.05	machines or heads for industrial use, with straight seams, straight needle and a rotating and oscillating thread linking device, double backstitching, flat bed and transportation only	机器或做工业用途的头部件,带有直缝、直针以及一个旋转和摆动螺纹连接装置,双背拼接,平板和仅传送	同上
8452.29.06	industrial machines, other than those provided for in items 8452.29.01, 8452.29.03 and 8452.29.05	工业机器,不是项目8452.29.01,8452.29.03和8452.29.05规定的其他	同上
8452.29.99	other (non-automatic sewing machines)	其他(非自动缝纫机)	同上
8452.90.99	other (parts of sewing machines)	其他(缝纫机配件)	制造业/杂项制造行业
8471.10.01	analogue or hybrid automatic data processing machines	类比或混合自动数据处理器	制造业/工业和商业机械及计算机设备
8471.20.01	digital or numerical automatic data processing machines, containing in the same housing at least a central processing unit and an input and output unit	数字或数值自动数据处理设备,包含在同一外壳中的至少一个中央处理单元和一个输入和输出部	同上

(续表)

项目(item)	描述(description)		所属产业或部门
	英文	中文	
8471.91.01	numerical or digital processing units, even if presented with the rest of the system, including one or two of the following types of units contained in the same housing: storage units, input units, output unit	数值或数字处理单元,即使该系统的其余部分,包括在同一壳体以下类型的一个或两个单位:存储单元,输入单元,输出单元	同上
8471.92.99	other (input or output units whether or not entered with the rest of a system and whether or not containing storage units in the same housing)	其他(输入或输出单元是否具有该系统的其余部分和不论是否含有在同一壳体中输入的存储单元)	同上
8471.93.01	storage units, including the rest of the system	存储单元,包括该系统的其余	同上
8471.99.01	other (automatic data processing machines and units thereof)	其他(自动数据处理设备及其部件)	同上
8474.20.01	crushing and grinding with two or more cylinders	两缸或多缸粉碎研磨机	同上
8474.20.02	crushing jawbone and grinding millstone	粉碎颚骨和研磨磨石机	同上
8474.20.03	blade crushing machines	刀片粉碎机	同上
8474.20.04	crushing machines of balls or bars	球或棒的粉碎机	同上
8474.20.05	drawer cone crushing, with diameter no more than 1200 millimeters	抽屉式圆锥破碎机,直径不超过1200毫米	同上
8474.20.06	grinding hammer percussion	磨锤敲击机	同上
8474.20.99	other (machines and apparatus to break, crush or grind or pulverize dirt, stones and other solid mineral materials)	其他(破碎、压碎、研磨或粉碎泥土、石块等固体矿物材料的机器和设备)	同上
8474.39.99	other (mixing machines)	其他(搅拌机)	同上

(续表)

项目(item)	描述(description)		所属产业或部门
	英文	中文	
8474.80.99	other (machines and apparatus to classify, sieve, separte, break, crush, grind, mix, or knead dirt, stones and other mineral materials)	其他(进行分类、筛选、分离、断裂、粉碎、研磨、混合或揉捏泥土、石块和其他矿物材料的机器和设备)	同上
8475.10.01	machines for assembling lamps	灯具组装机	同上
8477.10.01	injection molding machines for thermoplastic materials, up to 5kg capacity for one molding model	5公斤容量、可一体成型的热塑性材料注塑机	同上
8701.30.01	caterpillar tractors with an engine power at the flywheel equal to or above 105 h.p., but less than 380 h.p. measured at 1,900rpm, including pushing blade	发动机功率105马力以上、380马力以下，飞轮转速为1900转/分，带有推动刀片的履带拖拉机	同上
8701.90.02	railroad tractors, on tires with mechanical mechanism for pavement	有轮胎，带有机械机制，用于路面的铁路拖曳机	制造业/交通运输设备
8711.10.01	motorcycles fitted with an auxiliary motor with reciprocating piston engine not exceeding 50cm^3	摩托车，装有辅助发动机与往复式活塞发动机，不超过50cm^3	同上
8711.20.01	motorcycles fitted with an auxiliary motor with reciprocating piston engine over 50cm^3 but not over 250cm^3	摩托车，装有辅助发动机与往复式活塞发动机，50cm^{3}以上，不超过250cm^3	同上
8711.30.01	motorcycles fitted with an auxiliary motor with reciprocating piston engine over 250cm^3 but not over 500cm^3	摩托车，装有辅助发动机与往复式活塞发动机，250cm^{3}以上，不超过500cm^3	同上

(续表)

项目(item)	描述(description)		所属产业或部门
	英文	中文	
8711.40.01	motorcycles fitted with an auxiliary motor with reciprocating piston engine over 500cm^3 but less than 550cm^3	摩托车,装有辅助发动机与往复式活塞发动机,500cm^{3}以上,不超过550cm^3	同上
8711.90.99	other (motorcycles, cycles fitted with an auxiliary motor and sidecars without a reciprocating piston engine, and that are not sidecars for motorcycles and velocipedes of any kind presented separately)	其他(摩托车、脚踏车,装有辅助发动机和边车,没有往复式活塞发动机,并且不是任何单独列示种类的摩托车和三轮车的边车)	同上
8712.00.02	bicycles, other than of the type for racing	自行车(赛车除外)	同上
8712.00.99	other (cycles, not motorized, except bicycles, and tricycles for the transport of merchandise)	其他(非机动脚踏车,除了自行车和运输商品的三轮车)	同上
8716.10.01	trailers and semitrailers for housing and camping, of the caravan type	作为房屋和露营用的大篷车型的拖车和半拖车	同上
8716.31.02	steeltank type tankers, including cryogenic or hoppers	钢箱型油轮,包括低温或料斗	同上
8716.31.99	other (tankers except of the steeltank type, and of the thermal type for the transportation of milk)	其他(油车,除了钢罐型和运输牛奶的热型)	同上
8716.39.01	trailers or semitrailers of the platform type, with or without stakes, including those accepted for the transport of boxes or metal baskets for cans and bottles or container carriers, or low beds, except those with hydraulic or pneumatic suspension and collapsible gooseneck	拖车或平台类型,带有或不带有标桩,包括那些承接箱或易拉罐和瓶子金属筐,或容器载体,或低河床运输,除了那些液压或气动悬挂和折叠式半挂车外	同上
8716.39.02	trailers or semitrailers for the transport of vehicles	用于车辆运输的拖车或半拖车	同上

(续表)

项目(item)	描述(description)		所属产业或部门
	英文	中文	
8716.39.04	trailers of the modularplatform type with directional axis, including transporter bridge section, hydraulic couplings or gooseneck or motor for hydraulic conditioning of the equipment	模块化平台类型拖车,带有方向轴,包括转运桥段、液压接头或鹅颈或为设备液压调节的电机	同上
8716.39.05	semitrailers of the lowbed type, with pneumatic or hydraulic suspension and collapsible gooseneck	低床型拖车,气动或液压悬挂和折叠式鹅颈管	同上
8716.39.06	trailers and semitrailers of the closedbox type, including refrigerated	拖车和封闭箱式半挂车,包括冷藏	同上
8716.39.07	trailers and semitrailers of the steeltank type, including cryogenic and hoppers	拖车和钢罐型半挂车,包括低温和料斗	同上
8716.39.99	other (trailers and semitrailers for the transportation of goods, other than those provided for in items 8716.39.01, 8716.39.02, 8716.39.04, 8716.39.05, 8716.39.06 and 8716.39.07, and that are not vehicles for the transport of goods, with solid rubber wheels, nor doubledecker trailers or semitrailers of the type recognized as used exclusively for hauling cattle)	其他(拖车和半拖车货物的运输,不是项目8716.39.01,8716.39.02,8716.39.04,8716.39.05,8716.39.06和8716.39.07规定的其他,并且不是货物运输的车辆,带有实心橡胶轮,没有双层拖车或专门用于牵引牲畜识别类型的半拖车)	同上
8716.40.01	other trailers and semitrailers not used for transporting goods	不用于运输货物的其他拖车和半拖车	同上
8716.80.99	other (non-automotive vehicles except trailers or semitrailers, wheel barrows and handcarts, or wheel barrows of hydraulic operation)	其他(除拖车或半拖车、手推车、液压操作的手推车的非机动车辆)	同上

注释:"所属产业或部门"根据美国标准产业分类体系(SIC)划分,下同。

这里采用美国标准产业分类体系(SIC)来确定所属产业或部门。虽然目前北美产业分类体系(North American Industry Classification System,简称 NIMCS)为美、加、墨三国共同使用的产业分类标准,但该标准讨论于 1994 年,1997 年开始使用,此后又出现 2002 版、2007 版、2012 版。1997 版,共分 20 个部门,196 个子部门,313 个产业组,724 个 NIMCS 产业和 1170 个美国产业,过于庞大,而北美自由贸易协定签订于 1994 年,所以本文为简单起见采用 SIC 的产业分类体系。

值得注意的是,尽管有措施例外,但协定对该例外加以限制。比如,在二手货上放开一些项目:

4.
 b) 尽管有(a)项,墨西哥不得在临时基础上禁止或限制二手货进口,这些二手货项目载列于(c)项的跨境服务条款(属于第十二章跨境服务贸易),或载列于第十章(政府采购)合同履行提供的进口货物
 (ⅰ) 对于提供跨境服务是必要的,或者对于其他供应方被授予的合同履行是必要的;
 (ⅱ) 是单独使用的,或者在服务提供商的监督下使用,或者是供应商履行合同使用;
 (ⅲ) 在墨西哥境内不得被出售、出租或租借;
 (ⅳ) 进口量不大,是服务条款或合同履行所必要的;
 (ⅴ) 是有关服务或合同完成的及时地再出口,并且
 (ⅵ) 遵行此类商品进口的其他适用规定,在某种程度上,不是与本协议不相一致。

对载列于(c)项的二手货项目,该协定作了列示:

C) (b) 项适用于以下栏目提供的二手货:

项目(item)	描述(description)		所属产业或部门
	英文	中文	
8413.11.01	distributors fitted with a measuring device even if it includes a totalizing mechanism	具有累加机制、分销装的计量装置	制造业/电子及其他电器设备和部件,除电脑外
8413.40.01	concrete pumps for liquids, not fitted with a measuring device from 36 up to 60 m³/hr capacity	36 至 60 立方米/时容量、拖拉式、排放软管的无液压电梯	制造业/工业和商业机械等

(续表)

项目(item)	描述(description)		所属产业或部门
	英文	中文	
8426.12.01	mobile portals on tires and straddle carriers	轮胎制跨运车式的移动门	同上
8426.19.01	other (overhead travelling cranes, bridge cranes and straddle carriers)	其他(桥式滑动机,桥式起重机和跨运车)	同上
8426.30.01	portal cranes	门座起重机	同上
8426.41.01	cranes with hydraulically actuated rigid jib, selfpropelled with maximum capacity above 9.9 tons and not exceeding 30 tons	具有液压驱动的刚性臂,最大容量9.9吨以上、30吨以下,自走式起重机	同上
8426.41.02	cranes with structural iron jib (lattice) with mechanical working, selfpropelled, with unit weight up to 55 tons	起重机,带有结构铁吊臂(格子),机械加工,自走式,单位重量可达至55吨	同上
8426.41.99	other (machinery and apparatus, self propelled, on tires)	其他(机械及设备,自走式,轮胎)	同上
8426.49.01	cranes with structural iron jib (lattice) with mechanical working, with unit weight up to 55 tons	起重机,带有结构铁吊臂(格子),机械加工,重量可达55吨	同上
8426.49.02	cranes with hydraulically actuated rigid jib, selfpropelled, with load capacity above 9.9 tons and not exceeding 30 tons	起重机,带有液压驱动的刚性臂,自行式,负载能力9.9吨以上,不超过30吨	同上
8426.91.01	cranes, other than those provided for in items 8426.91.02, 8426.91.03 and 8426.91.04	起重机,不是项目8426.91.02,8426.91.03和8426.91.04规定的其他	同上
8426.99.01	cranes	起重机	同上
8426.99.02	swivel cranes	旋转式起重机	同上

(续表)

项目(item)	描述(description)		所属产业或部门
	英文	中文	
8426.99.99	other (cranes and air cables ("blondines"); overhead travelling cranes, handling or unloading frames, bridge cranes, straddle carriers and straddle cranes)	其他(起重机和空中电缆;上空移动起重机,搬运或装卸架,桥式起重机,跨运车及跨座式起重机)	同上
8427.10.01	with load capacity up to 3,500 kilograms, measured at 620 millimeters from the frontal surface of the forks, without battery or loader	负载能力可达至3500公斤,从叉的前表面620毫米测量,不带电池或装载机	同上
8428.40.99	other (escalators and moving walkways)	其他(自动扶梯和自动人行道)	同上
8428.90.99	other (machinery and apparatus for lifting, loading, unloading or handling)	其他(机械和设备起重,装卸或处理)	同上
8429.11.01	caterpillar type	履带式车辆	制造业/交通运输设备
8429.19.01	other (bulldozers and angledozers)	其他(推土机和侧铲)	同上
8429.30.01	scrapers	铲土机	同上
8429.40.01	tamping machines	捣固机	同上
8429.51.02	frontend loader with hydraulic working, wheeltype, with capacity equal or less than 335h.p.	前端装载机,液压加工,轮型,容量等于或小于335马力	同上
8429.51.03	mechanical shovels, other than those provided for in item 8429.51.01	机械铲,不是项目8429.51.01提供的其他	同上

(续表)

项目(item)	描述(description)		所属产业或部门
	英文	中文	
8429.51.99	other (mechanical shovels, excavators, loaders and frontend shovel loaders)	其他(机械铲,挖掘机,装载机和前端铲装载机)	同上
8429.52.02	draglines or excavators, other than those provided for in item 8429.52.01	拉铲或挖掘机,不是项目8429.52.01规定的其他	同上
8429.52.99	other (machinery with a 360 revolving superstructure)	其他(带360旋转上盖的机械)	同上
8429.59.01	trenchers	挖沟机	同上
8429.59.02	draglines, with dragging load capacity up to 4000 kilograms	吊斗铲,拖动的负载能力可达4000千克	同上
8429.59.03	draglines or excavators, other than those provided for in item 8429.59.04	拉铲或挖掘机,不是项目8429.59.04规定的其他	同上
8429.59.99	other (self-propelled bulldozers, angledozers, graders, scrapers, mechanical shovels, excavators, loaders, shovel loaders, tamping machines and road rollers)	其他(自行式推土机,平土机,铲运机,机械铲,挖掘机,装载机,铲装载机,捣固机械及压路机)	同上
8430.31.01	rotation and/or percussion perforators	旋转或和敲击打孔器	同上
8430.31.99	other (self-propelled cutters, pullers or wrenchers and machines to open tunnels or galleries)	其他(自走式切刀,打开隧道或坑道的拉或拧的机器)	制造业/工业和商业机械及计算机设备
8430.39.01	boring shields	防护盾牌	同上
8430.39.99	other (not self-propelled cutters, pullers or wrenchers and machines to open tunnels or galleries)	其他(非自行式,打开隧道和坑道拉或拧的机器)	同上

(续表)

项目(item)	描述(description)		所属产业或部门
	英文	中文	
8430.41.01	boring or sinking machinery, other than those provided for in item 8430.41.02	钻探或凿井机械,不是项目8430.41.02提供那种	同上
8430.41.99	other (selfpropelled probing or boring machinery)	其他(自行式探测或掘进机)	同上
8430.49.99	other (not selfpropelled probing or boring machinery)	其他(非自走式探测或钻探机械)	同上
8430.50.01	excavators, frontal loaders with hydraulic mechanism, with capacity equal to or less than 335 h.p.	挖掘机,正面的载体与液压机构,容量等于或小于335马力	同上
8430.50.02	scrapers	铲运机	同上
8430.50.99	other (selfpropelled machinery and apparatus)	其他(自走式机械及设备)	同上
8430.61.01	graders (pushers)	平地机(按钮)	同上
8430.61.02	tamping or compacting rollers	捣固或压实滚轮	同上
8430.62.01	scarification machine (ripping machine)	松土机(划开机)	同上
8430.69.01	scrapers, not selfpropelled	无自走功能的铲运机	同上
8430.69.02	trencher machine, other than those provided for in item 8430.69.03	挖沟机,不是项目8430.69.03规定的其他	同上
8430.69.99	other (trenchers, other than those provided for in items 8430.69.01, 8430.69.02 and 8430.69.03)	其他(挖沟,项目8430.69.01、8430.69.02和8430.69.03除外)	同上
8452.10.01	sewing machines of the household type	家用型缝纫机	同上
8452.21.04	industrial machines, other than those provided for in items 8452.21.02, 8452.21.03 and 8452.21.05	工业机器,不是项目8452.21.02、8452.21.03和8452.21.05规定的其他	同上

(续表)

项目(item)	描述(description)		所属产业或部门
	英文	中文	
8452.21.99	other (automatic sewing machines)	其他(自动缝纫机)	同上
8452.29.06	industrial machines, other than those provided for in items 8452.29.01, 8452.29.03 and 8452.29.05	工业机器,不是项目8452.29.01、8452.29.03和8452.29.05规定的其他	同上
8452.29.99	other (non-automatic sewing machines)	其他(非自动缝纫机)	同上
8452.90.99	other (parts of sewing machines)	其他(缝纫机配件)	制造业/杂项制造行业
8471.10.01	analogue or hybrid automatic data processing machines	类比或混合自动数据处理器	制造业/工业和商业机械及计算机设备
8474.20.01	crushing and grinding with two or more cylinders	两缸或多缸粉碎研磨机	同上
8474.20.03	blade crushing machines	刀片粉碎机	同上
8474.20.04	crushing machines of balls or bars	球或棒的粉碎机	同上
8474.20.99	other (machines and apparatus to break, crush or grind or pulverize dirt, stones and other solid mineral materials)	其他(破裂、压碎或研磨或粉碎泥土、石块等固体矿物材料的机器和设备)	同上
8474.39.99	other (mixing machines)	其他(搅拌机)	同上
8474.80.99	other (machines and apparatus to classify, sieve, separate, break, crush, grind, mix, or knead dirt, stones and other mineral materials)	其他(进行分类、筛选、分离、断裂、粉碎、研磨、混合,或揉捏泥土、石块和其他矿物材料的机器和设备)	同上
8477.10.01	injection molding machines for thermoplastic materials, up to 5 kg capacity for one molding model	5公斤容量、可一体成型的热塑性材料注塑机	同上

（续表）

项目（item）	描述（description）		所属产业或部门
	英文	中文	
8701.30.01	caterpillar tractors with an engine power at the flywheel equal to or above 105 h.p., but less than 380 h.p. measured at 1,900 rpm, including pushing blade	发动机功率带有105马力以上、380马力以下、按1900转衡量的飞轮，包括推动刀片在内的卡特彼勒拖拉机	制造业/交通运输设备

与加拿大、墨西哥相比，美国在有关国民待遇与进出口限制条款的措施例外上似乎更关心该协定可能与本国法律的冲突，强调这里按国内法实施的理由是：既然美国加入 GATT 时 GATT 也未要求美国修改这些法律，所以这些法律依然可作为例外实行：

C 部分——美国措施
1. 301 条款和 309 条款不适用于对美国各种**原木的出口**实行管制。
2. 301 条款和 309 条款不适用于
 a）含有蒸馏酒的**进口香水税收**，依据现行的《**1986 年国内税收法**》（Internal Revenue Code of 1986）第 5001（a）（3）和 5007（b）（2）规定。
 b）根据《**1920 年商船法**》（Merchant Marine Act of 1920）、《**客运船舶法**》（Passenger Vessel Act）现有规定的措施，某种程度上这类措施在美国加入 GATT 时被强制性地立法，并没有为了与 GATT 条款相一致而进行修改。
3. 301 条款和 309 条款不适用于
 a）延续或对不符合第 2 项（a）规定所作的及时更新，以及
 b）对第 2 款任何不符合法规条文的修订，该修改没有减少第 301 和 309 条款的一致性。

（5）最惠国税率列表。通过对某类商品的最惠国税率的列表，将该类中不享受最惠国税率的商品排除在外：

附件308.1:某些自动数据处理商品及零件的最惠国税率
表308.1.1

项目(item)	描述(description)		税率(tariff rate)	时间表1(schedule1)
	英文	中文		
8471.30、8471.41、8471.49、8471.50	automatic data processing machines (ADP)	自动数据处理设备	3.9%	S
8471.30、8471.41	[digital processing units, containing CPU and input & output unit in the same housing, whether or not combined]	数字处理单元,在同一机壳内含CPU和输入输出单元,不论是否组合	3.9%	S
8471.49、8471.50	digital processing units [digital processing units, whether or not w/system]	数字处理单元(无论是否为瓦特系统)	3.9%	S
Canada: 8471.60.10 Mexico: 8471.60.02 United States: 8471.60.10	input or output units combined input/output units	输入或输出单元(输入/输出单元的结合)	3.7%	S
Canada: 8528.41.00 Mexico: 8528.41.01、8528.41.99 United States: 8528.51.00、8528.41.00、8528.51.00、8528.61	display units: Canada:[monochrome monitors] United States:[display units, w/out CRT, <30.5 cm diag.]、[display units, w/ CRT, not color]、[display units, w/out CRT]	显示单位:加拿大:[单色显示器] 美国:[显示单位,无色,小于30.5厘米]、[显示单元,无色]、[显示单元]	3.7%	S

项目(item)	描述(description)		税率(tariff rate)	时间表1(schedule1)
	英文	中文		
mexico：8471.60.03、8471.60.99 United States：8471.60.80	other input or output units: Mexico:[optical scanners and magnetic ink recognition devices]、[other] United States:[optical scanners and magnetic ink recognition devices]	其他输入或输出单元：墨西哥：[光学扫描仪和磁性墨水识别设备]、[其他] 美国：[光学扫描仪和磁性墨水识别设备]	3.7%	S
注释：(1)"S"表示至1999年1月1日,五年里等额分期实施(in five equal annual stages commencing January 1, 1999)。(2)表308.1.1、表308.1.2还标明了免税商品目录,除了美国的8541.40.20[发光二极管]商品外,那些商品则是《北美自由贸易协定》一生效就开始实施。				

（6）情景描述。出于某种原因,可以进行进出口限制。比如,第六章能源和基础石化"附件603.6"对墨西哥的能源和基础石化的进出口限制条款(603条款)有例外项目,指出出于贸易唯一原因,该国可以限制进口许可证和出口许可证的授予：

附件603.6（Annex 603.6）：
603条款例外
　　只有下面列出的货物,出于贸易唯一的原因,墨西哥可以限制进出口许可证的授予。

项目(item)	描述(description)		所属产业或部门
	英文	中文	
2707.50	other aromatic hydrocarbon mixtures of which 65 percent or more by volume (including losses) distills at 250℃ by the ASTM D 86 method	其他芳烃混合物,其中65%以上的容量（包括损失）在250℃以上以 ASTM D86 的方法提炼	矿物燃料、矿物油及其蒸馏产品；沥青物质；矿物蜡/蒸馏高温煤焦油所得的油类及其他产品

(续表)

项目(item)	描述(description)		所属产业或部门
	英文	中文	
2707.99	rubber extender oils, solvent naphtha and carbon black feedstocks only	橡胶填充油,溶剂油,只有炭黑的原料	同上
2709	petroleum oils and oils obtained from bituminous minerals, crude.	石油原油及从沥青矿物提取的原油	同上
2710	aviation gasoline; gasoline and motor fuel blending stocks (except aviation gasoline) and reformates when used as motor fuel lending stocks; kerosene; gas oil and diesel oil; petroleum ether; fuel oil; paraffinic oils other than for lubricating purposes; pentanes; carbon black feedstocks; hexanes; heptanes and naphthas	航空汽油;汽油及汽油调合料(除航空汽油外)和作为汽车燃料借贷库存及重整产品;煤油;瓦斯油和柴油;石油醚;燃料油;除润滑目的外的石蜡油;戊烷;炭黑原料;己烷;庚烷和石脑油	石油及从沥青矿物提取的油类,但原油除外
2711	petroleum gases and other gaseous hydrocarbons other than: ethylene, propylene, butylene and butadiene, in purities over 50 percent	石油气和除了乙烯、丙烯、丁烯和丁二烯以外的其他烃类气,纯度在50%以上	石油气及其他烃类气
2712.90	only paraffin wax containing by weight more than 0.75 percent of oil, in bulk (Mexico classifies these goods under HS 2712.90.02) and only when imported to be used for further refining	只有含有重量超过0.75%的油的石蜡,散装(墨西哥这些货物在HS2712.90.02下分类),只有为了进一步提炼时才进口	凡士林;石蜡、微晶石蜡、疏松石蜡、地蜡、褐煤蜡、泥煤蜡、其他矿物蜡及用合成或其他方法制得的类似产品

(续表)

项目(item)	描述(description)		所属产业或部门
	英文	中文	
2713.11	petroleum coke not calcined.	未煅烧的石油焦	石油焦、石油沥青及其他石油或从沥青矿物提取的油类的残
2713.20	petroleum bitumen (except when used for road surfacing purposes under HS 2713.20.01).	石油沥青(使用于路面目的除外,在 HS2713.20.01 项目下)。	同上
2713.90	other residues of petroleum oils or of oils obtained from bituminous minerals.	从沥青矿物提取石油原油的其他残余物或油。	同上
2714	bitumen and asphalt, natural; bituminous or oil shale and tar sands, asphaltites and asphaltic rocks (except when used for road surfacing purposes under HS 2714.90.01).	沥青和天然的沥青;沥青或页岩油,油页岩及焦油砂及沥青岩(用于铺路目的时除外,在 HS2714.90.01 项目下)。	天然沥青(地沥青)、沥青页岩、油页岩及焦油砂沥青岩
2901.10	ethane, butanes, pentanes, hexanes, and heptanes only.	仅是乙烷、丁烷、戊烷、己烷和庚烷。	有机化学品/无环烃

注释:这里"所属产业或部门"按 2007 版协调制度编码。

(7)国家安全。以维护"国家安全"的理由将一些措施排除在外。该协定第六章"能源和基础石化"中的"607 条款"是有关国家安全条款,在"附件 607"中特别强调实施该条款不承担任何义务。在第二十一章"例外"中的"国家安全条款"(2102 条款)指出:"本协定的任何规定都不

得解释"要求任何一方提供或允许访问任何信息披露、为保证安全的武器运输、执行有关核不扩散条约等:

---

607 条款:国家安全(Article 607: National Security Measures)

服从于附件607,没有任何缔约方可以采取或维持措施用于限制来自另一缔约国的能源或基础石化商品的进口或向另一缔约国能源或基本石化商品的出口,根据GATT第二十一条或根据2102条款(国家安全),除了在必要的情况下:

a) 缔约方军队编制的供应或重要防卫合同能实现;
b) 应对缔约方武装冲突及采取措施;
c) 实施国家政策或有关核武器不扩散或其他核爆炸装置的国际协定;或
d) 对用于国防目的的核材料供应直接破坏威胁的反应。

附件607:国家安全

1. 607条款不承担任何义务,并且对墨西哥不赋予权利。
2. 2102条款(国家安全)应适用于墨西哥和其他缔约方之间。

2102 条款:国家安全(Article 2102: National Security)

1. 细则第607条(能源—国家安全措施)和第1018条(政府采购例外),**本协定的任何规定都不得解释:**
(a) 要求任何一方提供或允许访问任何**信息披露**,这被视为是违背其基本安全利益的;
(b) 为阻止任何缔约方采取其认为必要的行动,以保护基本安全利益
(i) 有关**武器**,弹药和战争工具方面的运输,以及**这种运输和其他货物、材料、服务和技术**,为军事或其他安全机构的目的提供的直接的或间接的运输,
(ii) 在战争或其他紧急情况下在国际关系中采取,或
(iii) 有关国家政策或国际协定,尊重**不扩散核武器**或其他核爆炸装置的执行情况;或
(c) 在《**联合国宪章**》(United Nations Charter)下依据义务,为维护国际和平与安全,阻止任何缔约方所采取的行动。

在信息披露方面相应的条款还有:

2105 条款:信息披露(Article 2105: Disclosure of Information)

本协议的任何规定**不得解释**为要求一缔约方提供或允许获取信息的披露,而这将会妨碍执法或将违背缔约方依法保护个人隐私或财务事务和金融机构的个人客户账户。

---

(8) 相应关税规定描述。在第七章"农业、环境卫生与植物检疫措施"的"附录703.2.A.4"中列举了"不属于附件703.2.A.4的货物":

附录 703.2.A.4
不属于附件 703.2.A.4 的货物

注释:下面仅供参考目的,对相应的关税规定提供一种描述。

墨西哥附表

墨西哥税目 (Mexican tariff item)	描述(description)		所属产业或部门
	英文	中文	
2009.11.01	orange juice, frozen	冷冻橙汁	蔬菜、水果、坚果或植物其他部分的制品/未发酵及未加酒精的水果汁,冷冻的
2009.19.01	orange juice, with a grade of concentration not greater than 1.5 (single-strength orange juice)	橙汁,不大于1.5(单浓度橙汁)的一等浓度	其他

美国附表

美国税目 (US tariff item)	描述(description)		所属产业或部门
	英文	中文	
2009.11.00	orange juice, frozen	冷冻橙汁	蔬菜、水果、坚果或植物其他部分的制品/未发酵及未加酒精的水果汁,冷冻的
2009.19.20	orange juice, with a grade of concentration not greater than 1.5 (single-strength orange juice)	橙汁,不大于1.5(单浓度橙汁)的一等浓度	/其他

注释:这里"所属产业或部门"按2007版协调制度编码。

(9) 特别保障条款。以特别保障条款的方式为一些农产品设置保护屏障。如在第七章"农业、环境卫生与植物检疫措施"中的"市场准入条款"(703 条款)的附件中列举了三个国家需要进行特别保障的农产品：

附件 703.3
特别保障商品
注释：下面仅供参考目的，对相应的关税规定提供一种描述。
A 节——加拿大

加拿大税目 (Canada tariff item)	描述(description) 英文	描述(description) 中文	所属产业或部门
0603.10.90	fresh cut flowers and flower buds, other than orchids, of a kind suitable for bouquets or for ornamental purposes	鲜切花及花蕾，不是兰花，适合制花束或装饰	活树及其他活植物等/制花束或装饰用的插花及花蕾等
0702.00.91	tomatoes, fresh or chilled, not for processing (dutiable period)	未处理的、新鲜或冻鲜的西红柿(完税期)	食用蔬菜、根及块茎/鲜或冷藏的番茄
0703.10.31	onions or shallots, green, fresh or chilled (dutiable period)	绿色、新鲜或冻鲜的洋葱或大葱(完税期)	鲜或冷藏的洋葱、青葱、大蒜、韭葱及其他葱属蔬菜
0707.00.91	cucumbers or gherkins, fresh or chilled, not for processing (dutiable period)	新鲜或冰鲜的不进行处理的黄瓜或小黄瓜(完税期)	鲜或冷藏的黄瓜及小黄瓜
0710.80.20	broccoli and cauliflowers, uncooked or cooked by steaming or boiling in water, frozen	西兰花和花椰菜，未煮过的或经蒸或水煮，冷冻	冷冻蔬菜

(续表)

加拿大税目 (Canada tariff item)	描述(description)		所属产业或部门
	英文	中文	
0811.10.10	strawberries, uncooked or cooked by steaming or boiling in water, frozen, whether or not containing added sugar or other sweetening matter, for processing	草莓,未煮过的或经蒸或水煮,冷冻,熟食,不论是否加糖或其他甜物质,进行处理	食用水果及坚果;柑桔属水果或甜瓜的果皮/冷冻水果及坚果
0811.10.90	strawberries, uncooked or cooked by steaming or boiling in water, frozen, whether or not containing added sugar or other sweetening matter, other than for processing	草莓,未煮过的或经蒸或水煮,冷冻,熟食,不论是否加糖或其他甜物质,未处理	同上
2002.90.00	tomatoes prepared or preserved otherwise than by vinegar or acetic acid, other than whole or in pieces	用醋或醋酸制作或保藏的番茄,除了整条或切块	蔬菜、水果、坚果或植物其他部分的制品/番茄

B 节 — 墨西哥

墨西哥税目 (Mexican tariff item)	描述(description)		所属产业或部门
	英文	中文	
0103.91.99	live swine, weighing less than 50 kilograms each, except purebred breeding animals and those with pedigree or selected breed certificate	生猪,每只不到50公斤,除了纯种繁殖的动物和那些有家谱或挑选品种证书	活动物/猪
0103.92.99	live swine, weighing 50 kilograms or more each, except purebred breeding animals and those with pedigree or selected breed certificate	生猪,每只50公斤或以上,除了纯种繁殖的动物和那些有家谱或挑选品种证书	同上

(续表)

墨西哥税目 (Mexican tariff item)	描述(description)		所属产业或部门
	英文	中文	
0203.11.01	meat of swine, carcasses and half-carcasses, fresh or chilled	生猪,屠体及半头,新鲜或冷藏的肉	肉及食用杂碎/鲜、冷、冻猪肉
0203.12.01	hams, shoulders or cuts thereof, with bone in, fresh or chilled	火腿,肩肉或带骨切肉,新鲜或冷藏	同上
0203.19.99	other swine meat, fresh or chilled	其他猪肉,新鲜或冷藏	同上
0203.21.01	meat of swine, carcasses and half-carcasses, frozen	猪肉,屠体及半头,冷冻	同上
0203.22.01	hams, shoulders and cuts thereof, with bone in, froze	火腿,肩肉及其切肉,带骨,冷冻	同上
0203.29.99	other swine meat, frozen	其他猪肉,冷冻	同上
0210.11.01	hams, shoulders and cuts thereof with bone in, salted, in brine, dried or smoked	火腿,肩膀和带骨切肉,盐水腌制,干制或熏制	肉及食用杂碎/干、熏、盐腌或盐渍的;可供食用的肉或杂碎的细粉、粗粉
0210.12.01	bellies (streaky) and cuts thereof, salted, in brine, dried or smoked.	腹肉(五花肉)及其切割肉,咸,浸咸,干制或熏制	同上
0210.19.99	other swine meat, in brine, dried or smoked	其他猪肉,在盐水,干制或熏制	同上
0710.10.01	potatoes, uncooked or cooked by steaming or boiling in water, frozen	土豆,未煮过的或经蒸或水煮,冷冻	食用蔬菜、根及块茎/冷冻蔬菜
0712.10.01	dried potatoes, whole cut, sliced, broken or in powder, but not further prepared	干土豆,全切块,切片,切碎或粉状,但未经进一步加工	干蔬菜

(续表)

墨西哥税目 (Mexican tariff item)	描述(description)		所属产业或部门
	英文	中文	
0808.10.01	apples, fresh	苹果,新鲜	食用水果及坚果;柑桔属水果或甜瓜的果皮/其他鲜果
2004.10.01	potatoes prepared or preserved otherwise than by vinegar or acetic acid, frozen	制作或保藏的土豆,并非用醋或醋酸,冷冻	蔬菜、水果、坚果或植物其他部分的制品/其他冷冻蔬菜
2005.20.01	potatoes prepared or preserved otherwise than by vinegar or acetic acid, not frozen	制作或保藏的土豆,并非用醋或醋酸,未冻结	/其他未冷冻蔬
2101.10.01	extracts, essences or concentrates, of coffee, and preparations with a basis of these extracts, essences or concentrates or with a basis of coffee	咖啡提取物,咖啡精,浓缩咖啡,以及基于咖啡的提取物、香精、浓缩物材料	杂项食品/咖啡、茶、马黛茶浓缩精汁及以其为基本成分

C节—美国

美国税目 (Mexican tariff item)	描述(description)		所属产业或部门
	英文	中文	
0702.00.06	tomatoes (except cherry tomatoes), fresh or chilled; if entered during the period from November 15 to the last day of the following February, inclusive	西红柿(除了樱桃番茄),鲜或冷藏,如果在11月15日至次年2月最后一天期间进入(含当天)	食用蔬菜、根及块茎/鲜或冷藏的番茄

（续表）

美国税目 (Mexican tariff item)	描述(description)		所属产业或部门
	英文	中文	
0702.00.20	tomatoes (except cherry tomatoes), fresh or chilled; if entered during the period from March 1 to July 14, inclusive	西红柿(除了樱桃番茄),鲜或冷藏的,如果在自3月1日到7月14日期间进入(含当天)	同上
0703.10.40	onions and shallots, fresh or chilled (not including onion sets and not including pearl onions not over 16 mm in diameter) if entered January 1 to April 30, inclusive	洋葱和青葱,新鲜或冰鲜(不包括洋葱系列,不包括不超过16毫米直径的珍珠洋葱),如果1月1日至4月30日输入(含当天)	鲜或冷藏的洋葱、青葱、大蒜、韭葱及其他葱属蔬菜
0709.30.20	eggplants (aubergines), fresh or chilled, if entered during the period from April 1 to June 30, inclusive	茄子,新鲜或冷藏,如果在4月1日到6月30日期间进入(含当天)	鲜或冷藏的其他蔬菜
0709.60.00	"chili" peppers; if entered during the period from October 1 to July 31, inclusive (current 0709.60.00.20)	"辣椒"的胡椒,如果从10月1日到7月31日期间进入(含当天)(当前0709.60.00.20)	椒,包括甜椒
0709.90.20	squash, fresh or chilled; if entered during the period from October 1 to the following June 30, inclusive	南瓜,新鲜或冷藏,如果从10月1日到6月30日期间进入(含当天)	其他
0807.10.40	watermelons, fresh; if entered during the period from May 1 to September 30, inclusive.	西瓜,新鲜,如果从5月1日到9月30日期间进入(含当天)	食用水果及坚果;柑桔属水果或甜瓜的果皮/鲜的甜瓜(包括西瓜)及木瓜

注释:这里"所属产业或部门"按2007版协调制度编码。

（10）政府层次措施。首先，在联邦政府或中央政府这一级通过明示的方式将一些商品排除在措施内。比如，在协定的附件1001.1b-1中规定了政府采购的覆盖范围：

附件1001.1a-3
国家和省级政府机关
本附件规定覆盖的范围是按照1024条款与国家和省级政府磋商的主题。

附件1001.1b-1
货物
A部分——总则
1. 本章适用于所有货物，除了上文第2段至第5段和B节。
2. 对于加拿大，B节部分的货物由国防部和加拿大皇家骑警购买，所列货物包含在本章中，属于1018条（1）。
3. 至于墨西哥，B节列出的货物由国防部和海军部购买，这些货物包括在本章的覆盖范围，适用第1018条（1）。
4. 对于美国，本章在B节FSC类别将普遍适用于国防部采购，美国政府依据1018条（1）确定。
5. 本章不适用于美国国防部下列采购：
（a）联邦供应分类（FSC）83——别针、针、针线包、旗杆和旗杆卡车以外的所有元素；
（b）FSC 84——次分类8460（箱包）以外的所有元素；
（c）FSC 89——次分类8975（烟草制品）以外的所有元素；
（d）FSC 2310——（只是公交车）；
（e）特种金属，定义为融化在位于美国或其属地钢铁制造设备中的钢，其中最大的合金含量超过下列一个或多个极限，必须被使用在由国防部购买的产品中：(1) 锰,1.65%；硅,0.60%；或铜,0.06%；或其中包含下列任何元素0.25%以上：铝、铬、钴、铌、钼、镍、钛、钨或钒；(2) 由镍、铁——铬和钴基合金组成的金属合金总共含有其他合金金属（铁除外）超过10%；(3) 钛和钛合金；或(4) 锆基合金；
（f）FSC 19和20——这部件定义为舰艇或船体或上层建筑物主要部件；
（g）FSC 51；和
（h）以下FSC类别一般不应适用1018条款（1）：10,12,13,14,15,16,17,19,20,28,31,58,59和95章。

其次，通过规定例外条款，为政府可能面临的缔约国知识产权问题、不公平竞争行为、人权问题、外交争端等状况采取相应行动提供法律依据。比如，在第十章"政府采购"的"D部分——总则"中，1018条款例外这么规定：

> 第十章 政府采购
> D 部分——总则
> **1018 条款例外**
> 　1. 本章的任何规定不得解释:为了阻止一缔约方采取任何行动或不披露其认为有必要保护的有关武器、弹药或战争物资采购的基本安全利益方面的任何信息,或为了国家安全或国防目的采购不可或缺的物品。
> 　2. 所提供的此类措施不适用于这样一种方式,在贸易双方可能**构成任意的或不合理的歧视手段**,在那里贸易双方条件相同或变相限制缔约方之间的贸易,**在本章任何规定不得解释为阻止任何缔约方采取或维持这些措施**:
> 　(a) 有必要去保护公共道德、秩序或安全;
> 　(b) 有必要去保护人类、动物或植物的生命或健康;
> 　(c) 有必要去保护知识产权;或
> 　(d) 有关残疾或慈善机构或监狱犯人的商品或服务。

最后,将多边或双边的一些谈判项目下放到州或省一级政府。比如,协定在1024条款"进一步谈判"中,将政府采购放到州级和省级,如此不仅避免了因个别问题的纠缠或讨价还价僵持而影响协议的签订,而且还可以通过州或省一级具体协商,将一国中央政府可能不了解的产业冲击缩小到最小的范围,同时也可使在这一基础上签订的协定获得实实在在的承诺,以保证协定的实施。

> **1024 条款:进一步谈判**
> 　1. 各缔约方应该就各自政府采购市场自由化问题展开进一步谈判,该谈判不迟于 1998 年 12 月 31 日。
> 　2. 在这样的谈判中,各缔约方应以以下内容为目的,审视政府采购行为的所有方面:
> 　(a) 评估其政府采购制度的运作;
> 　(b) 寻求扩大本章的覆盖面,包括补充
> 　(i) 其他政府企业,和
> 　(ii) 采购否则依附法定的或行政的例外;以及
> 　(c) 审查门槛。
> 　3. 在此审查之前,**各缔约方应努力与他们的州级和省级政府协商,以期获得承诺**,在自愿和互惠的基础上,由州级和省级政府机关授权的采购,以及企业的采购,纳入在这一章中。
> 　4. 如果根据《关税与贸易总协定政府采购协议》(下称"守则")第九条(Article Ⅸ:6(b))的多边谈判先于本审查的完成,则各缔约方应:
> 　(a) 立即开始与他们的州和省政府进行协商,以期获得承诺,**在自愿和互惠的基础上**,由州和省级政府授权采购和企业采购,纳入在这一章中;并且
> 　(b) 增加的义务以及本章的覆盖面至少与"守则"的水平相当。
> 　5. 各缔约方应在本协定生效之日起,不超过一年的时间里,开始就电子传输的问题进一步谈判。

（11）服务贸易。为保护知识产权、国家安全及竞争力需要,将所有类别的研究和发展,部分特殊研究和分析,机场、通信和导弹设施的建筑工程服务,信息处理和相关电信服务等排除在服务合约之外。从下表可以看到被排除在外的服务行业涉及很多领域:

B 节——除外的范围
加拿大附表
服务排除①
按主要服务类别
下面的服务合约被排除在外:
A. 研究和发展(research and development)
所有类(all classes)
B. 特殊研究和分析——非研发类(special studies and analysis-not R&D)

项目(item)	描述(description)		所属产业或部门
	英文	中文	
B002	animal and fisheries studies	动物和渔业的研究	服务/教育服务
B003	grazing and Range Studies	牧业范围的研究	服务/教育服务
B400	aeronautic/Space Studies	航空/航天研究	服务/工程,会计,研究,管理,及相关服务
B503	medical and health studies	医疗卫生研究	服务/健康服务
B507	legal studies (except advisory services on foreign law)	法律研究(除外资法的咨询服务)	服务/法律服务

C. 建筑与工程服务(architecture and engineering services)

项目(item)	描述(description)		所属产业或部门
	英文	中文	
C112	airfield, communication and missile Facilities	机场,通信和导弹设施	建筑/建筑施工总承包商和操作建设者

---

① https://www.nafta-sec-alena.org/Default.aspx?tabid=97&ctl=SectionView&mid=1588&sid=a550e516-c181-49fc-9176-76db29b2969b&language=en-US#A1024.

(续表)

项目(item)	描述(description)		所属产业或部门
	英文	中文	
C216	marine architect and engineering services	海事建筑和工程服务	服务业/工程,会计,研究,管理,及相关服务

D. 信息处理及相关电信服务(information processing and related telecommunications services)

项目(item)	描述(description)		所属产业或部门
	英文	中文	
C112	airfield, communication and missile facilities	机场,通信和导弹设施	建筑/建筑施工总承包商和操作建设者
C216	marine architect and engineering services	海事建筑和工程服务	服务业/工程,会计,研究,管理,及相关服务
D304	ADP telecommunications and transmission services, except those classified as "enhanced or value-added services" as defined in article 1310 and that are expressly excluded from the reservations set out in annex II, schedule of Canada, II-C-3 or II-C-5. for the purposes of this provision, the procurement of "ADP telecommunications and transmission services" does not include the ownership or furnishing of facilities for the transmission of voice or data services	ADP电信和传输服务,除了那些归类为所界定的1310条的"增强或增值服务"被明确排除在保留载列于附件二"加拿大附表",II-C-3或II-C附表-5。对于这一规定的目的,"ADP通信传输服务"的采购不包括所有权或为语音或数据业务传输进行装修的经营设施	通信,电力,煤气和卫生服务
D305	ADP Teleprocessing and time-sharing services	ADP远程信息处理和分时服务	同上

(续表)

项目(item)	描述(description)		所属产业或部门
	英文	中文	
D309	information and data broadcasting or data distribution services	信息和数据广播或数据分发服务	同上
D316	telecommunications network management services	电信网络管理服务	同上
D317	automated news service, data services, or other information services. buying data, the electronic equivalent of books, periodicals, newspapers, etc.	自动化新闻服务,数据服务,或其他信息服务。购买数据,电子图书,期刊,报纸等	同上
D399	other ADP and telecommunications services	其他 ADP 和电信服务	同上

F. 自然资源保护服务(natural resources and conservation services)

项目(item)	描述(description)		所属产业或部门
	英文	中文	
F004	land treatment practices services (plowing/clearing, etc)	土地处理实务服务(翻地/清理等)	农业,林业,渔业服务/农业服务
F005	range seeding services (ground equipment)	大面积播种服务(地面设备)	同上
F006	crop services inc. seed collection/production services	公司农作物服务。种子采集/生产服务	同上
F007	seedling production/transplanting services	苗木生产/移栽服务	同上
F011	pesticides/insecticides support services	农药/杀虫剂支援服务	同上
F010	other range/forest improvements services	其他范围/森林完善服务	同上
F021	veterinary/animal care services (inc. Livestock services)	兽医/动物护理服务(包括畜牧业服务)	同上
F029	other animal care/control services	其他动物护理/控制服务	同上

(续表)

项目(item)	描述(description)		所属产业或部门
	英文	中文	
F030	fisheries resources management services	渔业资源管理服务	同上
F031	fish hatchery services	鱼苗场服务	同上
F050	recreation site maintenance services (non-construction)	娱乐设施维修服务(非制造业)	服务/娱乐及休闲服务
F059	other natural resource and conservation services	其他天然资源和保护服务	服务/杂项服务

G. 卫生社会服务(health and social services)
全部类型(all classes)

H. 质量控制,检验检测和技术代表服务(quality control, testing and inspection and technical representative services)

项目(item)	描述(description)		所属产业或部门
	英文	中文	
FSC 36 FSC 70 FSC 74	services for the departments of transport, communications and fisheries and oceans respecting FSC 36-(special industry machinery), FSC 70-(automatic data processing equipment, software supplies and support equipment) and FSC 74 (office machines, text processing systems and visible record equipment)	关于FSC36-(特种行业机械),FSC70-(自动数据处理设备,软件,耗材和设备支持)和FSC74(办公室机器,文字处理系统和可视记录设备)是为运输、通信、渔业和海洋部门提供的服务	服务业/工程,会计,研究,管理,及相关服务
FSC 58	communications, detection, and coherent radiation equipment	通信,检测和相干辐射设备	通信,电力,煤气和卫生服务
	services with reference to transportation equipment	参照交通运输设备服务	通信,电力,煤气和卫生服务/运输服务

J. 保养,维修,改装,改造和设备安装(maintenance, repair, modification, rebuilding and installation of equipment)

项目(item)	描述(description)		所属产业或部门
	英文	中文	
FSC 36 FSC 70 FSC 74	services for the departments of transport, communications and fisheries and oceans respecting FSC 36-(special industry machinery), FSC 70-(automatic data processing equipment, software supplies and support equipment) and FSC 74 (office machines, text processing systems and visible record equipment).	关于FSC36-(特种行业机械)、FSC70-(自动数据处理设备,软件、耗材和设备支持)和FSC74(办公室机器,文字处理系统和可视记录设备)是为运输、通信、渔业和海洋部门提供的服务。	服务业/通信,电力,煤气和卫生服务
FSC 58	communications, detection, and coherent radiation equipment	通信,检测和相干辐射设备	同上
	services with reference to transportation equipment.	参照交通运输设备服务	同上
J019	maintenance, repair, modification, rebuilding and installation of equipment related to ships	相关于船舶的保养,维修,改装,改造和设备安装	同上
J998	non-nuclear ship repair	无核船舶维修	同上

K. 保管业务及相关服务(custodial operations and related services)

项目(item)	描述(description)		所属产业或部门
	英文	中文	
K0	personal care services	个人护理服务	服务/健康服务
K105	guard services	保安服务	服务/社会服务
K109	surveillance services	监视服务	同上
K115	preparation and disposal of excess and surplus property	过剩和剩余财产的准备和处置	服务

L. 金融及相关服务(financial and related services)
全部类型(all classes)

M. 政府所有的设施操作(operation of government owned facilities)

所有设施由这些部门所经营:国防部;交通运输部;能源、矿产资源部;以及所有部门:M180 和 M140。

R. 专业,行政及管理支持服务(professional, administrative and management support services)

项目(item)	描述(description)		所属产业或部门
	英文	中文	
R003	legal services (except advisory services on foreign law)	法律服务(除外国法的咨询服务)	服务/法律服务
R004	certifications and accreditations for products and institutions other than educational institutions	产品和机构的认证及认可,不是教育机构	同上
R007	systems engineering services 1	系统工程服务1	服务/工程,会计,研究,管理,及相关服务
R012	patent and trade mark services	专利和商标服务	服务/法律服务
R101	expert witness	专家证人	同上
R102	weather reporting/observation services	天气报告/观测服务	服务/社会服务
R104	transcription services	录音服务	服务/个人服务
R106	post office services	邮局服务	通信,电力,煤气和卫生服务/邮政服务
R109	translation and interpreting services (inc. sign language)	翻译和口译服务(包括手语)	服务/教育服务
R113	data collection services	数据收集服务	服务/社会服务
R114	logistics support services 2	物流支持服务2	通信,电力,煤气和卫生服务/汽车货运运输和仓储

(续表)

项目(item)	描述(description)		所属产业或部门
	英文	中文	
R116	court reporting services	法庭报告服务	服务/法律服务
R117	paper shredding services	碎纸服务	服务/杂项服务
R201	civilian personnel recruitment (inc. services of employment agencies)	文职人员招聘(职业介绍所的公司服务)	服务/商业服务

1. 参照运输系统;2. 关于运输和国防
S. 公用事业(utilities)
所有类型(all classes)
T. 通信,摄影,绘图,印刷和出版服务(communications, photographic, mapping, printing and publications services)
所有类型(all classes)
U. 教育与培训服务(education and training services)

项目(item)	描述(description)		所属产业或部门
	英文	中文	
U010	certifications and accreditations for Educational Institutions	认证及认可的教育机构	服务/教育服务

V. 交通运输,旅游和搬迁服务(transportation, travel and relocation services)
所有类型(all classes),除了V503旅行社服务[不包括导游](except V503 travel agent services [not including tour guides.])
W. 租赁或租赁设备(lease or rental of equipment)

项目(item)	描述(description)		所属产业或部门
	英文	中文	
FSC36 FSC 70 FSC 74	services for the departments of transport, communications and fisheries and oceans respecting FSC 36-(special industry machinery), FSC 70-(automatic data processing equipment, software supplies and support equipment) and FSC 74 (office machines, text processing systems and visible record equipment).	关于FSC36-(特种行业机械),FSC70-(自动数据处理设备,软件,耗材和设备支持)和FSC74(办公室机器,文字处理系统和可视记录设备)是为运输、通信、渔业、海洋部门提供服务。	服务业/通信,电力,煤气和卫生服务

(续表)

项目(item)	描述(description)		所属产业或部门
	英文	中文	
FSC 58	communications, detection, and coherent radiation equipment	通信,检测,和相干辐射设备	制造业/电子及其他电器设备和部件
	services with reference to transportation equipment.	参照交通运输设备服务	通信,电力,煤气和卫生服务/运输服务

在注释中,协定指出"所有服务,参考国防部、加拿大皇家骑警和加拿大海岸警卫队购买的商品,并非由本章(附件1001.1b-1)确定的覆盖范围……"

比之加拿大,墨西哥和美国的服务例外项目从数量上看似乎要少许多,但实际上墨西哥的全部运输业、公用事业、邮政电信、金融服务、研发服务都在协定外;而美国主要是研究开发、公用事业、旅游服务大部分不开放:

墨西哥附件
下列服务合约除外:(根据联合国CPC产品分类)

项目(item)	描述(description)		所属产业或部门
	英文	中文	
1.	all transportation services, including:	全部运输服务	通信,电力,煤气和卫生服务
71	land transportation	陆运	汽车货运运输和仓储
72	water transport	水运	水运
73	air transport	空运	航空运输

(续表)

项目(item)	描述(description)		所属产业或部门
	英文	中文	
74	supporting and auxiliary transport	支持及辅助运输	运输服务
75	post and telecommunication	邮政和电信	邮政服务
8868	repair services of other transport equipment, on a fee or contract basis	其他运输设备的维修服务,以收费或合同为基础	服务/汽车维修,服务和停车
2.	public utilities services (including telecommunications, transmission, water or energy services)	公用事业服务(包括电信,传输,水或能源服务)	通信,电力,煤气和卫生服务
3.	management and operation contracts awarded to federally-funded research and development centers or related to carrying out government sponsored research programs	授予联邦政府资助的研发中心或与进行政府管理和营运合约资助的研究项目	服务
4.	financial services	金融服务	金融,保险和房地产
5.	research and development services	研发服务	服务

美国附件
按主要服务类别的服务例外:

项目(item)	描述(description)		所属产业或部门
	英文	中文	
A.	research and development	研究与开发	服务
	all classes	全部类别	服务
D.	information processing and related telecommunications services	信息处理及相关电信服务	通信,电力,煤气和卫生服务

（续表）

项目(item)	描述(description)		所属产业或部门
	英文	中文	
D304	ADP telecommunications and transmission services, except for those services classified as "enhanced or value-added services," as defined in article 1310 and that are expressly excluded from the reservation set out in annex II, schedule of the United States, II-U-3. for the purposes of this provision, the procurement of "ADP telecommunications and transmission services" does not include the ownership or furnishing of facilities for the transmission of voice or data services	ADP电信和传输服务,除了那些归类为所界定的1310条的"增强或增值服务"被明确排除在保留载列于附件二"美国附表",II-C-3。对于这一规定的目的,"ADP通信传输服务"的采购不包括所有权或为语音或数据业务传输进行装修的经营设施	通信
D305	ADP teleprocessing and timesharing services	ADP远程信息处理和分时服务	同上
D316	telecommunications network management services	电信网络管理服务	同上
D317	automated news services, data services or other information services	自动化新闻服务,数据服务或其他信息服务	同上
D399	other ADP and telecommunications services	其他ADP和电信服务	同上
J.	maintenance, repair, modification, rebuilding and installation of equipment	保养,维修,改装,改造和设备安装	服务/工程,会计,研究,管理,及相关服务
J019	maintenance, repair, modification, rebuilding and installation of equipment related to ships	相关船舶的保养,维修,改装,改造和设备安装	同上
J998	non-nuclear ship repair	无核船舶维修	服务/其他维修服务

(续表)

项目(item)	描述(description)		所属产业或部门
	英文	中文	
M.	operation of government-owned facilities	政府所有的设备操作	公共管理
	all facilities operated by the department of defense, department of energy and the national aeronautics and space administration; and for all entities	由国防部、能源部和美国国家航空和航天局署辖下的所有设施,以及对所有实体设备的操作	行政,立法和政府机构,除金融
M180	research and development	研究和开发	经济计划管理
S.	utilities	公用事业	通信,电力,煤气和卫生服务
	all classes	所有类型	同上
V.	transportation, travel and relocation services	交通运输,旅游和搬迁服务	服务/商业服务
	all classes except V503 travel agent services	除了V503旅行社服务外的所有类型	同上

（12）金融服务限制。在第二十一章"例外"的1410条款中规定,出于谨慎等原因保护本国金融安全的做法。此外在"2104条款:收支平衡"中,协定还有对"除金融服务跨境贸易外的转让征收限制"和"金融服务跨境贸易的限制"。如:

第十四章 金融服务
1410条款:例外
1. 本部分的任何规定不得解释出于谨慎原因阻止缔约方采取或维持合理的措施,如:
（a）对投资者,存款者,金融市场参与者,保单,政策索赔,或受托责任者的保护,是由金融机构或跨境金融服务提供的;
（b）安全性,稳健性,完整性或金融机构的或跨境金融服务提供者的财务责任进行维护;以及
（c）确保缔约方的金融体系的完整性和稳定性。
2. 本部分不适用于在追求货币和相关信贷政策或汇率政策所采取的任何公共实体的非歧视性措施。本款不应影响缔约方根据第1106条(投资业绩要求)下有关第十一章(投资)或第1109条(投资移动)措施的义务。

(续表)

3. 第1405条不适用于缔约方参照第1401(3)(a)条对提供金融服务的金融机构授予的专有权。

4. 尽管有第1109(1)(2)和(3),如纳入本章的,并不局限第1109(4)条的适用性,如纳入本章的,一方可能会通过金融机构或跨境金融服务提供者来阻止或限制转让,或为了收益,或与这样的机构或提供者相关的关联公司,通过有关金融机构或跨境金融服务提供者安全性、稳健性、完整性或财务责任或措施的公平、非歧视、真诚的措施应用。本段内容不影响本协议任何其他规定,允许缔约方限制转让。

(13)最惠国待遇上的例外。在第十一章"A节—投资"的"最惠国待遇"条款(1103条款)上,三个国家都有例外。比如,附件4,在三个国家的附表中各国在航空、渔业、航运、电信传输网络和电信传输服务方面,最惠国待遇有例外。

附件四:最惠国待遇例外
加拿大附表

对1103条款加拿大有个例外,因为在所有现行的或签署的双边或多边国际协议,早于本协议实施之日。

在本协定生效之日后,对于现行的或签署的国际协定,加拿大对1103条款采取例外,那些协议下给予的待遇涉及:

(a)航空;
(b)渔业;
(c)航运方面,包括打捞;或者
(d)电信传输网络和电信传输服务(这个例外不适用第十三章所覆盖的措施(电信))。

对于尚未载列于附件 I 的1108条款(2)的国家措施,加拿大对1103条款有个例外,因为该协议生效之日两年内签署国际协议。

为进一步明确,1103条款不适用于任何当前或未来的以促进经济发展的对外援助计划,如《与中美洲和加勒比地区的能源经济合作计划》(Energy Economic Co-operation Program with Central America and the Caribbean)和经合组织出口信贷协议(OECD Agreement on Export Credits)。

墨西哥附表

对1103条款墨西哥有个例外,因为在所有现行的或签署的双边或多边国际协议,早于本协议实施之日。

在本协定生效之日后,对于现行的或签署的国际协定,墨西哥对1103条款采取例外,那些协议下给予的待遇涉及:

(a)航空;
(b)渔业;
(c)航运方面,包括打捞;或者

(续表)

(d) 电信传输网络和电信传输服务(这个例外不适用第十三章所覆盖的措施(电信))或者对生产、销售或无线电或电视节目的许可。

对于尚未载列于附件Ⅰ的第1108条(2)的国家措施,墨西哥对第1103条有个例外,因为该协议生效之日的两年内签署国际协议。

为进一步明确,1103条款不适用于任何当前或未来的以促进经济发展的对外援助计划,如《与中美洲和加勒比地区的能源经济合作计划》(Energy Economic Cooperation Program with Central America and the Caribbean)和经合组织出口信贷协议(OECD Agreement on Export Credits)。

美国附表

对1103条款美国有个例外,因为在所有现行的或签署的双边或多边国际协议,早于本协议实施之日。

在本协定生效之日后,对于现行的或签署的国际协定,美国对1103条款采取例外,那些协议下给予的待遇涉及:

(a) 航空;
(b) 渔业;
(c) 航运方面,包括打捞;或者
(d) 电信传输网络和电信传输服务(这个例外不适用第十三章所覆盖的措施(电信))或者对生产、销售或无线电或电视节目的许可。

对于尚未载列于附件Ⅰ的1108条款(2)的国家措施,美国对1103条款有个例外,因为该协议生效之日两年内签署国际协议。

为进一步明确,1103条款不适用于任何当前或未来的以促进经济发展的对外援助计划,如《与中美洲和加勒比地区的能源经济合作计划》(Energy Economic Cooperation Program with Central America and the Caribbean)和经合组织出口信贷协议(OECD Agreement on Export Credits)。

(14) 投资领域范围和覆盖领域的界定。在第十一章"1101条:范围和覆盖领域"中:

第十一章 投资
A节—投资
1101条款 范围和覆盖领域
3. 本章不适用于一缔约方采取或维持的措施覆盖到第十四章(金融服务)范围。

(15) 保留措施。在协议最后附件Ⅱ"未来措施的保留"中,为三个国家提供了在某些领域采取措施的权利。比如,在加拿大措施中,在跨境服务与投资上,规定:"加拿大保留采取或维持任何权利,对另一缔约方投资者或他们的海滨土地投资所有权的居住要求。"在电信投资上,规定:"加拿大保留在电信传输网络和电信传输服务、无线电通信和海底电缆上投资上,采取或维持任何措施的权利,包括所有权的限制和有关企业人员和董事注册成立及/和采取任何措施的权利"。在政府财政中规定:"加拿大保留对加拿大政府、省政府或地方政府发行的公债、国库券或其他类型债券,由另一缔约方国民收购、出售或其他处置,采取或维持任何措施的权利。"由于篇幅和时间原因,这里仅列出几项:

附件Ⅱ:未来措施的保留
加拿大措施

部门 (sector)	工业分类 (industrial classification)	描述 (description)	保留的类型 (type of reservation)
土著事务		跨境服务与投资:加拿大保留采取或维持任何权利,对另一缔约方投资者或他们的海滨土地投资所有权的居住要求	国民待遇(1102条,1202条),最惠国待遇(1103条,1203条),地方存在(1205条),性能要求(1106条),高级管理人员及董事会(1107条)
所有部门		投资:同上	国民待遇(1102条)
通信/电信传输网络和服务,无线电通信和海底电缆	CPC 752——电信服务;CPC 7543——连接服务;CPC 7549——其他电信服务,未分类(仅限于电信传输网络和服务)	投资:加拿大保留在电信传输网络和电信传输服务、无线电通信和海底电缆上投资上,采取或维持任何措施的权利,包括所有权的限制和有关企业人员和董事注册成立及/和采取任何措施的权利。该保留并不适用于增强或增值服务的基础电信传输设施供应者,他们是由公共电信传输网络租用的提供商	国民待遇(1102条);最惠国待遇(1103条);高级管理人员及董事会(1107条)

（续表）

部门 (sector)	工业分类 (industrial classification)	描述 (description)	保留的类型 (type of reservation)
通信/电信传输网络和服务，无线电通信和海底电缆	CPC 752——电信服务,不包括增强或增值服务;CPC 7543——连接服务;CPC 7549——其他电信服务,未分类,(限于电信传输网络和服务)	跨境服务:加拿大保留对无线电通信、海底电缆及电信传输网络和电信传输服务提供采取或维持任何措施的权利。这些措施可以适用于这些事项的市场准入,频谱分配、关税、载波协议,条款和服务条件,网络和服务之间的互联,阻碍电信传输网络和电信传输服务,无线电通信和海底电缆提供路径需求。此保留不适用于增强或增值服务跨境提供措施	国民待遇(1202条);最惠国待遇(1203条);地方存在(1205条)
政府财政/证券	SIC 8152——财经管理	投资:加拿大保留对加拿大政府、省政府或地方政府发行的公债、国库券或其他类型债券,由另一缔约方国民收购、出售或其他处置,采取或维持任何措施的权利	国民待遇(1102条)
少数民族事务		跨境服务与投资:加拿大保留按照其权利或偏好对社会或经济弱势族群采取或维持任何措施的权利	国民待遇(1102条,1202条);地方存在(1205条);性能要求(1106条);高级管理人员和董事会(1107条)
社会服务		跨境服务与投资:加拿大就提供公共执法和惩教服务保留采取或维持任何措施的权利,以下服务为公共目的建立或维持社会服务的程度:收入保障或保险,社会保障或保险,社会福利,公共教育,公共培训,健康和儿童护理	国民待遇(1102条,1202条);最惠国待遇(1203条);地方存在(1205条);高级管理人员和董事会(1107条)

(续表)

部门 (sector)	工业分类 (industrial classification)	描述 (description)	保留的类型 (type of reservation)
运输/空运	SIC 4513——非定期航空运输,专业,行业	投资:加拿大保留对下列收购或成立的公司采取或维持任何限制措施的权利:向加拿大国民提供专业航空服务,或者注册成立公司,其主要营业地点在加拿大,并在加拿大拥有主要的商业地位,其首席执行官任何措施的权利不少于2/3作为加拿大国民的董事的权利,以及拥有不少于会议所要求的75%的投票权	国民待遇(1102条,1202条);最惠国待遇(1203条);高级管理人员和董事会(1107条)
运输/水运	SIC 4129——其他重型建筑(仅限于疏浚);SIC 4541——货运和客运水运业;SIC 4542——客运业;SIC 4543——船用牵引行业;SIC 4549——其他水上运输实业;SIC 4552——海港和港口营运业(限于停泊,加油和在港口的其他船只的操作);SIC 4553——海洋打捞行业;SIC 4554——驾驶服务,水上运输业;SIC 4559——其他服务业附带水运(不包括港陆上活动方面)	跨境服务与投资:加拿大保留采取或维持有关投资或提供海上沿海运输服务的任何措施的权利,包括:(a)在加拿大的领土,并在其专属经济区之间的船只货物或旅客的运输;(b)就大陆架上水域,货物或旅客的运输,勘探,开采或运输大陆架的矿物非生物资源;和(c)本船在加拿大境内和在其专属经济区从事商业性质的任何海上活动,在海域的大陆架上,进行商业性质的其他海事活动,在大陆架进行勘探、开采或运输矿物或无生命的自然资源。这项保留涉及,除其他事项外,地方存在要求为参与这些活动的服务提供者发放临时沿海运输许可证,对外国船只发放有限的外籍船舶沿海航行的许可证	国民待遇(1102条,1202条),最惠国待遇(1103条,1203条),地方存在(1205条),性能要求(1106条),高级管理人员及董事会(1107条)

表 5　北美自由贸易协定类似"负面清单"信息统计表

自由贸易协定名称	成员	签订日	生效日	性质	是否包括投资开放	投资开放产业是否采用负面清单	"负面清单"采用的行业分类代码
北美自由贸易协定（NAFTA）	美国 加拿大 墨西哥	1992-12-17	1994-01-01	自由贸易协定与经济一体化协定			本文采用美国标准产业分类体系（SIC）
行业分类代码（SIC）及分类	负面清单的行业（产品）内容		(特殊)保障条款内容		例外条款内容	未查到	本协议条款
D/37 制造业/交通运输设备	二手车				对进口的二手车使用年限及限制年限加以确定		协定附录 300-A.1
A/08 农业、林业、渔业/林业	原木				301 条款和 309 条款不适用于对各种原木加工鱼的出口管制		协定附件 301.3；
A/09 农业、林业、渔业/渔业、狩猎	未加工鱼				301 条款和 309 条款不适用于对各种未加工鱼的出口管制		同上
D/20 制造业/食品和类似产品	白酒				301 条款和 309 条款不适用于禁止白酒进口的限制		同上
（2007 版协调制度编码）0702.00.06 食用蔬菜、根及块茎/鲜或冷藏的番茄	鲜或冷藏的西红柿		特别保障的农产品				协定附件 703.3
0703.10.40 食用蔬菜、根及块茎/鲜或冷藏的洋葱、青葱、大蒜、韭葱及其他葱属蔬菜	新鲜或冰鲜的洋葱和青葱		特别保障的农产品				协定附件 703.3

(续表)

行业分类代码及分类（SIC）	负面清单的行业（产品）内容	（特殊）保障条款内容	例外条款内容	本协议条款
0709.30.20 食用蔬菜，根及块茎/鲜或冷藏的其他蔬菜	新鲜或冷藏的茄子	特别保障的农产品		协定附件703.3
0709.60.00 食用蔬菜，根及块茎/辣椒，包括甜椒	"辣椒"的胡椒	特别保障的农产品		协定附件703.3
0709.90.20 食用蔬菜，根及块茎/其他：	新鲜或冷藏的南瓜	特别保障的农产品		协定附件703.3
0807.10.40 食用水果及坚果，柑桔属水果或甜瓜的果皮/鲜及甜瓜（包括西瓜）及木瓜	新鲜西瓜	特别保障的农产品		协定附件703.3
2009.11.00 蔬菜，水果，坚果或植物其他部分的制品/未发酵及未加酒精的水果汁，冷冻的	冷冻橙汁			协定附录703.2.A.4

从上可见,在不规定"负面清单"的情况下,依然可以通过各类例外、定义、保留等方式将一些敏感行业或产品排除在开放之外,或至少给予一个缓冲的时间过渡。

三、"负面清单"信息统计

具体可见书中列表。

四、总结

灵活地运用"负面清单"的概念,通过多边协议中的各种例外、保障条款、国家安全以及定义等途径,可以将一些敏感产业、产品排除在开放目录外,从而起到明示"负面清单"的目的。北美自由贸易协定为中国(上海)自由贸易试验区乃至双边和多边自由贸易协定的拟定提供了很好的思路。

这里建议:其一,为缩短"负面清单"的长度可以将一些进口产品或投资领域放到"保障""国家安全""例外"条款或规定中。其二,通过对"最惠国待遇""国民待遇""政府采购"等概念的严格定义,将一些投资领域、服务贸易排除在外。其三,通过对"金融服务跨境贸易的限制"或"除金融服务跨境贸易外的转让征收限制"的划分,测试与评估金融服务开放的风险。

附录2

各自由贸易协定"负面清单"目录

韩国—印度自由贸易协定 ············ 040
韩国—东盟自由贸易协定 ············ 050
韩国—秘鲁自由贸易协定 ············ 062
韩国—美国自由贸易协定 ············ 062
韩国—欧盟自由贸易协定 ············ 066
韩国—东盟(缅甸)自由贸易协定 ············ 075
韩国—东盟(马来西亚)自由贸易协定 ············ 078
东盟(泰国)—韩国全面经济合作框架协定 ············ 098
日本—菲律宾经济伙伴关系协定 ············ 100
日本—东盟成员国全面经济伙伴关系协定 ············ 106
日本政府—马来西亚政府间经贸关系协定 ············ 106
日本—印度自由贸易协定 ············ 110
日本—智利自由贸易协定 ············ 113
日本—印度尼西亚自由贸易协定 ············ 118
日本—墨西哥自由贸易协定 ············ 120
日本—秘鲁自由贸易协定 ············ 125
日本—瑞士自由贸易协定 ············ 129
日本—泰国自由贸易协定 ············ 133
日本—文莱自由贸易协定 ············ 135
日本—越南自由贸易协定 ············ 138
日本—新加坡自由贸易协定 ············ 139
东盟自由贸易区 ············ 141

东盟成员国—中国综合经济合作框架协议:货物贸易协定 …… 141
东盟成员国—中国综合经济合作框架协议:服务贸易协定 …… 141
东盟成员国—中国综合经济合作框架协议:投资协定 …… 141
东盟成员国—韩国综合经济合作框架协议 …… 141
东盟—欧盟自由贸易协定 …… 141
东盟—印度自由贸易协定 …… 142
东盟—澳大利亚—新西兰自由贸易区协定 …… 142

美国—菲律宾关于贸易与投资原则框架的共识 …… 151
美国—东盟贸易与投资框架协议 …… 151
北美自由贸易协定 …… 151

澳大利亚—美国自由贸易协定 …… 180

巴基斯坦政府—马来西亚政府间建立更紧密经贸关系协定 …… 181
马来西亚—澳大利亚自由贸易协定 …… 181
新西兰—马来西亚自由贸易协定 …… 182

泰国—老挝贸易协定 …… 199
泰国—新西兰更紧密经济伙伴关系协定 …… 200
泰国—澳大利亚自由贸易协定 …… 201
澳大利亚—新加坡自由贸易协定 …… 206
澳大利亚—新西兰自由贸易协定 …… 212
澳大利亚—智利自由贸易协定 …… 213

中国—东盟(马来西亚)自由贸易协定 …… 220
中国—东盟(缅甸)自由贸易协定 …… 239
新西兰—中国自由贸易协定 …… 241
新西兰—中国香港关于建立更紧密的经济伙伴关系协定 …… 246
新西兰—新加坡自由贸易协定 …… 248
新西兰—跨太平洋战略经济伙伴协定 …… 249

欧盟—哥伦比亚自由贸易协定 …… 251
欧盟—智利自由贸易协定 …… 306
欧盟—阿尔巴尼亚贸易自由协定 …… 307
欧洲自由贸易联盟 …… 307

后　　记

本书来自林珏教授执笔完成的上海市统计局委托课题"2014年负面清单"的成果总报告。该课题2013年11月由靳玉英教授主持,成员包括郭羽诞教授、林珏教授、鲍晓华教授。2014年1月,各成员提交根据个人或组织学生收集的资料或个人撰写的中期报告。2014年11月,该课题改由林珏主持。课题组负责人林珏,成员靳玉英、鲍晓华、郭羽诞。2015年1月,林珏完成总报告。科研处系统中设立的课题名称改为"负面清单现状与演进研究"。

本书分正文和附录两个部分。

第一章由林珏撰写。

第二章由林珏根据靳玉英(东亚部分)、鲍晓华(澳大利亚、新西兰部分)、郭羽诞(欧盟部分)、林珏(北美部分)提供的材料文本进行归纳和整理。

附录1由林珏根据鲍晓华(澳大利亚、新西兰部分)、郭羽诞(欧盟部分)、靳玉英(东亚部分)、林珏(北美部分)提供的中期报告(先后完成于2013年12月30日至2014年1月3日)进行整理、修改及汇编。

附录2由林珏撰写。